本书为国家社会科学基金项目“典型试点区域宅基地退出的绩效评价与路径优化研究”(17BJY091) 的最终成果。

著者名单：刘润秋　黄志兵　余　超　张　霞　唐宇娣
姜力月　吴川北　王　威

国家社科基金丛书
GUOJIA SHEKE JIJIN CONGSHU

典型试点区域宅基地退出的绩效评价与路径优化研究

Performance of Withdrawal from Rural Homesteads in China: Evaluation and Improvement

刘润秋 等著

人民出版社

序

进入新时代以来，原有的农村土地制度安排与社会主义市场经济体制不适应的问题越发凸显。2013 年，党的十八届三中全会通过《中共中央关于全面深化改革若干重大问题的决定》，适时提出了农村土地制度改革的任务。由于农村土地制度改革牵涉范围广、影响程度深，为了审慎稳妥推进改革工作，我国采取了顶层设计与试点先行相结合的做法。2014 年 12 月，习近平总书记主持召开中央全面深化改革领导小组第七次会议，审议通过《关于农村土地征收、集体经营性建设用地入市、宅基地制度改革试点工作的意见》，提出了三项农村土地制度改革任务的宏观指导意见。2015 年 2 月，全国人大常委会授权国务院在北京市大兴区等 33 个试点区域暂时调整实施《中华人民共和国土地管理法》（以下简称《土地管理法》）和《中华人民共和国城市房地产管理法》（以下简称《城市房地产管理法》）的有关条款，允许试点区域结合实践情况探索农村土地制度改革路径。与此同时，这一轮农村土地制度改革试点实践情况，也成为《土地管理法》等相关法律修订的重要参考。

宅基地制度改革是此次农村土地制度改革中的一项重要任务。由于我国农村宅基地制度有着宅基地所有权、宅基地使用权、房屋所有权的特殊权利安排，承担着严守耕地、稳住农民等特殊的政治和社会功能，宅基地制度改革也是农村土地制度改革中最为独特、最为敏感和最难以决断的改革任务。根据此次农村土地制度改革的成果,2019年第十三届全国人民代表大会常务委员会第十二次会议对《土地管理法》和《城市房地产管理法》作出了修订。但由于宅基地制度的特殊性,社会各界关于宅基地制度改革的思路认识不一,对宅基地制度改革的部分做法仍存在不少争议。因此,此次修订的《土地管理法》仅纳入了“宅基地审批权限下放”“农村村民依法自愿有偿退出宅基地”等部分改革成果。与此同时,中央全面深化改革委员会第十四次会议于2020年6月审议通过了《深化农村宅基地制度改革试点方案》,要求继续在更大范围内开展农村宅基地制度改革试点工作。

农村宅基地不仅具有资源属性,也具有资产属性。2015年,中共中央办公厅和国务院办公厅印发的《深化农村改革综合性实施方案》提出了宅基地制度改革的基本思路,即“在保障农户依法取得的宅基地用益物权基础上,改革完善农村宅基地制度,探索农民住房保障新机制,对农民住房财产权作出明确界定,探索宅基地有偿使用制度和自愿有偿退出机制,探索农民住房财产权抵押、担保、转让的有效途径”。其中,探索宅基地自愿有偿退出机制,对于保障进城落户农民宅基地权益、健全宅基地使用管理制度、提升宅基地资源利用效率有着重要意义,是宅基地制度改革的一项核心工作。在试点改革期间,建立宅基地退出机制的改革成效得到社会各界相对一致的认可,“允许进城落户的农村村民依法自愿有偿退出宅基地”等内容也写入了《土地管理法》中。然而,由于各地宅基地退出的需求和做法差异明显,宅基地退出的实践方式和路径有待进一步探索。在全国层面真正建立健全宅基地自愿有偿退出机制,仍然还有较长的路要走,需要从更多试点区域宅基地退出的改革实践中总结经验和教训。

《典型试点区域宅基地退出的绩效评价与路径优化研究》一书,是刘润秋教授主持的国家社会科学基金项目研究成果,该成果在结题时被鉴定为“优秀”等级。该书围绕着宅基地退出绩效评价研究主题,重点剖析了三个方面的问题。第一,在清晰界定宅基地退出等概念的基础上,明确了宅基地退出绩效评价的价值取向，剖析了宅基地退出的绩效目标，并将乡村韧性等理论引入传统政府绩效管理理论当中，建立了专门针对宅基地退出绩效评价的理论分析框架，在此基础上设计了综合的宅基地退出绩效评价指标体系。第二，选取了东部、中部、西部地区的典型试点区域，基于大量的实地调研数据，量化了典型试点区域宅基地退出的绩效水平，深度剖析了典型试点区域宅基地退出的绩效经验与绩效问题，并系统考察了东部、中部、西部等不同区域，以及资产置换模式、指标置换模式、货币补偿模式等不同模式的宅基地退出绩效及其影响因素。第三，针对典型试点区域宅基地退出绩效评价结果，提出了提升宅基地退出绩效的优化路径，作出了建立健全宅基地退出机制的系统性政策安排。

通览全书，不难发现该书具有以下几个特点。第一，研究选题具有重要的现实意义。2018 年的中央“一号文件”提出，系统总结包括宅基地制度改革在内的“三块地”改革经验①，完善农村土地利用管理政策体系。该书直面实践中的热点问题，设计了完善的宅基地退出绩效评价指标体系，通过定性和定量的相结合的研究方法，科学评价了典型试点区域宅基地退出的绩效，回应了国家总结宅基地制度改革试点经验的重大需求。第二，研究内容具有创新性。该书突破传统的绩效评估框架，将乡村韧性理论嵌入到政府绩效管理理论中，构建了针对宅基地退出绩效评价的新的理论分析框架。同时，根据对典型试点区域宅基地退出实践的观察结果和实证分析，界定宅基地退出等相关核心概念，实现了概念深化和创新。第三，研究数据资料十分翔实。评估全国层面

① 2015 年 2 月，第十二届全国人大常委会审议通过《关于授权国务院在北京市大兴区等三十三个试点县(市、区)行政区域暂时调整实施有关法律规定的决定》，在 33 个县级行政区域暂停实施《土地管理法》和《城市房地产管理法》的有关法律条款，正式开展“三块地”改革试点工作。也就是说，“三块地”改革是农村土地征收改革、集体经营性建设用地入市改革和宅基地制度改革这三项改革试点工作的简称。2015 年试点初期，有 15 个地区承担农村宅基地制度改革任务，15 个地区承担集体经营性建设用地入市改革任务，3 个地区承担农村土地征收改革任务；2016 年 9 月，中央全面深化改革领导小组决定将土地征收制度改革和集体经营性建设用地入市改革扩大到全部 33 个试点县(市、区)；2017 年 11 月，中央全面深化改革领导小组决定将宅基地制度改革拓展到全部 33 个试点县(市、区)。

的宅基地退出绩效，第一手数据收集难度较大，工作量也大。该书在长期深入四川省宅基地制度改革试点区域调研基础上，分别选取东部、中部、西部地区的典型试点区域作为调研对象，不仅与当地政府部门座谈，还深入 27 个试点村庄，调研了超过 1000 个退出宅基地的农户，收集了丰富的一手数据和研究材料，保证了研究结论的可靠性。

综合来看，该书对于推进农村宅基地退出理论研究和实践探索作出了一定的贡献，值得所有关心宅基地制度改革尤其是宅基地退出改革的研究人员、实践部门人员阅读。当然，目前离真正建立"归属清晰、权能完整、流转顺畅、保护严格"的宅基地产权制度和相应的宅基地管理制度，还有很长的路要走，需要广大的学术同仁和政策制定者继续献智献策。

欧名豪

南京农业大学教授

教育部公共管理类学科教学指导委员会副主任委员

国务院学位委员会公共管理学科评议组成员

2023 年 1 月 17 日

目　　录

绪　论

第一节　问题缘起和研究价值

现有的宅基地制度不仅造成农户的合法宅基地权益无法得到保障，也使耕地保护压力持续增大，甚至威胁到国家的粮食安全。解决宅基地问题的关键在于建立宅基地自愿有偿退出机制，即通过存量建设用地资源的盘活来减轻城乡建设用地增量需求的压力。开展典型试点区域宅基地退出绩效评价，对于建立宅基地自愿有偿退出机制有着重要的意义。

一、问题缘起

作为新时期农村土地制度改革的关键点和重要抓手，农村宅基地制度改革不仅关系着国家乡村振兴战略的实现，也关系着城乡要素市场的打通和新发展格局的构建。其中，探索宅基地自愿有偿退出机制是我国农村宅基地制度改革的重要内容。

改革开放以来，随着我国工业化和城镇化进程，农村人口大量转移至城镇地区就业，农民收入大幅度增加，改善住房条件的能力显著提高，回乡建房的情况十分普遍。由于早期宅基地管理存在漏洞，农户违法占用耕地建房、超标准面积建房、建新不拆旧等行为较为常见，产生了诸多农村宅基地管理的历史遗留问题。例如,第三次全国农业普查结果显示,拥有2处及以上住房的农户比重为12.5%,"一户多宅"的现象普遍存在。根据《中国城乡建设统计年鉴》数据,1990—2016年村庄用地面积增加了3782万亩,而乡村居住人口同期减少了1.94亿人①,农村"人减地增"的逆向演进态势明显。在这样的情况下,有数据显示,闲置宅基地面积占到全国2.4亿亩农村宅基地面积的10%—15%②,出现了较为严重的宅基地闲置浪费现象。农村宅基地资源的无序、低效利用,导致国家最严格的耕地保护政策难以贯彻落实,为国家粮食安全、生态安全等战略埋下了隐患。与此同时,在新增建设用地指标主要满足城镇发展和建设的情况下,很多符合宅基地获取条件的农户因指标不足无法分配到宅基地,农户合理建房需求不能得到满足的情况也普遍存在。

随着新型城镇化进程持续推进,进城的农村人口加速分化,在"进城"与"返乡"决策时出现明显的代际差异,"举家迁徙""进城不返乡"的情况逐渐增多,部分农户的宅基地居住保障功能逐渐弱化。根据第三次全国农业普查数据,拥有城镇商品房的农户有1997万户,占比达到8.7%,不依赖宅基地居住保障功能的城乡"两头占地"农户越来越多。在宅基地功能转变的情况下,部分进城农户突破现有的宅基地管理制度,主动显化宅基地的财产属性,催生了隐形的宅基地交易市场。例如,北京市郊区大部分农村宅基地流转数量占比10%左右,有的甚至高达40%;上海市惠南镇城南村农村宅基地转卖比例达80%;湖北省荆州市农村宅基地出租、转让的户数占总户数的29%。③ 这不仅使国家法律法规的威信受到了挑战,而且也埋下了诸多产权纠纷的隐患。与此同时,在农村宅基地等农村户口背后的福利无法充分变现的情况下,有能力进城落户的农户反而不愿意转变农村户口,阻碍实现"人"的城镇化。

① 2016年的乡村居住人口数据来自《中华人民共和国2016年国民经济和社会发展统计公报》中的乡村人口人数。

② 祁全明:《乡村振兴战略与农村闲置宅基地的开发利用——以休闲农业与互联网农业为例》,《理论月刊》2018年第7期。

③ 王崇敏:《论我国宅基地使用权制度的现代化构造》,《法商研究》2014年第2期。

进入新时代后,国家开始重点关注农村要素资源流失、乡村衰败等问题,也在调整城乡之间的发展战略和构建新型城乡关系,提出了"农业农村优先发展"和"城乡融合发展"等新的发展要求。要扭转乡村的衰败趋势和实现乡村振兴的目标,需要补齐乡村基础设施和公共服务设施的"短板",因地制宜发展乡村产业,这将使乡村地区对建设用地需求大幅增长。由于新增建设用地总量年度用地计划限制及其在城乡之间分配不均衡,实施乡村振兴战略面临着较大的建设用地指标缺口。① 在增量建设用地指标供给不足的情况下,从农村存量建设用地中挖潜建设用地指标成为一条可能的路径,其中大部分村庄存量的集体经营性建设用地数量有限,潜力最大的是农村建设用地中占比最大的宅基地。然而,农村宅基地取得的无偿性和农村宅基地退出制度的缺失,使整个农村宅基地制度呈现出"进口无门槛,出口有栅栏"的特点②。这套特殊的制度安排,导致盘活利用闲置的存量农村宅基地资源面临很多障碍,越来越无法满足乡村振兴和当今社会经济发展的需求。

现今存在的农村宅基地利用效率低下、隐形交易、盘活利用困难等诸多问题,其背后的主要成因是尚未构建起运行有效的农村宅基地退出机制,没有形成宅基地"取得—使用—退出"的完整管理制度体系。在上述背景下,党的十八届三中全会将农村宅基地制度改革提上了议程,其中建立农村宅基地自愿有偿退出机制是农村宅基地制度改革的重要试点任务之一。2015 年年初,全国 33 个试点区域暂停执行《土地管理法》和《城市房地产管理法》的有关条款,正式开展了为期 5 年的农村宅基地制度改革试点工作,为这两部法律的修订提供了事实依据。2019 年,这轮农村宅基地制度改革试点工作已经结束,并且农村宅基地使用权自愿有偿退出写进了 2019 年修订的《土地管理法》

① 刘润秋、黄志兵:《实施乡村振兴战略的现实困境、政策误区及改革路径》,《农村经济》2018 年第 6 期。

② 张德元:《农村宅基地的功能变迁研究》,《调研世界》2011 年第 11 期。

中,成为一项常态化的土地政策①。尽管国家总体上肯定试点区域农村宅基地退出的政策探索,但尚未出台具体的农村宅基地退出政策文件,有待在试点实践总结与进一步的试点探索中明确农村宅基地退出的诸多政策细节。2020年,国家将农村宅基地制度改革试点范围扩大至104个县(市、区)和3个地级市,继续探索农村宅基地退出的方式和路径。

由于现行农村宅基地制度"一户一宅、面积法定、身份限定"的特殊性,②农村宅基地退出改革一开始就成为社会各界关注的焦点。尽管宅基地退出政策已经写入法律文件中,但有学者对现今推进农村宅基地退出工作存在一些不同主张,普通民众对农村宅基地退出政策也存在困惑和担忧。未来不仅需要总结更多关于农村宅基地退出的经验依据,更全面地认识农村宅基地退出政策,厘清社会各界对农村宅基地退出存在的争议、困惑和担忧,还需要更完善和更细化的农村宅基地退出政策体系,用以指导各地全面铺开农村宅基地退出工作。在这样的情况下,从农村宅基地退出试点实践中总结经验和吸取教训显得尤为重要。尽管政府部门和学界已经在开展农村宅基地退出试点实践总结工作,但遗憾的是,均存在一定的局限。政府部门对农村宅基地退出试点实践的总结,侧重从中央政府立场出发和关注定性的政策目标,缺乏对政策实践效果的差异化考察和量化考察。学界对农村宅基地退出试点实践的总结,侧重从农户视角出发考察福利变化等单一内容,难以全面地反映农村宅基地退出实践效果。因此,开展对典型试点区域农村宅基地退出试点的绩效评价研究,不仅能够填补相关研究的空缺和不足,并且还能厘清宅基地退出绩效评价中的理论争议和实践问题,丰富宅基地退出绩效评价的理论体系和实证案例,为中央和地方政府出台更有效的宅基地退出政策提供有益借鉴。

---

① 2019年8月26日,第十三届全国人民代表大会常务委员会第十二次会议通过了《关于修改〈中华人民共和国土地管理法〉、〈中华人民共和国城市房地产管理法〉的决定》的文件,其中在《土地管理法》第六十二条中提到"国家允许进城落户的农村村民依法自愿有偿退出宅基地"。

② 刘守英:《农村宅基地制度的特殊性与出路》,《国家行政学院学报》2015年第3期。

本书尝试通过评价典型试点区域农村宅基地退出的绩效，来系统全面地反映农村宅基地退出的前期实践效果，剖析其背后的经验、教训及影响因素。在研究过程中，主要关注以下几个问题：

第一，农村宅基地退出和农村宅基地退出绩效概念界定。基于农村宅基地退出试点实践情况和已有宅基地退出研究，如何清晰合理地界定农村宅基地退出的定义是开展研究必须首先回答的问题。在此基础上，如何理解农村宅基地退出绩效的概念，是进行农村宅基地绩效评价的基础和起点。

第二，农村宅基地退出绩效评价指标体系构建。对于复杂而影响深远的农村宅基地退出试点，在对其进行绩效评价时，应从什么样的价值取向出发，设置什么样的农村宅基地退出绩效目标是需要回答的第二个问题。进一步看，基于设定的农村宅基地退出绩效目标，应选择什么样的理论工具来具体评价农村宅基地退出绩效，以及如何通过科学的方法构建出能够系统、全面反映农村宅基地退出绩效的评价指标体系，是整个研究的核心问题。

第三，典型试点区域农村宅基地退出绩效及其原因探析。根据构建的农村宅基地退出绩效评价指标体系，基于典型试点区域实地调研数据，测度典型试点区域农村宅基地退出到底处于怎样的绩效水平，并深度反思典型试点区域农村宅基地退出绩效背后的经验和问题是什么。在此基础上，比较不同地区和不同模式农村宅基地退出绩效水平存在怎样的差异，并深入分析造成这些绩效差异的影响因素有哪些。剖析和解释宅基地退出不同绩效水平背后的制度多样性，以及讨论其改进和优化的路径，是本书分析的基础。

第四，提升农村宅基地退出绩效的优化路径研究。根据典型试点区域农村宅基地退出绩效评价结果和绩效反思的情况，从提升农村宅基地退出绩效的角度出发，思考如何针对性地优化农村宅基地退出路径和完善农村宅基地退出机制。

二、研究价值

开展典型试点区域农村宅基地退出绩效评价研究,既是厘清农村宅基地退出理论困惑和指导下一步农村宅基地退出全面实践的一项重要工作,也是对典型试点区域农村宅基地退出前期实践总结的一项必要和迫切工作,具有重要的理论价值和实践价值。

(一)理论价值

第一,将乡村韧性理论嵌入政府绩效管理理论中,提出了农村宅基地退出绩效评价的理论分析框架。已有研究在关注农村宅基地退出这个主题时,主要关注农村宅基地退出意愿及影响因素、运行机制、补偿机制、退地模式等问题,仅有部分学者运用定性研究方法或从农户福利变化的单一视角出发定量评估农村宅基地退出政策成效,在农村宅基地退出政策评估方面存在较为明显的局限。理论上,政策评估有利于反馈政策信息、创新政策设计。本书将乡村韧性理论观点嵌入政府绩效管理理论中,构建出适宜农村宅基地退出绩效评价的理论分析框架,并综合考虑农村宅基地退出政策目标和核心利益相关者诉求,设计了一套能够系统全面反映农村宅基地退出绩效的评价指标体系。这不仅能弥补现行农村宅基地退出绩效评价研究存在的不足之处,拓展农村宅基地退出绩效评价的研究内容,也可以为后续公共政策绩效评价提供一定的参考。

第二,对农村宅基地退出和农村宅基地退出绩效评价中的相关学术争议和问题进行了理论回应和实证拓展。尽管大多数学者认为推进宅基地退出是十分必要的①②,且全国各地也纷纷开展了农村宅基地退出试点工

---

① 欧阳安蛟、蔡锋铭、陈立定:《农村宅基地退出机制建立探讨》,《中国土地科学》2009 年第 10 期。

② 郭晓鸣、虞洪:《建立农村宅基地自愿有偿退出机制的现实分析与政策构想——基于四川省的实证研究》,《农村经济》2016 年第 5 期。

作，但仍有少部分学者持有不同的意见。例如，有学者认为进城农户在心理、文化、精神上融入城市还需要很长时间，宅基地仍承担农村和城市发展稳定器和蓄水池的功能，主张在农民进城后一段时间内仍然保留农村宅基地权利，暂缓让农户退出农村宅基地。① 这些学者关于农村宅基地退出的理论争议，本质上是对农村宅基地退出概念和效果本身的认知存在差异。本书根据对典型试点区域农村宅基地退出实践的观察结果和实证分析，对退出过程中的农户构成和农户行为进行深入剖析，对宅基地退出的政策结果绩效和政策过程绩效进行全面评价和比较，并在此基础上对宅基地退出绩效相关问题进行实证拓展和理论解释。本书关于农村宅基地退出和农村宅基地退出绩效的研究成果，有利于增进对相关核心概念的认识，厘清农村宅基地退出的理论困惑，为后续的相关研究提供新的研究起点。

（二）实践价值

第一，全景式总结剖析农村宅基地退出绩效及其背后的经验教训和影响因素，为农村宅基地退出的具体政策设计提供依据。2019 年，在 33 个试点区域开展的这轮农村宅基地退出试点工作结束后，农村宅基地退出政策写入了《土地管理法》等法律文本，从一项短期的试点政策变成了一项常规政策。尽管中央政府总体上认可农村宅基地退出政策，但并没有出台农村宅基地退出的具体执行政策，这使全国其他地区在法律条文支持下开展的农村宅基地退出工作缺乏具体政策指导，亟须从试点实践中吸取更多的政策设计经验。本书在构建农村宅基地退出绩效评价指标体系的基础上，通过座谈会和调查问卷等多种途径，深入了解东部、中部、西部地区典型试点区域农村宅基地退出实践情况，全景式总结了此次农村宅基地退出试点工作的经

① 贺雪峰：《农村宅基地缘何不能轻易“折腾”》，《人民论坛》2021 年第 Z1 期。

验和成果，深度剖析了典型试点区域农村宅基地退出绩效背后的经验、教训以及影响因素。这不仅有利于全面系统地了解此次农村宅基地退出试点工作成效，也可以为下一步出台农村宅基地退出专项政策提供翔实的实践依据。

第二，基于东部、中部、西部不同试点区域和不同模式，设计了农村宅基地退出绩效提升的具体路径。由于我国地域辽阔，各地的文化习俗和农村宅基地利用形态存在差异，导致农村宅基地退出的现实需求存在区域差异。农村宅基地退出工作牵涉农民最重要的财产，并与传统文化中的“安土重迁”“落叶归根”等思想存在冲突，在实践过程中容易遇到困难和阻碍，也可能带来未知的风险。本书对东部、中部、西部不同试点区域和不同模式下的农村宅基地退出绩效进行评价，更全面地剖析农村宅基地退出工作面临的困难和矛盾之处，并基于此提出了农村宅基地退出绩效提升的路径，不仅有利于帮助典型试点区域规避农村宅基地退出潜在的风险，而且有利于更顺畅地推动后续的农村宅基地退出工作，为在全国范围内全面推开农村宅基地退出政策打好基础。

第二节　研究思路与基本内容

一、研究思路

本书按照“问题提出—理论框架—指标构建—实证分析—机制完善”的总体思路推进研究，坚持理论分析与实证研究相结合，通过定性和定量相结合的研究方法，科学全面地测算典型试点区域农村宅基地退出的绩效水平，并基于绩效评估结果提出了农村宅基地退出的优化路径，见图0-1。

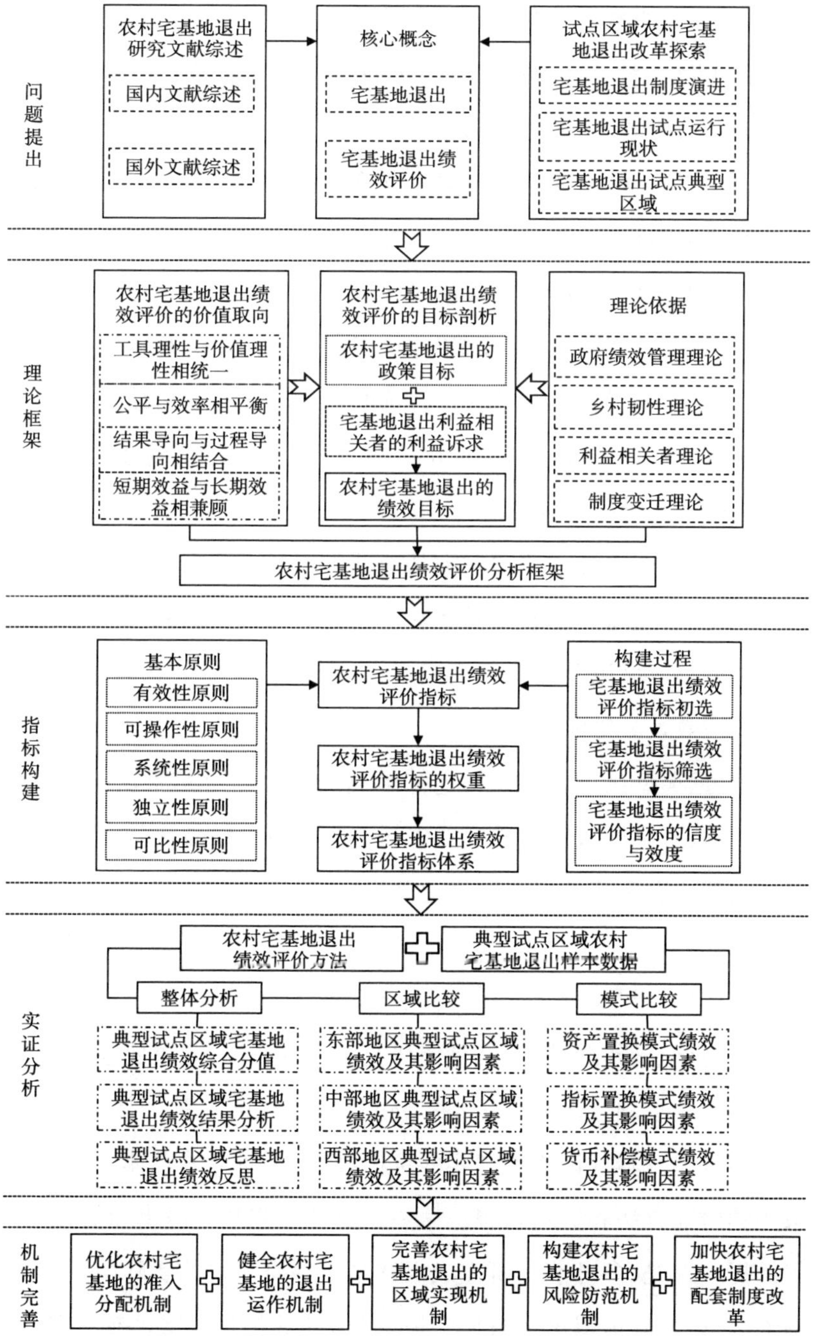

图 0-1　研究思路与技术路线

首先，系统梳理国内外农村宅基地退出的相关文献，并结合试点区域农村宅基地退出实践探索情况，提出核心的研究问题，清晰界定农村宅基地退出、农村宅基地退出绩效评价等关键概念的内涵。

其次，在明确农村宅基地退出绩效评价的价值取向基础上，剖析农村宅基地退出绩效评价的目标，并根据嵌入乡村韧性理论观点的政府绩效管理理论，构建农村宅基地退出绩效评价分析框架。

再次，明确农村宅基地退出绩效评价指标体系构建的基本原则，通过绩效评价指标初选、筛选、信度和效度检验，选取农村宅基地退出绩效评价指标，并选定合适的方法计算农村宅基地退出绩效评价指标权重，构建出综合的农村宅基地退出绩效评价指标体系。

在此基础上，选定合适的农村宅基地退出绩效评价方法，收集基础研究数据，测算和分析典型试点区域农村宅基地退出综合绩效，并比较东部、中部、西部不同典型试点区域以及资产置换模式、指标置换模式、货币补偿模式的农村宅基地退出绩效及其影响因素。

最后，根据典型试点区域农村宅基地退出绩效评价结果反映出的绩效经验和绩效问题、不同区域和不同模式农村宅基地退出绩效比较结果，针对性地提出农村宅基地退出绩效提升的优化路径。

二、基本内容

本书围绕核心研究问题开展具体研究工作，研究内容主要包括五个部分。

第一部分是基础性研究工作，主要包括绪论和第一章。其中绪论介绍了研究问题的缘起及其理论价值和实践价值，阐明了研究的总体思路、基本内容以及采用的研究方法和资料来源。第一章是开展宅基地退出绩效评价研究的基础和前提。首先，参考前人研究成果和基于调研了解的实际情况，界定了农村宅基地、农村宅基地退出、农村宅基地退出绩效评价等核心研究概念，其中农村宅基地退出不仅指进城农户退出全部宅基地，还包括农户退出部分宅基地的情况。其次,对国内外相关主题的课题、图书、论文等文献进行了可视化分析和主题化分析,追溯了国内外宅基地退出研究的前沿问题。最后,介绍了政府绩效管理理论、乡村韧性理论、利益相关者理论、制度变迁理论的核心观点及其对研究工作的指导意义。

第二部分是总体概览试点区域农村宅基地退出的情况,即第二章。首先,以 2015 年"三块地"改革试点为划分依据,分别梳理了"三块地"改革前和"三块地"改革后的农村宅基地退出制度探索。其次,从农村宅基地退出试点的制度成效、制度困境、代表模式等方面出发,总结了农村宅基地退出试点的运行现状。再次,识别农村宅基地退出的东部、中部和西部地区典型试点区域,并介绍了这些典型试点区域的基本情况和特色做法。最后,从总结试点成果经验、破解试点制度困境、优化试点政策设计等方面,阐述了开展典型试点区域农村宅基地退出绩效评价的必要性。

第三部分是构建农村宅基地退出绩效评价的理论分析框架和指标体系,包括第三章和第四章。其中第三章为理论框架构建。首先,明晰了农村宅基地退出绩效评价的价值取向,具体为工具理性与价值理性相统一、公平与效率相平衡、结果导向与过程导向相结合、短期利益与长期利益相兼顾。其次,剖析了农村宅基地退出的政策目标和核心利益相关者诉求,进而确定农村宅基地退出的绩效目标。最后,引入乡村韧性理论的观点,破解传统政府绩效管理理论的局限性,进而设计了专门针对农村宅基地退出绩效评价的分析框架。第四章为指标体系构建。首先,明晰了农村宅基地退出绩效评价指标体系的构建原则,需要遵循有效性、可操作性、系统性、独立性、可比性的原则。其次,介绍了农村宅基地退出绩效评价指标体系的构建过程,包括评价指标初选、评价指标筛选、信度和效度检验等具体环节。最后,选择了适合的权重确定方法,设计农村宅基地退出绩效评价指标体系的权重。

第四部分是实证分析典型试点区域农村宅基地退出绩效及其背后的原因,包括第五章和第六章。其中第五章为总体绩效分析。首先,确定了农村宅基地退出绩效评价的方法，进而明确农村宅基地退出绩效评价指标的目标值和绩效评价等级的划分标准。其次，在此基础上，收集样本区域的研究数据材料，通过指标标准化处理、综合分值计算等步骤，测算和分析典型试点区域农村宅基地退出绩效。最后，对典型试点区域农村宅基地退出绩效情况进行反思，发现了典型试点区域农村宅基地退出改革的绩效经验和绩效问题。第六章为绩效比较分析。一方面，比较了东部、中部和西部地区典型试点区域农村宅基地退出的绩效及其影响因素；另一方面，比较了资产置换模式、指标置换模式、货币补偿模式等不同宅基地退出模式的绩效及其影响因素。

第五部分是对策建议和研究总结，包括第七章和第八章。其中第七章为机制完善。根据典型试点区域农村宅基地退出绩效评价结果和发现的绩效问题，针对性地完善农村宅基地准入分配机制和农村宅基地退出运作机制，具体设计了东部、中部和西部地区农村宅基地退出的实现机制，并提出了构建农村宅基地退出风险防范机制、加强配套制度改革等其他政策建议。第八章为研究总结与展望。介绍了研究的主要结论，对农村宅基地退出绩效评价研究领域的未来研究内容进行了思考和展望。

第三节　研究方法与主要资料来源

本书坚持定量分析与定性分析相统一，综合采用多种研究方法开展具体的研究工作，并收集了大量的一手研究材料。

一、研究方法

（一）研究材料收集方法

第一，文献调研法。本书收集了农村宅基地退出改革的相关政策文件，系统梳理了国内外关于农村宅基地退出的书籍、核心期刊论文等文献资料，明晰了农村宅基地退出现有研究成果存在的局限，确定了农村宅基地退出研究主题的切入点，并厘清了研究的核心概念，确定了合适的研究方法和研究模型，为构建农村宅基地退出绩效评价指标体系等各项研究工作开展奠定了基础，使研究结果更加科学合理。

第二，访谈法。本书在识别出农村宅基地退出核心利益相关者的基础上，分别对区县政府领导和工作人员、村干部、退出宅基地的农户进行了访谈，并将访谈的原始录音资料整理记录，作为分析农村宅基地退出核心利益相关者利益诉求的原始资料。同时，在调研农村宅基地退出典型试点区域农户时，通过半结构化访谈，深入了解农户宅基地退出决策的影响因素，进一步分析影响农村宅基地退出绩效背后的原因。

第三，德尔菲法。德尔菲法又叫专家咨询法，是按照科学的流程，通过咨询专家的意见来获得对某件事情的判断或预测①。本书使用德尔菲法进行农村宅基地退出绩效评价指标的初选、筛选等工作。在专家选取方面，特意选取了长期关注农村宅基地制度改革研究的学者和熟悉农村宅基地退出改革的政府工作人员。同时，在收集专家意见过程中严格遵循德尔菲法的运用要求，单独发给每一位专家，并经过了多轮的专家意见咨询，既保证了专家意见的独立性，也使专家的意见相对一致和更具有可靠性。

第四，问卷调查法。本书在农村宅基地退出绩效评价指标体系构建过程中，两次制作"宅基地退出的绩效评价指标筛选专家函询表"，为筛选农村宅基地退出绩效评价指标提供了基础数据。同时，根据确定的农村宅基地退出绩效评价指标体系，分别制作了针对村庄整体和退地农户的"典型试点区域农村宅基地退出绩效评价调查问卷"，在进行多轮预调研验证调查问卷可行性的基础上，深入典型试点地区农村进行走访调研，收集了评价典型试点区域农村宅基地退出绩效的基础数据。

① Helmer, D. O., "An Experimental Application of The DELPHI Method to The Use of Experts", *Management Science*, Vol.9, No.3, 1963, pp.458-467.

(二)研究材料分析方法

第一,内容分析法。内容分析法是针对合适的研究主题,基于一定的规则对研究资料进行编码,从资料内容中探寻资料携带信息的一种研究方法。[①]本书运用内容分析法,对中央政府层面出台的农村宅基地退出相关政策文件进行编码,并基于编码提炼出的结果,明确中央政府出台农村宅基地退出试点政策时的政策目标,为设定农村宅基地退出的绩效目标提供参考依据。

第二,扎根理论方法。扎根理论方法是通过对研究问题或研究对象的观察,结合归纳、比较与分析,提炼出研究概念或理论的一种研究方法。[②] 由于该方法不需要任何先验性和具有主观性的假设和结论,在社会科学研究中得到广泛应用[③],被认为是质性研究中重要的研究方法之一。本书将扎根理论方法运用于识别和提炼农村宅基地退出核心利益相关者的目标诉求,具体通过对地方政府、村集体和退出农户的访谈资料进行"开放编码—主轴编码—核心编码",提炼出农村宅基地退出各核心利益主体的利益诉求,进而合理设定农村宅基地退出的绩效目标。

第三,变异系数法。变异系数法是一种客观的权重确定方法,主要依据指标在不同评价对象观测值的变异程度来进行赋权,是用变异系数归一化处理后的数值来确定各个评价指标的权重,能够避免指标量纲和数量级的影响,适用于独立性较强的评价指标。[④] 由于农村宅基地退出绩效评价指标之间相对独立,本书综合运用专家咨询法和变异系数法,通过组合赋权来最终确定农村宅基地退出绩效评价指标的权重。

---

① 简春安:《社会工作研究方法(下)》,华东理工大学出版社 2018 年版,第 86—89 页。

② Parry, K. W., "Grounded Theory and Social Process: A New Direction for Leadership Research", *Leadership Quarterly*, Vol.9, No.3, 1998, pp.85-105.

③ 贾哲敏:《扎根理论在公共管理研究中的应用:方法与实践》,《中国行政管理》2015 年第 3 期。

④ 杨宇:《多指标综合评价中赋权方法评析》,《统计与决策》2006 年第 13 期。

第四,综合指数法。综合指数法是通过综合多个指标对某个评价对象进行评价的方法,将评价对象多个方面的表现综合出一个整体的评价指数。为全面评价典型试点区域农村宅基地退出绩效,本书从多个维度出发进行评价,并采用综合指数法将多维评价合成为一个整体的绩效评价结果。在具体操作上,通过实地调查典型试点区域政府工作人员、农户和村干部等利益相关主体,收集综合评价的基础数据,对原始数据进行标准化处理,得到每个评价指标的评价结果。在此基础上,根据绩效评价指标权重对每个评价指标进行综合运算,计算得到典型试点区域农村宅基地退出绩效的综合评价结果,并依据绩效评价等级标准判断农村宅基地退出绩效情况。

第五,障碍度模型。障碍度模型是一种能够判断指标对总效应阻碍程度的方法,通常基于"指标偏离度""因子贡献度""障碍度"三个指标作出判断①,在绩效评价领域得到广泛应用。为了掌握农村宅基地退出绩效的影响因素,本书借助障碍度模型,分别找出不同区域和不同模式宅基地退出绩效的主要障碍因子,并量化分析了不同障碍因子对各个区域和各个模式宅基地退出绩效的阻碍程度,为提升农村宅基地退出绩效提供更为详细的信息。

二、主要资料来源

本书使用的研究材料主要来源于"典型试点区域宅基地退出的绩效评价与路径优化研究"项目的一手调研资料,包括专家意见函询资料,调研地区政府提供的政策文件、统计资料,以及课题组发放的村干部和农户调查问卷。首先,在宅基地退出绩效评价指标体系构建过程中,课题组先后咨询了二十多位相关研究领域的专家,收集了大量专家关于评价指标初选、评价指标筛选等内容的意见。其次,课题组在四川省德阳市广汉市、成都市温江区、彭州市、郫都区、邛崃市以及泸州市泸县等地区开展了预调研工作,调查了农户参与宅基地

① 李彩惠、霍海鹰、李雅洁等:《基于突变级数模型的城市低碳竞争力评价及障碍因子诊断分析》,《资源科学》2015 年第 7 期。

退出改革的意愿及其影响因素、宅基地退出改革的绩效等内容，收集了这些区县政府工作人员和村干部的一手访谈资料，以及退地农户和未退地农户的2398份有效调查问卷。最后，课题组从东部、中部、西部地区各选择了一个宅基地退出改革典型试点区域开展了正式调研工作，通过与区县政府工作人员访谈收集了大量的政府统计资料，以及27份样本村问卷、1001份退地农户问卷等一手调查资料。

除了上文提到的研究资料外，本书使用的研究资料还包括读秀图书、中国知网、Web of science 等数据库和图书馆的文献资料，各级政府部门官方网站上的政策文件资料，以及《中国城乡建设统计年鉴》、第三次全国农业普查数据、第三次全国国土调查主要数据公报、国民经济与社会发展统计公报等权威的数据统计资料。

第一章　研究基础:宅基地退出绩效评价相关理论

工欲善其事,必先利其器。为了更好地开展宅基地退出绩效评价工作,我们首先对农村宅基地退出绩效评价研究中的相关概念进行辨析,以明确具体的研究范畴,把握研究核心与研究主线;其次,通过对国内外关于农村宅基地退出相关的研究前沿问题进行梳理,掌握其研究进展,寻找研究的工作突破点;最后,根据研究突破点,找到宅基地退出绩效评价的支撑理论,为分析宅基地退出绩效评价问题提供理论工具。

第一节　宅基地退出绩效评价相关概念的辨析

为避免宅基地退出绩效评价研究过程中,因概念不清引起歧义的情况,本书对农村宅基地、农村宅基地退出、农村宅基地退出绩效评价等相关概念进行界定与甄别,明确研究对象和范围。

一、农村宅基地相关概念辨析

在我国社会主义改造运动之前,房地通常是一体的,未进行严格的区分,并无“宅基地”的说法。在这个时期，农村房屋属于农民私人所有，可以在市场上进行交易，房屋所有权人拥有包括占有、使用、收益及处置的完整房屋和土地产权。随着“三大改造”完成和人民公社建立，农村土地被界定为“归生产队所有”，使农村房屋和土地产权出现分离，建房土地的重要性逐渐凸显。

“宅基地”一词首次出现在1962年《农村人民公社工作条例修正草案》第21条的规定中①，被明确为农户的建房土地，其后的各项政策文件和法律法规均延续这一表述。1982年《中华人民共和国宪法》提出“宅基地和自留地、自留山，也属于集体所有”②，使农村宅基地归集体所有的性质得以明晰。1986年《中华人民共和国土地管理法》规定“农村居民建住宅，应当使用原有的宅基地和村内空闲地。使用耕地的，经乡级人民政府审核后，报县级人民政府批准；使用原有的宅基地、村内空闲地和其他土地的，由乡级人民政府批准”③，这明确了宅基地的住宅建设用地属性和通过审批取得宅基地的无偿性。1998年《中华人民共和国土地管理法》提出“农村村民一户只能拥有一处宅基地，其宅基地的面积不得超过省、自治区、直辖市规定的标准”④，这明确了宅基地申请使用是以“户”为单位。总的来讲，法律上对宅基地的定义可以概括为集体所有的农村住宅及其附属设施用地，其取得方式主要是以“户”为单位进行申请，但要求“一户一宅”“面积不得超标”。

与党和国家政策文件及法律法规的表述不同，学界对“农村宅基地”概念有着广义和狭义的不同理解。从狭义上讲，有学者认为农村宅基地指农村所建住房的用地，包括建过但现在无房屋、已建现在有房屋以及准备建房等类

---

① 中央档案馆、中共中央文献研究室：《中共中央文件选集（一九四九年十月——一九六六年五月）》（第41册），人民出版社2013年版，第100页。

② 《中华人民共和国宪法》，人民出版社1982年版，第11—12页。

③ 全国人民代表大会常务委员会法制工作委员会：《中华人民共和国法律汇编（1988）》，人民出版社1989年版，第116页。

④ 全国人民代表大会常务委员会法制工作委员会：《中华人民共和国法律汇编（1998）》，人民出版社1999年版，第91页。

型[①]。从广义上讲，有学者认为宅基地指的是农村居民居住和生活所使用的土地，包括所建住房以及与居住有关的建筑物和设施用地[②][③]，如住房、仓库、庭院、厕所、畜圈等[④]。从权属来看，虽然有部分学者将宅基地的范畴扩大为建造私宅（个人建造的供家庭居住）的土地，认为宅基地可以为国家或集体所有[⑤]，但主流观点仍认为宅基地是属于本村集体经济组织所有的土地[⑥]。

综合学界以及法律层面对农村宅基地概念的相关说明及界定，本书基于宅基地的功能性质，将农村宅基地的概念界定为：农村集体经济组织为满足本集体经济组织成员正常的生活居住需求，以户为单位分配给集体组织成员家庭使用的集体建设用地。

二、农村宅基地退出相关概念辨析

随着我国对城乡人口双向流动限制的放开，农村的富余劳动力逐渐流出，部分农民在城镇安家定居，导致农村住房闲置或破败；部分外出谋生的农民为改善居住条件或出于攀比心理而在农村大量圈地建房，导致农村宅基地面积超标。[⑦] 针对这些现实问题，党和国家出于节约集约利用土地和推进新型城镇化的目的，出台了农村宅基地退出的相关政策。在政策层面上，政策提法从早期的宅基地收回、宅基地腾退、宅基地置换等转向强调农村宅基地退出，政策手段从统　收回集体逐渐转向强调自愿有偿，更加注重保护农民的土地权

---

① 艾希：《农村宅基地闲置原因及对策研究》，《中国人口·资源与环境》2015 年第 S1 期。

② 龙花楼、李秀彬：《长江沿线样带农村宅基地转型》，《地理学报》2005 年第 2 期。

③ 瞿理铜、朱道林：《基于功能变迁视角的宅基地管理制度研究》，《国家行政学院学报》2015 年第 5 期。

④ 汪琴：《论农村宅基地使用权制度》，《华侨大学学报（哲学社会科学版）》2007 年第 4 期。

⑤ 杨杰：《宅基地问题的法律分析》，《南京农业大学学报（社会科学版）》2007 年第 2 期。

⑥ 杨忠伟、岳晓群：《新农村居民点规划及宅基地市场化分配模式》，《城市规划学刊》2009 年第 6 期。

⑦ 胡建坤、田秀娟：《农民工回乡建房行为研究》，《农业经济问题》2012 年第 12 期。

益。但农村宅基地退出政策不同于宅基地的转让政策,各地的农村宅基地退出也并非只有全部宅基地退出的情形,还存在宅基地部分退出的情况。

学界也对农村宅基地退出给予了充分关注,对其概念、内涵进行了讨论。学者们对农村宅基地退出内涵的认识存在广义和狭义之分。狭义上,农村宅基地退出仅仅指农户将农村宅基地使用权退还给集体经济组织,使农村宅基地使用权回归宅基地所有权主体的情形。① 广义上,有学者更多关注农户的宅基地这一权利失去的过程,认为涉及宅基地使用权或所有权变动的情形都算作宅基地退出,因此,将宅基地流转、土地征收、宅基地用途转变等也囊括在农村宅基地退出的概念范围之内。②

总的来看,政策文件对宅基地退出相关概念的表述偏向于狭义层面,仅将宅基地退出视为农村宅基地使用权管理体系中的一个组成部分。同时,在农村宅基地退出实践过程中,通常是将农户宅基地先退回集体经济组织,再由集体经济组织对退出的宅基地进行统筹利用。例如,集体经济组织可以将农户退回的宅基地复垦为耕地,换算为建设用地指标,或者是将宅基地的用地性质转变为集体建设用地后就地流转,或者是重新分配给符合条件的农户。因此,本书将农村宅基地退出的概念界定为:作为农村宅基地使用权人的农户自愿有偿地将农村宅基地使用权客体灭失或部分灭失,使农村宅基地使用权回归于农村宅基地所有权人的行为。

三、农村宅基地退出绩效评价相关概念辨析

绩效(Performance)最初是管理学领域的概念,主要运用于企业在发展、管理过程中衡量组织投入和产出之间的比率。随着绩效的应用范围逐步由公司、企业管理拓展到公共组织和政府部门管理,其内涵也逐渐超越了经济、效

① 付坚强、郭彩玲:《农村宅基地使用权退出的必要性与可行性分析》,《求实》2014 年第 10 期。

② 岳永兵:《宅基地退出:内涵、模式与机制建立》,《改革与战略》2016 年第 11 期。

率和效益等属性范畴,也体现了公平性的倾向。尽管这一概念已在管理学、经济学、政治学、社会学等领域广泛使用,但学界尚未对其内涵作统一定义,主要的阐释角度有行为视角①、结果视角②③、“行为—结果”综合视角④等。本书更倾向于“行为—结果”综合绩效观,即绩效既是行为和过程,也是行为和过程的结果⑤,并且行为本身也是结果的一种⑥。

考虑到农村宅基地退出是政府实施的一项公共政策,农村宅基地退出的绩效评价,在一定程度上也可以理解为农村宅基地退出政策的绩效评价。因此,有必要首先了解一下公共政策绩效及其评价。20 世纪 70 年代以后,随着绩效概念由私人部门引入公共部门,公共政策绩效这一概念也逐渐演化成型。有学者将“公共政策绩效”的概念界定为政府在一定时期、一定领域内实行政策的实际成效,是衡量公共部门特定政策实现程度的标准⑦,也是现代政府绩效体系的重要组成部分⑧。早先学界认为公共政策绩效的评价主要在于分析政策结果⑨,尤其关注目标对象的政策满意度⑩,并不重视阐述政策绩效变动的原理⑪。随着公共政策绩效概念的不断演进和完善,学界认识到公共政策

---

① 彭国甫:《地方政府公共事业管理绩效评价研究》,湖南人民出版社 2004 年版,第 32 页。

② 尚长风:《制度约束下的财政政策绩效研究》,人民出版社 2004 年版,第 132 页。

③ [美]普雷姆詹德:《公共支出管理》,王卫星等译,中国金融出版社 1995 年版,第 133 页。

④ Mwita,J.I.,“Performance Management Modell:A System-Based Approach to Public Service Quality”,*The International Journal of Public Sector Management*,Vol.13,No.1,2000,pp.19-37.

⑤ Otley, D.,“Performance Management: A Framework for Management Control Systems Research”,*Management Accounting Research*,Vol.10,No.4,1999,pp.363-382.

⑥ Brumbranch,*Performance Management*,London:The Cronwell Press,1988,p.15.

⑦ [美]威廉·N.邓恩:《公共政策分析导论(第二版)》,谢明、杜子芳译,中国人民大学出版社 2002 年版,第 406—407 页。

⑧ 上海社会科学院政府绩效评估中心:《公共政策绩效评估理论与实践》,上海社会科学院出版社 2017 年版,第 5 页。

⑨ [美]迈克尔·豪利特、M.拉米什:《公共政策研究:政策循环与政策子系统》,庞诗等译,生活·读书·新知三联书店出版社 2006 年版,第 296 页。

⑩ 郑方辉、毕紫薇、孟凡颖:《取水许可与水资源费征收政策执行绩效评价》,《华南农业大学学报(社会科学版)》2010 年第 1 期。

⑪ 赵德余:《政策绩效评估:地方部门案例》,复旦大学出版社 2011 年版,第 5 页。

绩效受到多种因素共同影响①,因而又指出公共政策绩效评价是对政府制定和执行公共政策绩效的综合判断与评价②③,不能仅从评价结果开始,而要从建构过程开始④,将过程控制与公共政策绩效评价的指标体系相融合⑤。由此,本书拟将公共政策绩效评价的概念界定为:通过科学的评价方法、规范的评价流程以及统一的指标标准,基于“公共”目的的价值判断,对公共政策实施效果和政策实施过程的评价,是以综合性测量分析公共政策绩效,为政策优化提供依据的活动。

由于宅基地退出政策实施进程仍然是一个不断优化完善的过程,加之农村宅基地退出产生的部分影响隐含在政策实施的过程中,难以在短期内直接显现。因此,农村宅基地退出绩效评价不应只侧重于政策实施效果,也要关注政策实施过程;不应只关注当前的直接结果,也要考虑产生的间接结果。参考公共政策绩效评价的内涵界定,结合农村宅基地退出政策的实际情况,本书将农村宅基地退出绩效评价界定为:采用科学的评价方法、规范的评价程序、合理的评价标准,基于“公共”目的的价值判断,针对农村宅基地退出实施效果和实施过程的综合性评价活动。

第二节　国内外宅基地退出的若干前沿问题

农村宅基地退出是从“农村宅基地”衍生出的中国特色语境概念,国内学者围绕宅基地退出展开了大量研究,而国外虽没有直接的研究成果,但与此相

---

① 中国行政管理学会课题组、贾凌民:《政府公共政策绩效评估研究》,《中国行政管理》2013年第3期。

② 喻锋:《治理取向的公共政策绩效评价:基础、转型及其前瞻》,《湖北大学学报(哲学社会科学版)》2013年第1期。

③ 姚刚:《公共政策视角下的政府绩效评估》,《求索》2008年第4期。

④ 霍春龙、邬碧雪:《治理取向还是管理取向?——中国公共政策绩效研究的进路与趋势》,《上海行政学院学报》2015年第4期。

⑤ 姜国兵:《公共政策绩效评估体系建构初探》,《广东行政学院学报》2012年第6期。

关的研究成果也较为丰硕,均为展开本书提供了可借鉴的重要思路和方法。本部分对相关研究成果进行可视化和主题化分析,系统梳理国内外宅基地退出的若干前沿问题。

一、国内宅基地退出的若干前沿问题

为了掌握国内关于宅基地退出研究的基本情况,本书从课题立项情况、论文发表情况、著作出版情况等方面着手,对国内宅基地退出的研究内容进行可视化分析。通过进一步梳理分析发现,学界重点围绕农户宅基地退出意愿及其影响因素剖析、宅基地退出动力机制、宅基地退出补偿机制、对试点区域宅基地退出改革等主题展开研究,取得了丰硕的研究成果。

(一)国内宅基地退出相关研究可视化分析

第一,“农村宅基地退出”相关课题情况。在全国哲学社会科学工作办公室网站,以“宅基地退出”为检索词查询,检索出立项项目 12 项(见表 1-1),分属应用经济学(8 项)、理论经济学(1 项)、管理学(2 项)、法学(1 项)等学科。从研究主题来看,宅基地退出的成本与补偿、退出障碍、退出路径等是关注重点。

表 1-1　农村“宅基地退出”研究课题立项情况

年份	项目类别	学科分类	项目名称
2021	一般项目	应用经济	基于事实与价值的农村宅基地退出政策评估及优化研究
2021	一般项目	管理学	宗族文化对农村宅基地使用权有偿退出的影响研究
2020	一般项目	应用经济	乡村振兴战略背景下农户宅基地退出的成本测度与补偿政策优化研究
2019	一般项目	管理学	城市移民乡土情结、“反哺”行为与宅基地退出障碍研究

续表

年份	项目类别	学科分类	项目名称
2017	一般项目	应用经济	典型试点区域宅基地退出的绩效评价与路径优化研究
2016	西部项目	应用经济	家庭发展导向视野下的农户宅基地退出路径选择
2015	西部项目	应用经济	新型城镇化背景下农业转移人口宅基地退出机制研究
2015	一般项目	法学	我国农村宅基地退出与补偿的法律机制研究
2014	一般项目	理论经济	农业转移人口市民化进程中宅基地退出补偿机制研究
2014	青年项目	应用经济	基于微观退地主体的宅基地退出增值收益分享研究
2013	一般项目	应用经济	基于多主体利益均衡的农村宅基地退出和补偿机制研究
2013	一般项目	应用经济	农村宅基地退出和补偿机制研究

资料来源:根据全国哲学社会科学工作办公室网站整理,时间跨度为 2013—2021 年。

第二,“农村宅基地退出”相关期刊论文情况。以中国知网期刊论文数据库为检索平台,以“宅基地退出/宅基地腾退”“宅基地”并含“退出/腾退”为检索词进行主题检索,筛选文献来源类别为 CSSCI,检索时间截至 2021 年 6 月 30 日,共检索出相关学术期刊文献 301 篇。由图 1-1 可知,2008—2021 年发文量总体呈上升趋势,其中 2008—2011 年平缓上升,2012—2015 年阶梯状上升,2015—2018 年发文数量基本没有变化,2018—2020 年呈快速上升趋势。需要说明的是,由于 2021 年文献只搜集到该年 6 月 30 日,故显示有所下降,但并不影响总体趋势。

从发文学科视角来看,有关“农村宅基地退出”的论文学科领域较为集中。对中国知网检索出的“农村宅基地退出”论文按学科进行分类和整理,得到宅基地退出研究论文的学科视角分布图 1-2。由图 1-2 可知,“农村宅基地退出”的论文 86%集中在农业经济领域,其次为行政法及地方法制、宏观经济管理与可持续发展两个领域。

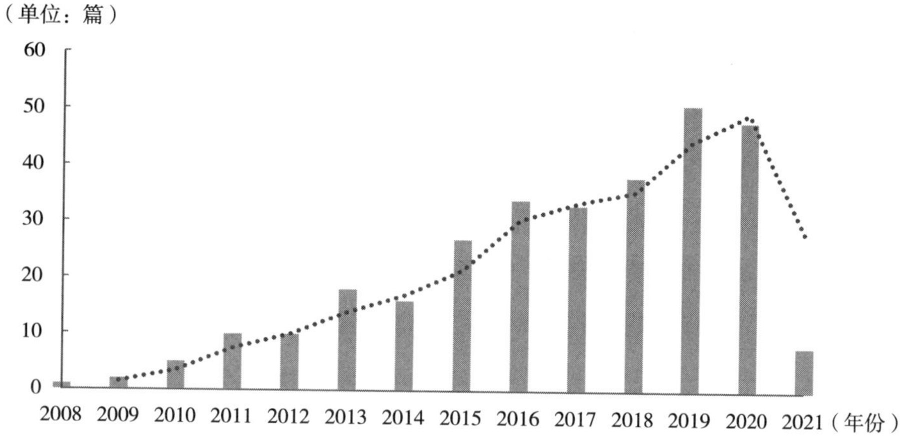

图 1-1　2008—2021 年农村"宅基地退出"研究发文量

资料来源：中国知网期刊论文数据库检索数据整理，检索时间截至 2021 年 6 月。

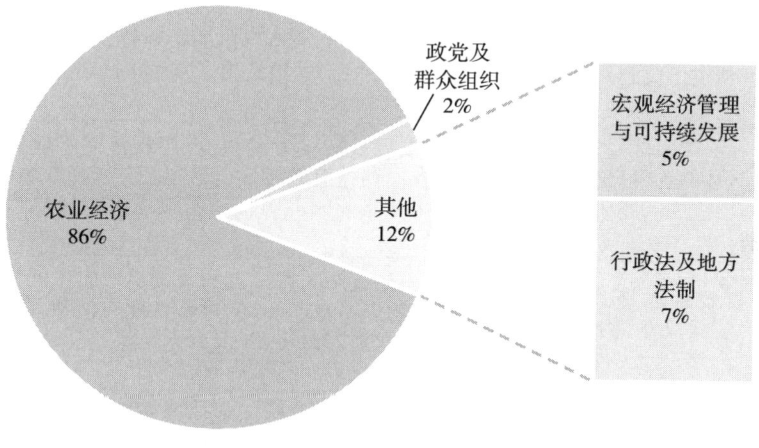

图 1-2　2008—2021 年农村"宅基地退出"研究学科视角分布情况

资料来源：中国知网期刊论文数据库检索数据整理，检索时间截至 2021 年 6 月。

第三，"农村宅基地退出"相关著作出版情况。以读秀图书搜索引擎为检索平台，以"宅基地"作为书名关键词检索，检索时间截至 2021 年 6 月 30 日，检索到相关著作共 124 本，其中直接以"宅基地退出"为书名或关键词的专著为 10 本，出版的时间集中在 2015—2021 年，具体见表 1-2。就已有专著的研究主题而言，学者们对农村"宅基地退出"的关注点主要集中在农户宅基地退出意愿、宅基地退出模式及福利效应、宅基地退出后农民权益保护、农村宅基地退出机制及其补偿机制等方面，也有学者从立法问题方面切入研究，如吕军书等以土地发展权转移为研究视角，探讨了我国农村宅基地退出利益补偿所牵涉的立法问题。

表 1-2 “农村宅基地退出”研究专著出版情况

年份	书名	研究主题
2021	《农村宅基地退出模式与福利效应》	对宅基地退出实践模式进行总结及比较分析，揭示宅基地退出后农民的总体福利水平及农民间分配是否公平
2020	《权益保障视域下宅基地退出政策研究》	抓住“农民权益保障”理念，通过对农业转移人口宅基地退出意愿进行实证分析，剖析影响宅基地退出意愿的关键因素
2019	《发达地区农村宅基地退出机制研究》	综合采用定性和定量的研究方法，以浙江省慈溪市为研究案例，分析了宅基地退出的重要性，探析了宅基地退出的困境，并针对性地给出了发达地区建立宅基地退出机制的相应路径
2019	《中国农村宅基地退出立法问题研究》	以土地发展权转移为视角，解构农村宅基地资源有效配置、农民利益有效补偿、城镇化有效推进的关联和互动，提出建立和完善农村宅基地退出与补偿机制的总体思路
2018	《农村宅基地退出中农民权益保护问题研究》	对农村土地改革先行试点的重庆退地农民的权益问题进行调查，借鉴森(Sen)的可行性能力框架评价农户在退地前后权益的变化，并剖析农户权益变化的原因，针对性地提出保护农户权益的政策建议
2017	《农村闲置宅基地有偿退出与优化利用基于四川省农地改革与探索的实践》	基于四川省关于农村宅基地改革实践成效的专项调研，结合当前农村深化改革对农村宅基地自愿有偿退出机制对制度需求，提出具有可操作性的改革思路和对策建议
2016	《农村宅基地退出若干问题研究》	研究宅基地退出参与主体的内部行为决策过程，构建宅基地退出补偿和收益分配的合作博弈分析框架，设计退地农户的就业创业和福利状况评价指标体系，提出保障农户就业收入和保护农户福利的政策建议
2015	《农地承包权与宅基地使用权退出机制创新研究》	将建立农地承包权和宅基地使用权退出补偿机制与建立城市政府吸纳外来人口的政策措施统筹研究

续表

年份	书名	研究主题
2015	《农村宅基地退出与补偿机制研究》	围绕如何在当前“四化同步”“五位一体”的背景下,处理好宅基地退出与补偿的关键问题,提出大力推进动力机制创新、运转机制创新、监管机制创新
2015	《代际差异视角下农民工宅基地退出补偿机制研究》	在代际差异视角下建立农民工宅基地退出补偿的分析框架,研究我国宅基地管理制度演变及退出困境,以及代际差异视角下农民工对宅基地的权属及价值认知等内容

资料来源:读秀图书搜索引擎检索结果分析整理,检索时间截至 2021 年 6 月。

(二)关于农户宅基地退出意愿的研究

国内学者基于不同研究案例和分析方法,对农户宅基地退出意愿进行多视角考察,得出了各不相同的结论。首先,学者依据农民与宅基地分离程度区分了宅基地潜在退出和完全退出①、基于计划行为理论区分了农户宅基地退出意愿与退出行为②。其次,在建设用地需求和耕地保持需求快速增加的大背景下,分析宅基地闲置率攀升和农民退出意愿的变化趋势③,得出农户宅基地退出意愿普遍较强,但更多学者从退地补偿标准低④、小农兼业阶层和村庄贫弱阶层对土地有较强依赖性的经济效益角度⑤,“安土重迁”“落叶归根”“祖宅意识”等传统观念文化角度,以及从城市生产生活的稳定性和保障性较弱的社会效益角度,认为农户宅基地退出意愿普遍较弱。还有一类学者则发现不同地区农

① 刘同山:《资产化与直接处置:农民宅基地退出意愿研究》,《经济经纬》2016 年第 33 卷第 6 期。

② 万亚胜、程久苗、吴九兴等:《基于计划行为理论的农户宅基地退出意愿与退出行为差异研究》,《资源科学》2017 年第 39 卷第 7 期。

③ 郭晓鸣、虞洪:《建立农村宅基地自愿有偿退出机制的现实分析与政策构想——基于四川省的实证研究》,《农村经济》2016 年第 5 期。

④ 黄贻芳、钟涨宝:《不同类型农户对宅基地退出的响应——以重庆梁平县为例》,《长江流域资源与环境》2013 年第 22 卷第 7 期。

⑤ 王静、于战平、李卉:《农户宅基地退出意愿及其影响因素分析——基于王口镇和独流镇的调查》,《农村经济》2015 年第 1 期。

户宅基地退出意愿存在差异，指出中远郊农民的宅基地退出意愿更强①，经济发达地区宅基地退出时机条件较为成熟，农民自愿退出宅基地的意愿比较高②，如上海市郊区农户愿意退出宅基地的比例达66.91%③，而欠发达地区农民则更加谨慎④，并且还有学者指出不同安置补偿办法对其宅基地退出意愿也有影响⑤。除此之外，还有学者从农户分化视角切入，围绕生计类型分化⑥、行为态度、主观规范和知觉控制分化⑦，发现不同类型农户宅基地退出意愿存在差异。

（三）关于宅基地退出意愿影响因素的剖析

众多学者通过应用Logistic、Probit等模型，对全国不同地区农户宅基地退出意愿及其影响因素展开研究，并从不同角度对农户宅基地退出意愿与影响因素之间的正负相关性进行探讨。当前学界对农户宅基地退出意愿的影响因素进行了多维度研究（见表1-3），大致集中在经济因素、社会因素、政策因素、人口因素和地理因素等。

---

① 彭长生、范子英：《农户宅基地退出意愿及其影响因素分析——基于安徽省6县1413个农户调查的实证研究》，《经济社会体制比较》2012年第2期。

② 杨丽霞、朱从谋、苑韶峰等：《基于供给侧改革的农户宅基地退出意愿及福利变化分析——以浙江省义乌市为例》，《中国土地科学》2018年第1期。

③ 高欣、张安录、李超：《社会保障、非农收入预期与宅基地退出决策行为——基于上海市金山区、松江区等经济发达地区的实证分析》，《中国土地科学》2016年第6期。

④ 杨君、姚伦双、罗春香：《新型城镇化背景下农民自愿退出宅基地意愿分析比较》，《求索》2015年第3期。

⑤ 王兆林、杨庆媛、骆东奇：《农民宅基地退出差异性受偿意愿及其影响因素分析》，《中国土地科学》2018年第9期。

⑥ 洪德和、程久苗、吴九兴等：《农户宅基地退出意愿与行为转化研究——基于金寨县的实证》，《中国农业资源与区划》2019年第6期。

⑦ 王子坤、邹伟、王雪琪：《农户宅基地退出的行为与意愿悖离研究》，《中国土地科学》2018年第7期。

表 1-3　关于农户宅基地退出意愿影响因素的主要观点

学者	研究方法	研究区域	影响因素
陈美球	Logistic 模型	江西省	农民文化程度、居家人口数量、人均年收入、与邻院的最近距离、人均宅基地面积、宅基地离县城的距离①
王兆林等	有序 Probit 模型	重庆市	户主年龄、定居城镇情况、家庭非农收入来源、家庭参保情况、宅基地面积、土地是否位于城镇规划范围内、退地政策、退地补偿或补助、退地就业问题、退地后医疗与养老保险预期、退地后住房预期、退地后生活质量预期②
魏凤等	Logistic 模型	天津市宝坻区	户主受教育程度、住房条件和出行条件、家人和已经退出者意见、社会保障③
许恒周	CVM、Tobit 模型	山东省临清市	年龄、外出务工年限、家庭农业收入占比、非农就业稳定性、家庭供养系数、参保情况、区位变量、对宅基地政策了解程度④
彭长生	Logistic 模型	安徽省	户主空间流动、户主年龄、户主学历、家庭人口数、子女性别、非农就业情况、家庭年收入、城镇住房、对宅基地继承权与抵押权的认知状况⑤
杨玉珍	CVM、Logistic 模型	河南省	宅基地禀赋效应、农户个体特征、农户认知的锚定心理、农户的现状偏见、未来状态的不确定性、群体社会性特征⑥
夏敏等	Logistic 模型	江苏省	农民年龄、受教育水平、职业种类、财产性收入、宅基地面积、城镇住所、宅基地（房屋）使用情况/居住时间/重置成本、农业补贴金额、新农保险金额、区位交通环境⑦

---

① 陈美球、邓爱珍、周丙娟等：《耕地流转中农户行为的影响因素实证研究——基于江西省 42 个县市 64 个乡镇 74 个行政村的抽样调查》，《中国软科学》2008 年第 7 期。

② 王兆林、杨庆媛、张佰林等：《户籍制度改革中农户土地退出意愿及其影响因素分析》，《中国农村经济》2011 年第 11 期。

③ 魏凤、于丽卫：《基于 Logistic 模型的农户宅基地换房意愿影响因素分析——以天津市宝坻区为例》，《经济体制改革》2012 年第 2 期。

④ 许恒周：《基于农户受偿意愿的宅基地退出补偿及影响因素分析——以山东省临清市为例》，《中国土地科学》2012 年第 10 期。

⑤ 彭长生、范子英：《农户宅基地退出意愿及其影响因素分析——基于安徽省 6 县 1413 个农户调查的实证研究》，《经济社会体制比较》2012 年第 2 期。

⑥ 杨玉珍：《农户闲置宅基地退出的影响因素及政策衔接——行为经济学视角》，《经济地理》2015 年第 7 期。

⑦ 夏敏、林庶民、郭贯成：《不同经济发展水平地区农民宅基地退出意愿的影响因素——以江苏省 7 个市为例》，《资源科学》2016 年第 4 期。

续表

学者	研究方法	研究区域	影响因素
刘同山	Mvprobit 模型	全国	农户年龄、受教育程度、家庭人口数量、有关信息接触、与邻居关系①
晏志谦等	Logistic 模型	成都市双流区金桥镇	农户受教育程度、家庭非劳动力占比、宅基地数量、宅基地面积、宅基地与城区距离、家庭成员在外务工情况、家庭成员在城市居住情况、对宅基地退出政策的认知②
吴云青等	二元 Logistic 模型、结构方程模型	天津市	物质资产、人力资产、心理资产、社会资产、自然资产、金融资产③
傅熠华	Logistic 模型	全国	家庭年收入、打工人数、参加新农保人数、对宅基地保障性的认同度④
孙鹏飞等	Probit 模型	安徽省金寨县	风险预期、社会网络⑤
梁发超等	多分类 Logistic 模型	福建省晋江市	家庭非农收入比重、年龄、受教育水平、家庭人口数、行为认知、宅基地面积、宅基地与县镇距离⑥

资料来源:中国知网期刊论文数据库检索资料整理,检索时间截至 2021 年 6 月。

1. 经济因素

学界在讨论经济因素对农户退出意愿的影响作用时,多集中于农户生计类型和经济补偿机制这两个方面。就农户生计类型而言,从家庭收入来看,一般认为农户非农收入占家庭总收入的比重越大,农户宅基地退出意愿就越强烈⑦⑧。从经

① 刘同山:《资产化与直接处置:农民宅基地退出意愿研究》,《经济经纬》2016 年第 6 期。

② 晏志谦、李建强、曾文俊:《宅基地退出意愿分析及其政策启示——以成都市双流区为例》,《农村经济》2017 年第 6 期。

③ 吴云青、王多多、密长林等:《生计资产差异对农户宅基地退出意愿的影响研究——基于天津市 403 份调查问卷的实证分析》,《干旱区资源与环境》2017 年第 9 期。

④ 傅熠华:《农民工农村宅基地退出的决策逻辑——基于全国 2328 户农民工家庭的实证研究》,《经济体制改革》2018 年第 6 期。

⑤ 孙鹏飞、赵凯:《社会资本对农户宅基地退出行为的影响——基于安徽省金寨县的调研数据》,《南京农业大学学报(社会科学版)》2020 年第 5 期。

⑥ 梁发超、刘丽惠:《不同模式下农村宅基地退出的农户选择偏好及其影响因素——基于福建省晋江市的实证分析》,《中国农业资源与区划》2020 年第 9 期。

⑦ 许恒周、殷红春、石淑芹:《代际差异视角下农民工乡城迁移与宅基地退出影响因素分析——基于推拉理论的实证研究》,《中国人口·资源与环境》2013 年第 8 期。

⑧ 傅熠华:《农民工农村宅基地退出的决策逻辑——基于全国 2328 户农民工家庭的实证研究》,《经济体制改革》2018 年第 6 期。

济收入结构变化、财产激励性以及对农村宅基地功能依赖性的角度来看，非农收入占比高的农户更加关注自身资产盘活和社会示范效应，也更加倾向于响应政府宅基地退出的政策号召①。但也有部分学者认为，正是因为农户非农收入占比较低，他们才更需要通过农村宅基地退出补偿来改善生活和居住状况②，而对于非农收入占比高、经济条件较好的"非农户"和"半农户"而言，他们未来可能更看重宅基地的休闲度假和安度晚年的居住功能，其退出意愿反而不高③。就经济补偿机制而言，较多观点认为农村宅基地退出补偿的收益同退出意愿呈正相关，且补偿金兑现程度越高、补偿方式越合理、退出风险预期越低，农户宅基地退出意愿越强烈④。

2. 社会因素

我国农村宅基地的特殊福利性质使其承载着农户的生活居住、风险保障、归属继承等多重需求，因此学界在讨论社会因素对农村宅基地退出的影响作用时，主要关注农户在退出农村宅基地后的住房和社保问题。就"宅基地换住房"而言，有学者认为退有所居是进城落户农民退出农村宅基地时关注的核心问题⑤，其中受教育程度和兼业化程度较高农户，更愿意以农村宅基地置换城镇住房⑥。就"宅基地换社保"而言，学界普遍认为社会保障能否得到解决与农户退出意愿呈显著正相关。农户在考虑退出农村宅基地时，主要顾虑

---

① 洪德和、程久苗、吴九兴等：《农户宅基地退出意愿与行为转化研究——基于金寨县的实证》，《中国农业资源与区划》2019 年第 6 期。

② 郭贯成、戈楚婷：《推拉理论视角下的农村宅基地退出机制研究——基于南京市栖霞区农户意愿调查》，《长江流域资源与环境》2017 年第 6 期。

③ 蔡安宁、冯健：《欠发达地区农户宅基地退出意愿的影响因素研究——以安徽阜阳为例》，《城市发展研究》2018 年第 6 期。

④ 张婷、张安录、邓松林：《期望收益、风险预期及农户宅基地退出行为——基于上海市松江区、金山区农户的实证分析》，《资源科学》2016 年第 8 期。

⑤ 于伟、刘本城、宋金平：《城镇化进程中农户宅基地退出的决策行为及影响因素》，《地理研究》2016 年第 3 期。

⑥ 刘同山、牛立腾：《农户分化、土地退出意愿与农民的选择偏好》，《中国人口·资源与环境》2014 年第 6 期。

就业、养老、医疗等城镇生活的社会保障问题。此外，如何确保农户的土地承包权益不受农村宅基地退出的影响、解决两栖家庭的养老问题、构建可进可退的灵活城镇化路径是提升农村宅基地退出效率的关键。①

3. 政策因素

随着学界对农民主体地位和市场力量的重视，影响农户宅基地退出意愿的政策因素也更多地体现在政府决策行为，如户籍制度改革对农村宅基地退出的影响，认为在户籍改革力度较大的地区，农户退出农村宅基地的意愿相对较强。究其原因，有学者认为现行城乡二元的户籍制度与农户的教育、就业、养老等问题息息相关，而这正是制约农村宅基地退出及其资产变现的关键②③。此外，部分学者也探讨了政府宣传活动对农户宅基地退出意愿的影响，认为干部的组织号召有利于推动有退出意愿的农户实际退出其农村宅基地④。

4. 人口和地理因素

人口因素和农村宅基地的地理因素是国内学者在探讨农户宅基地退出意愿影响因素时的共同关注点。人口因素是农户宅基地退出意愿的主体因素。学界对于人口因素在农村宅基地退出过程中影响的研究多集中在农户年龄、户主性别、受教育程度和家庭规模等方面⑤⑥⑦。其中，农户认知方面的影

---

① 龚宏龄：《农户宅基地退出意愿研究——基于宅基地不同持有情况的实证研究》，《农业经济问题》2017 年第 11 期。

② 朱新华：《户籍制度对农户宅基地退出意愿的影响》，《中国人口・资源与环境》2014 年第 10 期。

③ 孙雪峰、朱新华、陈利根：《不同经济发展水平地区农户宅基地退出意愿及其影响机制研究》，《江苏社会科学》2016 年第 2 期。

④ 王子坤、邹伟、王雪琪：《农户宅基地退出的行为与意愿悖离研究》，《中国土地科学》2018 年第 7 期。

⑤ 陈霄：《农民宅基地退出意愿的影响因素——基于重庆市“两翼”地区 1012 户农户的实证分析》，《中国农村观察》2012 年第 3 期。

⑥ 张怡然、邱道持、李艳等：《农民工进城落户与宅基地退出影响因素分析——基于重庆市开县 357 份农民工的调查问卷》，《中国软科学》2011 年第 2 期。

⑦ 许恒周：《基于农户受偿意愿的宅基地退出补偿及影响因素分析——以山东省临清市为例》，《中国土地科学》2012 年第 10 期。

响讨论比较多，学界普遍认为农户对宅基地政策的了解程度、对农村宅基地产权收益的认知水平是影响其宅基地退出行为的主要因素①②。鉴于文化层次的差异，宅基地产权认知程度仅对新生代农户的退出意愿有显著影响，其中宅基地继承权认知状况对农户退出意愿有正向影响③；农户对宅基地政策越了解，就越能认识到宅基地的价值，也就越愿意退出宅基地以获得补偿④。宅基地的地理因素是农村宅基地退出的核心客体。学界主要从宅基地面积、宅基地的地理区位等方面研究农村宅基地的地理因素对农户宅基地退出意愿的影响⑤⑥⑦。

（四）关于农村宅基地退出动力机制的研究

学界多以推拉理论及其相关模型为理论基础，分析农村宅基地退出的动力机制，其中代表性观点有单一动力论、“推拉”动力论和“推力—拉力—压力”动力论这三种（见表 1-4）。

① 彭长生：《农民宅基地产权认知状况对其宅基地退出意愿的影响——基于安徽省 6 个 1413 户农户问卷调查的实证分析》，《中国农村观察》2013 年第 1 期。

② 黄贻芳：《农户参与宅基地退出的影响因素分析——以重庆市梁平县为例》，《华中农业大学学报（社会科学版）》2013 年第 3 期。

③ 彭长生：《农民宅基地产权认知状况对其宅基地退出意愿的影响——基于安徽省 6 个 1413 户农户问卷调查的实证分析》，《中国农村观察》2013 年第 1 期。

④ 许恒周、殷红春、石淑芹：《代际差异视角下农民工乡城迁移与宅基地退出影响因素分析——基于推拉理论的实证研究》，《中国人口·资源与环境》2013 年第 8 期。

⑤ 彭长生、范子英：《农户宅基地退出意愿及其影响因素分析——基于安徽省 6 县 1413 个农户调查的实证研究》，《经济社会体制比较》2012 年第 2 期。

⑥ 于伟、刘本城、宋金平：《城镇化进程中农户宅基地退出的决策行为及影响因素》，《地理研究》2016 年第 3 期。

⑦ 夏敏、林庶民、郭贯成：《不同经济发展水平地区农民宅基地退出意愿的影响因素——以江苏省 7 个市为例》，《资源科学》2016 年第 38 卷第 4 期。

表 1-4　关于农村宅基地退出动力机制的主要观点

<table>
<tr><th>动力机制</th><th colspan="2">动力类型</th><th>主要因素</th><th>学者</th></tr>
<tr><td rowspan="3">单一动力论</td><td rowspan="3" colspan="2">—</td><td>新型城镇化发展</td><td>张勇等①</td></tr>
<tr><td>农村宅基地制度内在缺陷</td><td>郭晓鸣等②</td></tr>
<tr><td>“农二代”社会经济行为变化</td><td>刘守英等③</td></tr>
<tr><td rowspan="6">“推拉”动力论</td><td rowspan="2">农户主体视角</td><td>推力</td><td>受教育水平、年总收入、家庭居住人口数等</td><td rowspan="2">孔东菊④；郭贯成等⑤</td></tr>
<tr><td>拉力</td><td>非农业收入占比、城镇养老保险购买情况、城镇住所拥有情况、退出补偿、退出后生活预期等</td></tr>
<tr><td rowspan="2">人口迁移视角</td><td>推力</td><td>农村宅基地功能变迁、农村宅基地财产权价值实现、农村宅基地制度演变等</td><td rowspan="2">张勇等⑥</td></tr>
<tr><td>拉力</td><td>建设用地需求、人口转移、城乡二元体制改革、农村宅基地退出政策实施等</td></tr>
<tr><td rowspan="2">城乡差异视角</td><td>推力</td><td>农村宅基地空置、利用低效以及由此激化的城乡用地矛盾</td><td rowspan="2">杨雪锋等⑦
陈藜藜等⑧
龚宏龄等⑨</td></tr>
<tr><td>拉力</td><td>城乡建设用地“增减挂钩”需求、耕地保护需求、城市生活环境和文化氛围</td></tr>
</table>

---

① 张勇、汪应宏:《农民工市民化与农村宅基地退出的互动关系研究》,《中州学刊》2016 年第 7 期。

② 郭晓鸣、虞洪:《四川农村宅基地自愿有偿退出探索实践及其潜在风险和应对建议》,《国土资源科技管理》2017 年第 3 期。

③ 刘守英、熊雪锋:《经济结构变革、村庄转型与宅基地制度变迁——四川省泸县宅基地制度改革案例研究》,《中国农村经济》2018 年第 6 期。

④ 孔东菊:《户籍改革背景下农村宅基地退出机制研究》,《华南农业大学学报(社会科学版)》2014 年第 4 期。

⑤ 郭贯成、戈楚婷:《推拉理论视角下的农村宅基地退出机制研究——基于南京市栖霞区农户意愿调查》,《长江流域资源与环境》2017 年第 6 期。

⑥ 张勇、包婷婷:《农村宅基地退出的驱动力分析——基于推拉理论视角》,《农村经济》2017 年第 4 期。

⑦ 杨雪锋、董晓晨:《不同代际农民工退出宅基地意愿差异及影响因素——基于杭州的调查》,《经济理论与经济管理》2015 年第 4 期。

⑧ 陈藜藜、宋戈、邹朝晖:《经济新常态下农村宅基地退出机制研究》,《农村经济》2016 年第 7 期。

⑨ 龚宏龄、林铭海:《推拉理论视域农民宅基地退出意愿及其影响因素——基于重庆市的调查数据》,《湖南农业大学学报(社会科学版)》2019 年第 2 期。

续表

动力机制	动力类型		主要因素	学者
“推力—拉力—压力”动力论	现实表现	推力	城市发展空间拓展、建房用地紧张、耕地后备资源不足	张世全等①
		压力	土地违法问责	
		拉力	地方政府节约集约用地意识增强	
	制度表现	推力	退出收益补偿制度、农村住房保障体系	欧阳安蛟等②
		压力	农村宅基地有偿使用制度	
		拉力	农村宅基地整理、置换、复垦等制度	

资料来源:中国知网期刊论文数据库检索数据整理,检索时间截至2021年6月。

持单一动力机制观点的学者认为,农村宅基地退出主要受某种单一因素的驱动,如新型城镇化的发展③、农村宅基地使用管理制度的内在缺陷④、“农二代”社会经济行为特征的变化等⑤。

持“推力—拉力”机制观点的学者认为,农村宅基地退出的动力机制由“推力”与“拉力”两部分构成,并基于不同视角对这两种作用力进行分析。首先,基于农户主体的“推拉理论”视角而言,农村宅基地退出的推力主要是农户受教育水平、农户年总收入、家庭居住人口等因素⑥,而拉力主要是非农业收入占比、城镇养老保险购买情况、城镇住所拥有情况、宅基地退出补偿、宅基

① 张世全、彭显文、冯长春等:《商丘市构建农村宅基地退出机制探讨》,《地域研究与开发》2012年第2期。

② 欧阳安蛟、蔡锋铭、陈立定:《农村宅基地退出机制建立探讨》,《中国土地科学》2009年第10期。

③ 张勇、汪应宏:《农民工市民化与农村宅基地退出的互动关系研究》,《中州学刊》2016年第7期。

④ 郭晓鸣、虞洪:《四川农村宅基地自愿有偿退出探索实践及其潜在风险和应对建议》,《国土资源科技管理》2017年第3期。

⑤ 刘守英、熊雪锋:《经济结构变革、村庄转型与宅基地制度变迁——四川省泸县宅基地制度改革案例研究》,《中国农村经济》2018年第6期。

⑥ 郭贯成、戈楚婷:《推拉理论视角下的农村宅基地退出机制研究——基于南京市栖霞区农户意愿调查》,《长江流域资源与环境》2017年第6期。

地退出后的生活预期等因素①②。其次,基于人口迁移的"推拉理论"视角而言,农村宅基地退出的推力主要包括农村宅基地功能变迁、农村宅基地财产权价值实现、农村宅基地制度演变等因素;拉力则包括建设用地需求、人口转移、城乡二元体制改革、农村宅基地退出政策实施等因素③。最后,基于城乡差异的"推拉理论"视角而言,农村宅基地退出的农村内部推力主要在于农村宅基地空置率不断提高、利用效率低,以及由此激化的城乡用地矛盾④⑤;农村宅基地退出的城市外部拉力主要是城乡建设用地"增减挂钩"需求、耕地占用引发的耕地保护需求、城市的优越生活环境和文化氛围等⑥⑦⑧。

持"推力—拉力—压力"机制观点的学者认为,农村宅基地退出的动力机制不仅包括推力和拉力,还包括具有一定强制作用的压力。就三种动力的现实表现而言,推力包括城市发展空间拓展、农民建房用地紧张、耕地后备资源不足;压力包括土地违法的问责力度加大,进而倒逼地方政府盘活农村存量建设用地;拉力则是地方政府节约集约用地意识增强⑨。就三种动力的制度表

---

① 孔东菊:《户籍改革背景下农村宅基地退出机制研究》,《华南农业大学学报(社会科学版)》2014 年第 4 期。

② 郭贯成、戈楚婷:《推拉理论视角下的农村宅基地退出机制研究——基于南京市栖霞区农户意愿调查》,《长江流域资源与环境》2017 年第 6 期。

③ 张勇、包婷婷:《农村宅基地退出的驱动力分析——基于推拉理论视角》,《农村经济》2017 年第 4 期。

④ 陈藜藜、宋戈、邹朝晖:《经济新常态下农村宅基地退出机制研究》,《农村经济》2016 年第 7 期。

⑤ 龚宏龄、林铭海:《推拉理论视域农民宅基地退出意愿及其影响因素——基于重庆市的调查数据》,《湖南农业大学学报(社会科学版)》2019 年第 2 期。

⑥ 陈藜藜、宋戈、邹朝晖:《经济新常态下农村宅基地退出机制研究》,《农村经济》2016 年第 7 期。

⑦ 杨雪锋、董晓晨:《不同代际农民工退出宅基地意愿差异及影响因素——基于杭州的调查》,《经济理论与经济管理》2015 年第 4 期。

⑧ 龚宏龄、林铭海:《推拉理论视域农民宅基地退出意愿及其影响因素——基于重庆市的调查数据》,《湖南农业大学学报(社会科学版)》2019 年第 2 期。

⑨ 张世全、彭显文、冯长春等:《商丘市构建农村宅基地退出机制探讨》,《地域研究与开发》2012 年第 2 期。

现而言,拉力包括农村宅基地退出收益补偿制度、农村住房保障体系;压力包括违法取得、面积超标存量农村宅基地的有偿使用制度;推力则包括农村宅基地整理、置换、复垦等制度与措施①。

(五)关于宅基地退出补偿机制的研究

1. 宅基地退出补偿方式

关于宅基地退出补偿方式,已有研究对比了非货币化安置和货币补偿这两种主要的补偿方式②,分析了农户偏好对不同补偿方式的排序③,认为农户退出宅基地后得到的资源丰富程度将帮助农户摆脱“宅基地保障”心理。也有研究基于农户宅基地退出后生存就业安排④、就业的分化情况⑤、进城落户意愿⑥等,提出要据此确定宅基地退出补偿方式。同时还强调,要关注不同地区农户对不同宅基地退出补偿方式的选择偏好⑦⑧,应当根据不同地区和农户类型的情况,在尊重农户退出意愿的基础上将宅基地的现实价值补偿、期望价值补偿和其他价值补偿相结合,实行差异化补偿方式⑨。

---

① 欧阳安蛟、蔡锋铭、陈立定:《农村宅基地退出机制建立探讨》,《中国土地科学》2009 年第 10 期。

② 彭长生:《农民分化对农村宅基地退出补偿模式选择的影响分析——基于安徽省的农户调查数据》,《经济社会体制比较》2013 年第 6 期。

③ 龚宏龄、林铭海:《农民的异质化特征对宅基地退出补偿偏好的影响——基于大足和涪陵两地的调研数据》,《农村经济》2019 年第 2 期。

④ 诸培新、叶琦:《农户分化下农民宅基地退出意愿差异性研究——基于江苏省 886 个样本数据》,《农林经济管理学报》2015 年第 3 期。

⑤ 梁发超、刘丽惠:《不同模式下农村宅基地退出的农户选择偏好及其影响因素——基于福建省晋江市的实证分析》,《中国农业资源与区划》2020 年第 9 期。

⑥ 于伟、刘本城、宋金平:《城镇化进程中农户宅基地退出的决策行为及影响因素》,《地理研究》2016 年第 3 期。

⑦ 王兆林、杨庆媛、骆东奇:《农民宅基地退出差异性受偿意愿及其影响因素分析》,《中国土地科学》2018 年第 9 期。

⑧ 朱新华、陆思璇:《风险认知、抗险能力与农户宅基地退出》,《资源科学》2018 年第 4 期。

⑨ 万亚胜、程久苗、吴九兴等:《基于计划行为理论的农户宅基地退出意愿与退出行为差异研究》,《资源科学》2017 年第 7 期。

2. 宅基地退出补偿标准

关于宅基地退出补偿标准，已有研究对宅基地退出补偿标准的制定原则进行了探讨，强调补偿标准的科学性、合理性和适应市场机制正确评估宅基地所蕴含的经济和社会价值①。具体地，在宏观原则方面，要建立一个兼顾效率与公平的宅基地退出补偿标准②，充分结合实践地区的经济发展水平和社会福利水平③，考虑政府承受度、农户接受度以及工作可持续的原则，基于宅基地有偿退出路径构建补偿体系④。在具体细则方面，要从宅基地的社会保障价值、不确定性期权价值和生产要素价值三方面明确宅基地价值⑤，严格遵循"房地一体""地随房走"的原则，体现"级差性"，并构建增值收益分享机制⑥，尝试建立与宅基地发展权挂钩的弹性补偿机制，实施区域差异化的退地补偿⑦。同时，考虑到建立科学的宅基地评估机制是制定合理宅基地价格评价体系、科学确定宅基地退出补偿标准的前提⑧，已有研究也对宅基地退出补偿标准的测算方法进行了探讨，强调建立以宅基地功能价值补偿为前提的评估技术标准⑨，根据片区综合地价制定宅基地退出补偿标准⑩，具体可依据土地

---

① 吕军书、翁晓宇：《农户宅基地退出的补偿意愿调查及政策建议》，《西北农林科技大学学报（社会科学版）》2019 年第 1 期。

② 陈丽娜、尹奇：《宅基地退出：兼顾效率与公平的补偿标准》，《中国人口·资源与环境》2013 年第 S2 期。

③ 高欣、张安录、李超：《社会保障、非农收入预期与宅基地退出决策行为——基于上海市金山区、松江区等经济发达地区的实证分析》，《中国土地科学》2016 年第 6 期。

④ 胡银根、余依云、王聪等：《基于成本收益理论的宅基地自愿有偿退出有效阈值——以改革试点区宜城市为例》，《自然资源学报》2019 年第 6 期。

⑤ 胡银根、余依云、王聪等：《基于成本收益理论的宅基地自愿有偿退出有效阈值——以改革试点区宜城市为例》，《自然资源学报》2019 年第 6 期。

⑥ 庄开明、黄敏：《农村宅基地自愿退出中的要价博弈均衡分析》，《经济体制改革》2017 年第 5 期。

⑦ 王兆林、杨庆媛、王娜：《重庆宅基地退出中农民土地收益保护研究——基于比较收益的视角》，《中国土地科学》2016 年第 8 期。

⑧ 刁其怀：《宅基地退出：模式、问题及建议——以四川省成都市为例》，《农村经济》2015 年第 12 期。

⑨ 庄开明、黄敏：《完善农村宅基地退出与补偿机制的思考》，《农村经济》2017 年第 7 期。

⑩ 朱新华、陆思璇：《风险认知、抗险能力与农户宅基地退出》，《资源科学》2018 年第 4 期。

状况、区位特点等方面的差异,乘以一定的系数来确定①。除此之外,还有研究提出基于宅基地退出机会成本②、农户宅基地退出期望受偿价格③等内容,科学制定宅基地退出补偿标准。

(六)关于试点地区宅基地退出的研究

自 2015 年“三块地”改革试点开始,各试点区域选择结合自身地域特色、发展阶段等形成了不同的改革思路和做法,在实践层面形成大量值得深入研究现象和总结的经验,引起了学界的重点关注。学者们主要围绕宅基地退出改革试点的典型做法、经验总结和改革成效等方面开展了大量研究。

1. 试点区域宅基地退出模式

宅基地退出模式研究在宅基地退出改革试点的研究中仍是重点,是各地引导农户退出宅基地的经验总结。有学者运用交易费用法将金寨、蓟州、义乌市三地的宅基地退出治理结构划分层级制、混合制和市场制,相应形成“货币+宅基地、货币+购房补贴、资产置换”三种宅基地退出模式。④ 有学者根据操作方式差异,将宅基地退出模式分为“异地改造”模式、“一户多宅”模式和“社区化”模式⑤。有学者根据补偿方式差异,将宅基地退出分为资产置换模式、指标置换和货币补偿模式,并以阿玛蒂亚·森(Amartya Sen)提出的可行

---

① 史卫民、胡睿:《城乡融合发展中农村宅基地退出的法律完善》,《重庆社会科学》2020 年第 9 期。

② 付文凤、郭杰、欧名豪等:《基于机会成本的农村宅基地退出补偿标准研究》,《中国人口·资源与环境》2018 年第 3 期。

③ 郭元元、冯应斌:《农户宅基地退出补偿标准研究框架构建——基于易地扶贫搬迁背景》,《中国农业资源与区划》2020 年第 2 期。

④ 胡银根、王聪、廖成泉等:《不同治理结构下农村宅基地有偿退出模式探析——以金寨、蓟州、义乌市 3 个典型试点为例》,《资源开发与市场》2017 年第 12 期。

⑤ 胡银根、余依云、王聪等:《基于成本收益理论的宅基地自愿有偿退出有效阈值——以改革试点区宜城市为例》,《自然资源学报》2019 年第 6 期。

能力理论为基础，构建宅基地退出的农户福利评价指标体系，对比分析不同退出模式下农户福利效应差异。① 还有学者以福建省晋江市为例，开展不同模式下宅基地退出的农户选择偏好研究，揭示在资产置换、指标置换和货币补偿等不同模式下农户选择偏好具有较大差异，主张采取差别化的政策措施来推动农户退出农村宅基地。②

2. 试点区域农户宅基地退出行为及其影响因素

有关农户宅基地退出意愿的研究在试点改革前就已经非常丰富，而针对试点区域，学者更多关注农户宅基地退出行为及其影响因素。如洪德和等重点分析了从宅基地退出意愿到宅基地退出行为之间的形成机理③，孙鹏飞等测度了风险预期与社会资本对农户宅基地退出行为的影响④⑤，胡银根等和邱丽发现农户主观感受到的利益风险、对宅基地产权观念等会影响农户的宅基地退出决策行为⑥⑦，刘润秋等发现农户存在宅基地禀赋效应，并且会随着农户非农经济活动增加而有所增强，这影响了宅基地退出政策的执行⑧。

3. 试点区域宅基地退出改革成效

已有研究认为宅基地退出改革不仅为提高建设用地利用潜力、促进产业

---

① 梁发超、林彩云：《不同模式下农村宅基地退出的农户福利效应研究——以福建省晋江市为例》，《中国农业资源与区别》2021 年第 3 期。

② 梁发超、刘丽惠：《不同模式下农村宅基地退出的农户选择偏好及其影响因素——基于福建省晋江市的实证分析》，《中国农业资源与区别》2020 年第 9 期。

③ 洪德和、程久苗、吴九兴等：《农户宅基地退出意愿与行为转化研究——基于金寨县的实证》，《中国农业资源与区别》2019 年第 6 期。

④ 孙鹏飞、赵凯、周升强等：《风险预期、社会网络与农户宅基地退出——基于安徽省金寨县 626 户农户样本》，《中国土地科学》2019 年第 4 期。

⑤ 孙鹏飞、赵凯：《社会资本对农户宅基地退出行为的影响——基于安徽省金寨县的调研数据》，《南京农业大学学报（社会科学版）》2020 年第 9 期。

⑥ 胡银根、杨春梅、董文静：《基于感知价值理论的农户宅基地有偿退出决策行为研究：以安徽省金寨县典型试点区为例》，《资源科学》2020 年第 4 期。

⑦ 邱丽：《从“祖业观”到“集体观”：宅基地制度改革与地权观念演变——基于江西余江的考察》，《南京农业大学学报（社会科学版）》2021 年第 3 期。

⑧ Liu, R., Jiang J., Yu C., et al., “The Endowment Effect Accompanying Villagers’ Withdrawal from Rural Homesteads: Field Evidence from Chengdu, China”, *Land Use Policy*, Vol.101, No.105107, 2021.

发展夯实了基础，而且在改善就业①、构建农村治理模式②、改善基础设施和农村面貌③等方面具有促进作用。部分学者尝试对试点区域宅基地退出的相关政策进行评估，王志锋等采用 S—CAD 政策评估方法对比义乌市与宜城市的宅基地制度改革试点政策成效④，也有学者运用政策工具的分析方法提出试点区域宅基地退出政策改进的方向⑤⑥。

二、国外宅基地退出的若干前沿问题

由于国内外土地制度安排的差异，以及资源约束程度、发展阶段等现实背景不同，国外并无直接与宅基地退出相关的研究。然而，国外有类似宅基地的家宅政策，并且土地整治过程中的农村住房政策与我国的宅基地退出具有一定的相似性，故本书梳理出与其相关的若干前沿问题。

（一）农村居住用地整理的相关研究

国外学者主要围绕农村居民点数量与空间状态变化的影响因素、农村居住用地整理的内容与效益等展开研究。

1. 农村居住用地变化影响因素

关于农村居住用地变化影响因素，学者们多从经济层面来分析农村居民

① 孙鹏飞、张仁慧、赵凯：《宅基地退出加剧了农村劳动力非农转移吗？——来自安徽省金寨县农户的证据》，《干旱区资源与环境》2021 年第 2 期。

② 王向阳：《超越“保障权”与“财产权”：宅基地改革的治理路径探析》，《理论与改革》2019 年第 5 期。

③ 李川、李立娜、刘运伟等：《泸县农村宅基地有偿使用制度改革效果评价》，《中国农业资源与区划》2019 年第 6 期。

④ 王志锋、徐晓明、战昶威：《我国农村宅基地制度改革试点评估——基于义乌市与宜城市对比研究的视角》，《南开学报（哲学社会科学版）》2021 年第 1 期。

⑤ 张军涛、张世政：《农村宅基地制度改革中政策工具选择与运用的逻辑——以江西省余江区为例》，《农业经济问题》2020 年第 10 期。

⑥ 吕萍、胡元瑞：《人情式政策动员：宗族型村庄中的国家基层治理逻辑——基于江西省余江县宅改案例的分析》，《公共管理学报》2020 年第 3 期。

点增加、农用地减少的原因，将主要经济性影响因素总结为居民收入水平提高、城乡房价与地价极差、土地立法权力下放、农业生产比重下降、低利率及低通货膨胀率等。有学者认为农村居住用地还受政治社会因素的影响，如无限制的开放性土地使用政策会导致村庄扩张并给农业生态系统造成压力①②，人口迁移会导致乡村社区将农用地开发用于住宅用地，并带动农村土地市场的活跃③，农村人口非农化、农业产业结构调整、居民生活方式改变以及农村功能变化，都会对农村居民点用地产生影响④。此外，也有学者认为农村居民点空间布局受当地其他用地空间布局变化的综合影响，如趋近于适宜的农村零售贸易业分布区、农村基础设施与服务分布区等⑤。针对农村居民点增长给农业生产和农村生态系统带来的不利影响，国外学者普遍认为应通过规划的手段来控制村庄建设边界⑥，完善村庄基础设施、改善农村面貌以及生活环境等⑦。

2. 农村居住用地整理及其综合效益评价

自20世纪80年代后期以来，面对人口剧增和土地升值的双重压力，国外许多农村地区将农业用地开发为住宅用地以缓解居住点紧缺问题，引发的生

① Gude P., Hansen A., Rasker R., et al., "Rates and Drivers of Rural Residential Development in The Greater Yellowstone", *Landscape and Urban Planning*, Vol.77, No.1-2, 2006, pp.131-151.

② Madhu, S., "Land Tenure Change and Rural Housing in Scotland", *Scottish Geographical Journal*, Vol.123, No.1, 2007, pp.78-82.

③ Carola de G., Femke B.C., "Once an Outsider, Always an Outsider? The Accessibility of The Dutch Rural Housing Market among Locals and Non-locals", *Journal of Rural Studies*, Vol.28, No.3, 2012, pp.302-313.

④ Carmen C.F., Elena G.I., "Determinants of Residential Land Use Conversion and Sprawl at The Rural-Urban Fringe", *American Agricultural Economics Association*, Vol.86, No.4, 2004, pp.889-904.

⑤ Tabukeli, M., "Rural Settlement and Retail Trade Business in The Eastern Cape", *Development Southern Africa*, No.6, 2000, pp.190-203.

⑥ Gude P., Hansen A., Rasker R., "Rates and Drivers of Rural Residential Development in The Greater Yellowstone", *Landscape and Urban Planning*, Vol.77, No.1-2, 2006, pp.131-151.

⑦ Wilson, O.J., "Village Renewal and Rural Development in The Former German Democratic Republic", *GeoJoumal*, Vol.46, No.3, 1998, pp.247-255.

态功能弱化和耕地保护问题促使人们开始评价居民点整理的效益。有学者认为居民点整理通过土地使用权的再分配，有助于调整权属、整合破碎地块、改造村庄基础设施、保护自然资源和人文景观，促进乡村旅游和城市的发展①②。因此，基于经济效益可以从归并农村零散地块、改变农村生产条件、提升农业生产效率以及提高农民收入农业等方面进行评价；基于社会效益可以围绕农村人口变化③、整理项目的分配效益④、基础设施改善情况⑤等方面进行评价；基于生态效益则可从提升农民居住环境、改善农村生态条件、促进农村社会经济可持续发展等方面⑥⑦⑧进行分析评价。

（二）乡村住宅交易的相关研究

在乡村住宅交易方面，国外学者主要对人们乡村住房购买原因、乡村住宅交易决策影响因素、乡村住宅流转效应和风险等内容进行了一定的研究。

---

① Thenail, C., Baudry J., "Farm Riparian Land Use and Management: Driving Factors and Tensions between Technical and Ecological Functions", *Environmental Management*, No. 5, 2005, pp.640-653.

② Kupidura, A., et al., " Public Perceptions of Rural Landscapes in Land Consolidation Procedures in Poland", *Land Use Policy*, Vol.39, No.3, 2014, pp.313-319.

③ Van Huylenbroeck, G., Coelho J., Pinto P. A., "Evaluation of Land Consolidation Projects (LLCs): A Multidisciplinary Approach", *Journal of Rural Studies*, Vol.12, No.3, 1996, pp.297-310.

④ Goodale M.R., Sky P. K., "Owner's Relationships to Property and Land Consolidation: A Social Approach", *Kart OG Plan*, No.4, 1998, pp.264-268.

⑤ Crecente, R., " Economic, Social and Environmental Impact of Land Consolidation in Galicia", *Land Use Policy*, Vol.19, No.2, 2002, pp.135-147.

⑥ Miranda, D., Crecente R., Alvarez M.F., "Land Consolidation in Inland Rural Galicia, N.W. Spain, since 1950: An Example of The Formulation and Use of Questions, Criteria and Tndicators for Evaluation of Rural Development Policies", *Land Use Policy*, Vol.23, No.4, 2005, pp.511-520.

⑦ Yaslioglu, E., Akkaya Aslan S.T., Kirmikil M., et al., "Changes in Farm Management and Agricultural Activities and Their Effect on Farmers' Satisfaction from Land Consolidation: The Case of Bursa-Karacabey, Turkey", *European Planning Studies*, Vol.17, No.2, 2009, pp.327-340.

⑧ Pasakarnis G., Maliene V., "Towards Sustainable Rural Development in Central and Eastern Europe: Applying Land Consolidation", *Land Use Policy*, Vol.27, No.2, 2010, pp.545-549.

1. 乡村住房购买动机

关于乡村住房购买的动机,已有研究成果主要有以下几种代表性观点:一是成本说,即农村住房费用低①以及基础设施需求少②的特点所带来的生活成本偏低优势,是吸引人们到农村居住的主要原因;二是环境说,即农村环境优美和休闲娱乐性强,是吸引着人们到农村居住的重要原因;三是就业说,即郊区企业发展③和可以拥有城乡双重职业身份④是促使人们去乡村居住的原因;四是增值说,即由于大城市扩张加速将带动农村地区土地上的住宅价值增值,对投资者具有较强吸引力,从而吸引人们到乡村购买房屋。⑤

2. 乡村住宅交易决策影响因素

关于乡村住宅交易决策影响因素,学者们主要从买方和卖方的决策角度展开研究。已有研究普遍认为影响乡村住宅购买方的因素有乡村住宅类型及家庭结构⑥、家庭收入⑦,而影响乡村房屋出售方的因素则是年龄⑧、房屋租赁方意愿⑨、

---

① Gkartzios M., Scott M., "Residential Mobilities and House Building in Rural Ireland: Evidence from Three Case Studies", *Sociologia Ruralis*, Vol.50, No.1, 2010, pp.64-84.

② Dueker K. J., Strathman J. G., Levin I P., et al., "Rural Residential Development within Metropolitan Areas", *Computers Environment & Urban Systems*, Vol.8, No.2, 1983, pp.121-129.

③ Cerero, R., "Managing the Traffic Impacts of Suburban Office Growth", *Transportation Quarterly*, Vol.38, No.4, 1984, pp.533-550.

④ Chaney P., Sherwood K., "The Resale of Right to Buy Dwellings: A Case Study of Migration and Social Change in Rural England", *Journal of Rural Studies*, Vol.16, No.1, 1984, pp.79-94.

⑤ Nelson, A.C., "Towards A Theory of The American Rural Residential Land Market", *Journal of Rural Studies*, Vol.2, No.4, 1986, pp.309-319.

⑥ Forrest R., Murie A., "Change on A Rural Council Estate: An Analysis of Dwelling Histories", *Journal of Rural Studies*, Vol.8, No.1, 1992, pp.53-65.

⑦ Dutt, A. K., Achmatowiczotok, A., Mukhopadhyay, A., et al., "Urban and Rural Housing Characteristics of Poland", *Landscape and Urban Planning*, Vol.22, No.s2-4, 1992, pp.153-160.

⑧ Dutt, A. K., Achmatowiczotok, A., Mukhopadhyay, A., et al., "Urban and Rural Housing Characteristics of Poland", *Landscape and Urban Planning*, Vol.22, No.s2-4, 1992, pp.153-160.

⑨ Bieger, T., "Understanding Second Home Owners Who Do Not Rent - Insights on The Proprietors of Self-Catered Accommodation", *International Journal of Hospitality Management*, Vol.26, 2007, pp.263-276.

土地所有者对土地预期①等。此外,还有学者从政策稳定性的角度切入,分析发现稳定的政策有利于农村住房交易②。

3. 乡村住宅流转效应和风险

关于乡村住宅流转效应和风险,已有研究主要从正反两方面进行总结,其中正面的影响主要是城市移民与乡村休假带动农村本地商业与房地产的发展,增加了就业机会③,改善了居住条件④;负面的影响则是乡村住宅流转给城市人口后提高了农村地区房价,间接地淘汰了当地居民的购房权利⑤。

三、国内外宅基地退出研究述评

国内相关研究大体随着宅基地退出实践而逐步发展,集中关注了宅基地退出意愿及其影响因素、宅基地退出动力机制等内容。考虑到宅基地退出政策有效实施的关键在于补偿机制的完善,学界也对宅基地退出补偿机制进行了大量探讨。同时,由于我国农村地区社会经济发展水平、资源禀赋差异较大,使农村宅基地退出改革所处的制度环境相差迥异,加之当前我国正处于城乡融合发展阶段,农户分化现象显著,关于宅基地退出模式总结剖析的研究也逐渐增多。国外研究主要是对农村居住用地整理和居住用地交易(农村住宅交易)等方面进行阐述,包括总结农村居住用地变化的影响因素、分析农村居

---

① Holtslag-Broekhof, S.M., Beunen, R., van Marwijk, R., "'Let's Try to Get The Best Out of It' Understanding Land Transactions during Land Use Change", *Land Use Policy*, No. 44, 2014, pp.561-570.

② Dufty-Jones, R., "Governmentalities of Mobility: The Role of Housing in The Governance of Australian Rural Mobilities", *Journal of Rural Studies*, No.42, 2015, pp.63-78.

③ Rothman, R. A., "Residents and Transients: Community Reaction to Seasonal Visitors", *Journal of Travel Research*, Vol.16, No.3, 1978, pp.8-13.

④ Albaladejopina, I. P., "Tourist Preferences for Rural House Stays: Evidence from Discrete Choice Modelling in Spain", *Tourism Management*, Vol.30, No.6, 2009, pp.805-811.

⑤ Stockdale A., Findlay A., Short D., "The Repopulation of Rural Scotland: Opportunity and Threat", *Journal of Rural Studies*, Vol.16, No.2, 2000, pp.243-257.

住用地整理的内容、剖析农村居住用地整理效益、评估农村居住用地或农村住宅交易的影响及其管理机制。

总的来讲,国内外学界对农村宅基地退出、农村居住用地整理和交易等方面的剖析,为考察农村宅基地退出提供了多维视角,也为认识试点地区宅基地退出改革模式、主要经验、改革成效等提供了帮助。然而,现有研究也存在一定的不足之处,具体地表现为:

第一,现有成果缺少对试点区域农村宅基地退出的绩效进行系统评价。学者们的研究主要侧重于回答农村宅基地退出“可不可行”以及“怎么做、如何做”等问题,对于试点区域农村宅基地退出“执行效果如何、实施结果如何”并没有进行深入分析。即使是在试点地区宅基地退出改革成效分析的相关研究中,也主要偏重定性地阐述其在优化土地资源配置、改善基础设施、提升农户收入水平以及完善乡村治理等方面发挥的积极作用,较少看到专门针对宅基地退出绩效评价的量化研究。

第二,未能全面、系统、客观地对农村宅基地退出的政策目标和绩效目标进行深度剖析与总结提炼,理论与政策研究严重滞后于实践需求,进而导致学界对农村宅基地退出的认识往往存在单一片面和信息失真的局限,很多问题未能达成共识。

第三,对农村宅基地退出问题的相关研究总体上较为碎片化,多为个案剖析,或是在小范围内进行调研,没有在全国整体层面上对不同典型试点区域农村宅基地退出进行综合评价与系统比较,也未能深入分析试点地区宅基地退出绩效的影响因素。在宅基地退出机制设计中未充分体现不同区域和不同退出模式的异质性和阶段性,也未从整体制度设计层面考虑宅基地退出的优化路径。

第三节　宅基地退出绩效评价的支撑理论

"理论是实践的先导"①,贯穿整个研究工作的基础理论,既是研究思路开拓创新的来源,又是研究工作科学合理的保证,而政府绩效管理理论、乡村韧性理论、利益相关者理论和制度变迁理论,对典型试点区域农村宅基地退出的绩效评价与路径优化研究具有重要的指导意义。

一、政府绩效管理理论

政府绩效管理(Government Performance Management)在 20 世纪 70 年代逐渐受到关注。当时西方发达国家正面临经济发展停滞、公共财政危机、公众对政府信任度降低等一系列问题,迫切需要政府更有效地提供公民所需的公共服务。然而,原有的科层制政府集中关注执行过程的合法性,而忽视了政策结果的有效性和公民需求的回应性,越来越不能适应时代背景和公民需求的变化。随着 20 世纪 80 年代新公共管理范式的逐步推广,有学者主张将企业或私营部门中比较成熟的管理方法引入到公共部门事务中②,西方多国也逐渐推进了政府绩效管理的相关改革。如英国撒切尔夫人(Thatcher)上台后在公共部门引进私营企业的管理原则、技术和方法,推行私有化改革;1991 年,梅杰(Major)接任英国首相后颁布《公民宪章》,推动顾客导向的政府改革和绩效管理活动;1999 年,布莱尔(Blair)政府发布了《现代化政府白皮书》,强调了结果导向的公共部门绩效管理模式。③ 英国财政管理议案根据不同政府

---

① 中共中央文献研究室:《十七大以来重要文献选编》(上),中央文献出版社 2009 年版,第 279 页。

② [美]戴维·奥斯本、特德·盖布勒:《改革政府　企业精神如何改革着公营部门》,上海市政协编译组、东方编译所编译,上海译文出版社 1996 年版。

③ 伍彬:《政府绩效管理:理论与实践的双重变奏》,北京大学出版社 2017 年版,第 18—25 页。

部门的政策目标设计了对应的绩效评估体系①,将政府绩效管理的关注范围扩展到经济效率、公共服务以及内部管理等多个方面。同时,新西兰政府通过绩效合同和采购合同进行预算改革,形成了侧重提高行政执行效率的绩效管理模式;美国政府颁布《政府绩效与结果法案》(Government Performance and Results Act,GPRA),使绩效管理走上法治化和制度化轨道。从20世纪90年代开始,我国政府也陆续开展政府干部绩效考核、政府绩效专业评估等绩效管理工作,如南京市开展“万人评政府”活动、武汉市邀请麦肯锡公司作为第三方机构评估政府绩效等。

政府绩效管理包含财务、效率、效益、结果等多个维度②,强调“公共责任”“公共服务”,注重对公民利益诉求的回应,主张在实现效率、效益的基础上彰显“公平性”的价值导向③。关于政府绩效管理的概念有广义和狭义两个层面的理解。广义的概念是提高政府绩效的管理机制和方式,而狭义的概念是对政府职能履行、工作任务完成、工作目标实现和工作效果进行的管理过程。④西方国家在新公共管理运动中的改革措施,更多的是狭义上的政府绩效管理,认为组织的绩效改进关键在于重视组织的使命及其绩效目标。⑤ 由于在生成环境、社会背景、制度基础和实践逻辑等方面存在差异,与西方国家强调公共部门内部事情的绩效管理不同,我国的政府绩效管理更侧重于发挥政府部门和公务员行为的积极性和创造性,通过体制性、机制性、功能性和辅助性创效

① Carter, N. et al., *How Organizations Measure Success: The Use of Performance Indicators in Government*, London: Routledge, 1992, pp.22-23.

② 包国宪:《政府绩效管理学——以公共价值为基础的政府绩效治理理论与方法》,高等教育出版社2015年版,第1页。

③ 郑方辉、廖鹏洲:《政府绩效管理:目标、定位与顶层设计》,《中国行政管理》2013年第5期。

④ 高小平、盛明科、刘杰:《中国绩效管理的实践与理论》,《中国社会科学》2011年第6期。

⑤ [美]戴维·奥斯本、德得·普拉斯特里克:《摒弃官僚制:政府再造的五项战略》,谭功荣、刘霞译,中国人民大学出版社2002年版,第111页。

及其行为的考核,实现行政管理的高效化。①

关于政府绩效管理的内容也存在几类观点:一是强调公共支出绩效管理,认为其管理主体是各级政府、管理对象是公共支出,其绩效表现为一定的公共资金投入所获得的社会效果。② 二是强调政策目标绩效管理,重视政府政策的目标转化为可操作性任务的情况③,并同内在、外在、潜在的组织标杆进行横向比较、评估和控制④。三是强调以公共产出最大化和公共服务最优化为目标的全面系统管理⑤,重视政府在履行公共责任过程中,对内部制度与外部效应、数量与质量等方面的综合管理。不同于企业管理,政府绩效管理不仅关注绩效评价环节,还关注绩效目标的设定及其实施,囊括绩效的评价、衡量、追踪等多个方面⑥,涵盖政策的选择、执行、结果反馈和调整的全过程⑦。

本书基于政府绩效管理理论,评价宅基地退出试点政策的绩效,旨在进一步完善宅基地退出政策。具体而言,本书秉持兼顾公平与效率、结果导向与过程导向、工具理性与价值理性以及短期效益与长期效益的价值取向,基于对农村宅基地退出绩效评价目标的剖析,尝试构建出宅基地退出绩效评价的指标体系。同时,通过实地调研典型试点区域获取基础数据,测算宅基地退出绩效的相应分值,立足于对宅基地退出绩效评价的相关经验和问题的分析,进一步探究宅基地退出机制优化及绩效提升的政策路径。

---

① 高小平、盛明科、刘杰:《中国绩效管理的实践与理论》,《中国社会科学》2011 年第 6 期。

② 马国贤:《政府绩效管理》,复旦大学出版社 2005 年版,第 126—130 页。

③ [美]阿里·哈拉契米:《政府业绩与质量测评》,张梦中、丁煌译,中山大学出版社 2003 年版,第 84 页。

④ 刘旭涛:《政府绩效管理》,机械工业出版社 2013 年版,第 209 页。

⑤ 范柏乃:《政府绩效管理》,复旦大学出版社 2012 年版,第 21 页。

⑥ 张成福、党秀云:《公共管理学》,中国人民大学出版社 2001 年版,第 271—272 页。

⑦ 马志远:《美英财政绩效管理模式选择的实践与借鉴——从组织效率到绩效成果》,《中国行政管理》2013 年第 9 期。

二、乡村韧性理论

“韧性”(Resilience)的表述首先在物理、机械和材料等领域得到运用,以描述材料在冲击荷载作用下不被破坏或在形状变化后恢复到初始状态的能力①,是“强度和塑性的综合表现”②。到20世纪50年代,心理学领域也开始使用“韧性”的概念,主要用它来表征病人在受到精神创伤后的恢复状况。早期的相关研究仅仅使用了“韧性”的表述,但并未系统地对“韧性”的学理概念进行解释。直到1973年,霍林(Holling)将“韧性”引入到生态系统研究中,并明确提出“韧性”的概念,才真正引起人们的广泛关注。他认为“韧性”可以定义为系统吸收外部压力的能力,决定着系统内各种关系的抵抗力。③ 与“韧性”相对应的一个词语是“脆弱性”,脆弱性强调系统能被哪种类型和多大等级的危险影响的属性,韧性则指系统在可接受的时间、综合成本和风险下的恢复能力。④

随着学界在经济社会领域中逐步将“韧性”作为一种理解区域在不同阶段中动态应对风险和挑战的研究范式⑤,人们开始关注区域韧性和社区韧性。区域作为由个人、组织、产业、制度等组成的集合体,其每一个构成要素都具备独特的韧性特征。⑥ 对于社区层面的韧性而言,重要的特征有知识、技能和学

---

① 汪辉、徐蕴雪、卢思琪等:《恢复力、弹性或韧性?——社会—生态系统及其相关研究领域中词翻译之辨析》,《国际城市规划》2017年第4期。

② 肖纪美:《金属的韧性与韧化》,上海科学技术出版社1980年版,第3页。

③ Holling, C.S., “Resilience and Stability of Ecological Systems”, *Annual Review of Ecology and Systematics*, Vol.4, No.1, 1973, pp.1-23.

④ Haimes, Y.Y., “On The Definition of Resilience In Systems”, *Risk Analysis*, Vol.29, No.4, 2010, pp.498-501.

⑤ Rizzi, P., Graziano P., Dallara A., “A Capacity Approach to Territorial Resilience: The Case of European Regions”, *The Annals of Regional Science*, Vol.60, No.2, 2018, pp.285-328.

⑥ Boschma, R., “Towards An Evolutionary Perspective on Regional Resilience”, *Regional Studies*, Vol.49, No.5, 2015, pp.733-751.

习、社交网络、参与式治理、多样化和具有创造性的经济、社区基础设施、领导力等。① 在此基础上,人们也开始细分城市社区韧性和乡村社区韧性,关注城市在应对自然灾害或人为的恐怖袭击事件等外部冲击的韧性问题②③,或者是关注乡村地域系统调动资源、应对干扰及实现可持续发展的能力④。

随着韧性理论从自然科学领域引入到人文社科领域,学界对韧性的认识也从专注于维持系统的稳定性转变为对外界干扰的适应能力。通常,自然科学领域强调平衡韧性,关注系统重新恢复到平衡状态所需要花费的时间⑤,通过观测外部干扰抵制能力和恢复到平衡状态的速度来测量韧性大小。人文社科领域更多强调演化韧性,侧重于回应干扰和冲击过程中的适应性,强调变革的重要性,允许通过个人或集体事务去调整、寻找和形成可选择的发展路径。韧性也被认为是可持续发展的进一步思考,相较于可持续发展强调在不断创造机会过程中增强适应性能力,韧性的价值在于强调不确定性、干扰、未来惊喜或未知风险,渐进变化与快速变化在时空尺度上的相互作用。⑥

“乡村韧性”是在“韧性”概念的基础上衍生而来的,是对一定社区或社会在应对环境危机和风险方面能力的重要反映。从现今学界对乡村韧性的研究

---

① Berkes F., Ross H., “Community Resilience: Toward An Integrated Approach”, *Society & Natural Resources*, Vol.26, No.1, 2013, pp.5–20.

② Cutter, S. L., Barnes L., Berry M., et al., “A Place – Based Model for Understanding Community Resilience to Natural Disasters”, *Global Environmental Change*, Vol. 18, No. 4, 2008, pp.598–606.

③ Bruyelle, J. L., O’ Neill, C., El – Koursi, E. M., et al., “Improving The Resilience of Metro Vehicle and Passengers for An Effective Emergency Response to Terrorist Attacks”, *Safety Science*, No.62, 2014, pp.37–45.

④ Scott, M., “Resilience: A Conceptual Lens for Rural Studies”, *Geography Compass* , Vol.7, No.9, 2013, pp.597–610.

⑤ Norris, F.H., Stevens, S.P., Pfefferbaum, B., et al., “Community Resilience as A Metaphor, Theory, Set of Capacities, and Strategy for Disaster Readiness”, *American Journal of Community Psychology*, Vol.41, No.1–2, 2008, pp.127–150.

⑥ Scott, M., “Resilience: A Conceptual Lens for Rural Studies”, *Geography Compass*, Vol.7, No.9, 2013, pp.597–610.

和认识来看,“乡村韧性”不仅指农村社区在主动变革过程中更新社区,为社区未来制定新的发展路径的适应能力①,也包括从管理或政府错误决策中恢复的能力。就乡村韧性的重要性而言,乡村韧性是乡村社区得以可持续发展的基础②。就乡村韧性的提升策略而言,组织传统文化活动③、强化利益相关者对话④等均是提升乡村社区韧性的重要路径。

农村宅基地和农村房屋既是农民最重要的财产,又是农民安身立命之所,能够缓解城市经济发展不确定性而带来的危机。⑤ 原有农村的宅基地制度安排,使我国整体的城乡社会经济具有一定的韧性。然而,农户退出宅基地实现集中居住或进城落户,都将深刻影响现有“半城市化”的乡村格局,给乡村社区带来一定的冲击。由此,本书在评价农村宅基地退出绩效时,将乡村韧性理论引入到传统的政府绩效管理理论当中,构建出一个适合农村宅基地退出绩效评价的理论工具,并基于乡村韧性的视角选取农村宅基地退出绩效评价指标,对农村宅基地退出在经济、社会、生态、基础设施、乡村治理等与乡村韧性紧密相关方面所产生的绩效进行评价。

三、利益相关者理论

利益相关者理论(Stakeholder Theory)来源于对企业的研究,主张企业在制定发展目标和发展战略时,要将其与利益相关者的关系考虑在内。20 世纪

① Skerratt, S., "Enhancing the Analysis of Rural Community Resilience: Evidence from Community Land Ownership", *Journal of Rural Studies*, Vol.31, No.3, 2013, pp.36-46.

② Amir, A.F., Abd Ghapar, A., Jamal, S.A., et al., "Sustainable Tourism Development: A Study on Community Resilience for Rural Tourism in Malaysia", *Procedia-Social and Behavioral Sciences*, No.168, 2015, pp.116-122.

③ Beel, D.E., Wallace C.D., Webster G., et al., "Cultural Resilience: the Production of Rural Community Heritage, Digialarchives and the Role of Volunteers", *Journal of Rural Studies*, No.54, 2017, pp.459-468.

④ Jurionas, M., Seekamp E., "Rural Coastal Community Resilience: Assessing A Framework in Eastern North Carolinag", *Ocean and Coastal Management*, No.162, 2018, pp.137-150.

⑤ 贺雪峰:《宅基地退出应当缓行》,《中国土地》2014 年第 6 期。

60 年代以后，人们对企业的所有者和企业的所有权逐渐有了新的认识。区别于以往主流的股东至上主义观点，人们基于契约理论和产权理论的观点对企业的性质和目标进行了不同的解读，出现了“企业是相关利益主体之间的一系列多边契约”“企业的产权判定应由多元个体判断而不是单一个体判断”等新观点①，并明确指出企业的发展离不开与之相关的利益主体。1963 年，斯坦福大学研究院的学者指出对企业生存有着重要意义的利益主体就是企业的利益相关者，给出了超脱企业仅为股东服务这一观点的定义②。

早期的相关研究侧重强调企业和利益相关者的相互依存关系，对利益相关者的界定相对狭窄。1984 年，弗里曼（Freeman）在其著作《战略管理：利益相关者方法》中开始将利益相关者的理念扩展到企业战略管理，指出利益相关者即与企业目标实现的过程及其结果相互影响的人③。其观点与西方国家当时兴起的企业社会责任观点相符，强调利益相关者对企业战略管理的影响，为 80 年代后期的利益相关者研究提供了重要的参考范式。1990 年，美国宾夕法尼亚州通过的公司法修正法案，要求在公司收购过程中更多考虑利益相关者的利益，标志着这一理论逐渐被美国社会所接受。1995 年，克莱克森（Clarkson）进一步对弗里曼（Freeman）的“利益相关者”内涵进行完善，认为利益相关者是在过去、现在或将来对公司及其活动拥有所有权或权利的人或团体，并且具有相似利益、主张或权利的利益相关者可以归为一类，如雇员、股东、客户等④。综合来看，利益相关者即为企业提供专用性质的投资并与之共担风险，从而在企业目标实现的过程中与之相互影响的个人或者群体。而这

① Blair, M. M., “For Whom Should Corporations Be Run?: An Economic Rationale for Stakeholder Management”, *Long Range Planning*, Vol.31, No.2, 1998, pp.195-200.

② 贾生华、陈宏辉：《利益相关者的界定方法述评》，《外国经济与管理》2002 年第 5 期。

③ [美]R.爱德华 · 弗里曼：《战略管理：利益相关者方法》，王彦华、梁豪译，上海译文出版社 2006 年版，第 29 页。

④ Clarkson, M.B.E., “A Stakeholder Framework for Analyzing and Evaluating Corporate Social Performance”, *Academy of Management Review*, Vol.20, No.1, 1995, pp.92-117.

一概念也为企业等经济性组织在进行较长时期的投资决策时提供了原则性指导，即“利益相关道路向经济组织提供了一个重要原则：在制定长期投资决策时，必须努力验明所有受到决策影响的利益主体和个人”①。

由于利益相关者理论的可行性与有效性，使之逐渐在企业以外的事业单位、社会团体等组织中广泛应用开来，尤其在政策科学领域逐渐发展为一套规范的应用程序。本书从利益相关者理论的观点出发，基于利益相关者界定标准，从合法性、权力性、紧急性和公平性这四个属性识别出地方政府、村集体和退出宅基地的农户等农村宅基地退出的核心利益相关者。同时，本书通过扎根理论方法提炼出农村宅基地退出各核心利益主体的利益诉求，进而综合设定农村宅基地退出的绩效目标，以期为构建综合有效的农村宅基地退出绩效评价指标体系提供现实依据。

四、制度变迁理论

制度变迁理论（Institution Change Theory）出现在20世纪70年代左右，从凡勃伦（Veblen）对“制度”概念的开创，到克拉克（Clark）围绕制度与技术相互作用等问题的研究，再到加尔布雷斯（Galbraith）、科斯（Coase）、诺斯（North）等对制度变迁理论的完善，大体经过了开创期、继承发展期、蓬勃发展期这三个阶段，其中，又以诺斯的制度变迁理论影响最大。学界的主流观点认为，“制度变迁”是“制度创立、变更及随着时间变化而打破的方式”②，而新制度经济学派认为，制度变迁是效益和效率更高的制度对低效益、低效率制度的替代过程③，即新制度的产生以及对旧制度的否定和扬弃。新制度经济学的制度变迁理论尽管存在分述的形式，但逐渐发展为一个相对系统的理论体系，并

① ［英］加文·凯利、多米尼克·凯利、安德鲁·甘布尔：《利害相关者资本主义》，欧阳英译，重庆出版社2001年版，第104页。

② ［美］道格拉斯·C.诺斯：《经济史中的结构与变迁》，厉以平译，上海三联书店1999年版，第225页。

③ 卢现祥：《西方新制度经济学》，中国发展出版社1996年版，第55页。

在不断运用新的分析方法和分析工具的同时,将理论的研究范畴从经济学领域向管理学、政治学、社会学等多种研究领域扩展,使制度变迁理论的应用范围持续扩大。

诺斯(North)认为,制度制约着人的交往行为,它包括宪法、产权制度和合同等正式规则,以及规范和习俗等非正式规则,有助于消除或降低社会交往中的不确定性制度,是一个社会赖以存在和运行的基础。以科斯和诺斯为代表的新制度经济学家吸收了早期相关学者对于制度变迁的比较静态分析以及动态演化分析方法,其所构建的制度变迁理论将产权结构、理性经济人、交易费用、意识形态、国家主体等作为内生性的分析变量,系统性地分析制度变迁对社会经济增长的影响,并认为“有效率的经济组织是经济增长的关键”①,“一种经济长期变化的主要来源是结构变迁……结构变迁的参数包括技术、人口、产权和政府对资源的控制”②。根据新制度经济学派的制度变迁理论,制度变迁的动力源于环境、产权、人口、意识形态等多种因素的变化;制度变迁的原因出于节约交易费用、获取外部利润、得到新制度提供的边际收益等;制度变迁的形式主要存在强制性和诱致性两类,其中强制性制度变迁产生于政府法令,而诱致性制度变迁则是个人或群体在制度失衡条件下基于利益进行的自发性变迁③。此外,诺斯在分析不同国家制度变迁的途径特点时,也提出了“路径依赖”的概念,即国家制度发展轨迹所沿袭的一种制度惯性。他认为路径依赖会使一个国家的社会制度创新受到旧轨道的影响,使新制度中掺杂着旧制度因素,甚至变为旧制度的“变种”④,因此引致制度的

① [美]道格拉斯·C.诺斯、罗伯特·托马斯:《西方世界的兴起》,厉以平、蔡磊译,华夏出版社1999年版,第5页。

② [美]道格拉斯·C.诺斯、罗伯特·托马斯:《西方世界的兴起》,厉以平、蔡磊译,华夏出版社1999年版,第63页。

③ [美]科斯、阿尔钦、诺斯等:《财产权利与制度变迁——产权学派与新制度学派译文集》,刘守英译,上海人民出版社1994年版,第384页。

④ [美]道格拉斯·C.诺斯:《制度、制度变迁与经济绩效》,刘守英译,生活·读书·新知三联书店1994年版,第132—133页。

良性循环和恶性循环两种发展可能。

基于新制度经济学关于制度变迁原理的阐释,当现有制度在主体利益实现的安排上出现不均衡,就会引发制度的创新和变迁。当前我国农村宅基地制度虽然承载着保障农民“住有所居”的功能,但在我国城镇化和工业化快速推进的背景下,农民从业的内部分化、户籍制度的深化改革、农民土地权益的财产性增收、城乡融合发展的土地需要等因素,也在不断提出改革现行农村宅基地制度的利益诉求。由此本书基于制度变迁理论的观点,将农村宅基地退出这一制度改革视为核心利益主体在巨大外部利润诱导下推动的一项农村宅基地制度创新①。同时,本书对农村土地制度变迁相关主体的利益目标进行分析,并在农村宅基地退出绩效评价的指标体系中加以体现,依托制度变迁理论分析农村宅基地退出的现实问题,并尝试提出相应的政策优化路径。

---

① 王敬尧、魏来:《当代中国农地制度的存续与变迁》,《中国社会科学》2016年第2期。

第二章　改革试点:试点区域宅基地退出的制度检视

本章节在回顾我国农村宅基地退出的制度演进基础上,剖析“三块地”改革中农村宅基地退出试点的发展脉络。同时,从制度成效、制度困境和代表模式等方面总结农村宅基地退出改革试点的基本情况,并重点分析了东部、中部、西部地区典型试点区域农村宅基地退出的特色做法和显著成效,阐明了典型试点区域农村宅基地退出绩效评价的必要性。

第一节　“三块地”改革前后农村宅基地退出的制度探索

在对农村宅基地退出进行绩效评价之前,有必要梳理农村宅基地退出政策的发展脉络,分析制度变迁的深层次逻辑,以便尽量客观地阐释宅基地退出产生的绩效结果。2015 年启动的“三块地”改革试点,其任务之一就是探索农村宅基地有偿退出。本书以此为分界点,将农村宅基地退出的制度演进划分为两个阶段:第一个阶段为“三块地”改革前的农村宅基地退出相关制度探索;第二个阶段为“三块地”改革以来的农村宅基地退出相关制度探索。

一、"三块地"改革前农村宅基地退出的相关制度探索:2015年以前

改革开放以来,农村宅基地制度在保障农村稳定与发展、农民安居乐业等方面发挥了重要作用,其强福利属性起到了保持农村稳定的"兜底作用"。随着城乡人口的快速流动和经济社会的迅猛发展,已有农村宅基地制度与现实情况冲突加剧,宅基地闲置和私下交易问题越发凸显,由此,有关宅基地退出的相关制度探索逐步开展起来。"三块地"改革前的农村宅基地退出相关制度探索,又可以细分为农村宅基地严格管理阶段和改革赋权扩能两个阶段。

(一)农村宅基地严格管理阶段:2007年以前

改革开放以后,农村人口向城市流动趋势持续强化,导致农村出现越来越多闲置宅基地以及私下交易行为。国家在强化宅基地规范管理的同时,也开始推行宅基地收回、鼓励腾退闲置宅基地等政策,试图建立宅基地退出的通道,具体政策见表2-1。

表2-1　宅基地严格管理阶段中央政府宅基地退出相关政策

年份	文件名	主要内容
1982	《村镇建房用地管理条例》	由于买卖房屋而转移宅基地使用权的,应按第十四条的规定办理申请、审查、批准手续。出卖、出租房屋的,不得再申请宅基地。社员迁居并拆除房屋后腾退的宅基地,由生产队收回,统一安排使用
1995	《确定土地所有权和使用权的若干规定》	空闲或房屋坍塌,拆除两年以上未恢复使用的宅基地,不确定土地使用权、已经确定使用权的、由集体报经县级人民政府批准、注销其土地登记,工地由集体收回

续表

年份	文件名	主要内容
1997	《中共中央 国务院关于进一步加强土地管理切实保护耕地的通知》	农村居民每户只能有一处不超过标准的宅基地,多出的宅基地,要依法收归集体所有
2000	《中共中央 国务院关于促进小城镇健康发展的若干意见》	要严格限制分散建房的宅基地审批,鼓励农民进镇购房或按规划集中建房,节约的宅基地可用于小城镇建设用地。对进镇农户的宅基地,要适时置换出来,防止闲置浪费
2004	《关于加强农村宅基地管理的意见》	对一户多宅和空置住宅,各地要制定激励措施,鼓励农民腾退多余宅基地
2004	《中共中央 国务院关于进一步加强农村工作提高农业综合生产能力若干政策的意见》(中央一号文件)	加强集体建设用地和农民宅基地管理,鼓励农村开展土地整理和村庄整治,推动新办乡村工业向镇区集中,提高农村各类用地的利用率
2005	《中共中央 国务院关于推进社会主义新农村建设的若干意见》(中央一号文件)	加强宅基地规划和管理,大力节约村庄建设用地,向农民免费提供经济安全适用、节地节能节材的住宅设计图样

资料来源:根据相关政策文件整理。

早在1982年国务院颁布的《村镇建房用地管理条例》中,就规定"社员迁居并拆除房屋后腾退的宅基地,由生产队收回,统一安排使用",这时政策主要针对的是无地上建筑物的空闲宅基地。1995年国家土地管理局发布的《确定土地所有权和使用权的若干规定》中,继续提出宅基地收回的制度安排,规定"宅基地面积超过当地政府规定标准的和空闲或房屋坍塌、拆除两年以上未恢复使用的宅基地,应在条件成熟时部分退还集体或统一收回集体"。但从实践来看效果并不理想,主要的原因是宅基地无偿无期限使用、近似于"私产"的制度安排导致产生"宅基地私有"的认知错位。①

随着改革开放深入推进,农户进城定居或自发集中居住的情形逐渐增多,

① 黄健元、梁皓:《农村宅基地退出制度的源起、现实困境及路径选择》,《青海社会科学》2017年第6期。

农村开始出现空心化问题，宅基地闲置问题越发严重，国家逐渐重视对已废弃或长期空闲的宅基地进行腾退处理的探索。在2000年出台的《中共中央 国务院关于促进小城镇健康发展的若干意见》中，提出“对进镇农户的宅基地，要适时置换出来，防止闲置浪费”，尝试以宅基地置换的方式利用闲置宅基地。2004年印发的《关于加强农村宅基地管理的意见》文件，针对“一户多宅”和空置住宅的情况，给出宅基地腾退的政策方案。2006年的中央一号文件再次强调要“加强宅基地规划和管理，大力节约村庄建设用地”。这一阶段，城乡建设用地紧张的问题逐渐显现，社会各界注意到宅基地低效利用的问题，探索了宅基地收回、宅基地置换、宅基地腾退等多种方案，提出应出台激励农户退出宅基地的措施。

（二）农村宅基地改革赋权扩能阶段：2007—2014年

随着农村生产方式变革和农村人口流动加快，农村宅基地功能发生了较为显著的变化，加之耕地减少加速和建设用地紧张并存，合理开发利用“闲置”宅基地成为解决人地矛盾的重要突破口。国家在这一阶段从法律上明确宅基地使用权人的权利，并继续加大力度推动农户有偿退出宅基地，见表2-2。2007年《政府工作报告》中提出对包括宅基地在内的农村集体建设用地要控制增量、盘活存量，实现高效集约利用土地。与此同时，2007年颁布的《中华人民共和国物权法》，明确了宅基地使用权的权属性质为用益物权，这为农村宅基地退出改革提供了坚实的法律基础，也为鼓励宅基地退出寻找到赋权扩能的途径。

表2-2　宅基地改革赋权扩能阶段中央政府宅基地退出相关政策

年份	文件名	主要内容
2007	《政府工作报告》	要抓紧完善和严格执行节约集约用地标准，包括农村集体建设用地和宅基地，都要控制增量，盘活存量，提高土地利用效率和集约化程度

续表

年份	文件名	主要内容
2007	《中华人民共和国物权法》	第一百五十二条:宅基地使用权人依法对集体所有的土地享有占有和使用的权利,有权依法利用该土地建造住宅及其附属设施 第一百五十三条:宅基地使用权的取得、行使和转让,适用土地管理法等法律和国家有关规定 第一百五十四条:宅基地因自然灾害等原因灭失的,宅基地使用权消灭。对失去宅基地的村民,应当重新分配宅基地 第一百五十五条:已经登记的宅基地使用权转让或者消灭的,应当及时办理变更登记或者注销登记
2008	《国务院关于促进节约集约用地的通知》	对村民自愿腾退宅基地或符合宅基地申请条件购买空闲住宅的,当地政府可给予奖励或补助
2009	《国土资源部关于促进农业稳定发展农民持续增收推动城乡统筹发展的若干意见》	引导集体经济组织在充分尊重农民意愿的前提下,用经济手段调节宅基地的分配使用,规范农村宅基地特别是闲置宅基地的合理使用,促进解决现有宅基地集约利用和超标问题
2009	《中共中央 国务院关于加大统筹城乡发展力度进一步夯实农业农村发展基础的若干意见》(中央一号文件)	农村宅基地和村庄整理所节约的土地首先要补充耕地,调剂为建设用地的,在县域内按照土地利用总体规划使用,纳入年度土地利用计划,主要用于产业集聚发展,方便农民就近转移就业
2010	《国土资源部关于进一步完善农村宅基地管理制度切实维护农民权益的通知》	各地要结合新农村建设,本着提高村庄建设用地利用效率、改善农民生产生活条件和维护农民合法权益的原则,指导有条件的地方积极稳妥地开展"空心村"治理和旧村改造,完善基础设施和公共设施。对治理改造中涉及宅基地重划的,要按照新的规划,统一宅基地面积标准。对村庄内现有各类建设用地进行调整置换的,应对土地、房屋价格进行评估,在现状建设用地边界范围内进行;在留足村民必需的居住用地(宅基地)前提下,其他土地可依法用于发展二、三产业,但不得用于商品住宅开发
2011	《国务院办公厅关于积极稳妥推进户籍管理制度改革的通知》	现阶段农民工落户城镇,是否放弃宅基地和承包的耕地、林地、草地,必须完全尊重农民本人的意愿,不得强制或变相强制收回
2011	《国土资源部关于印发国土资源"十二五"科学和技术发展规划的通知》	开展促进区域协调发展,产业结构优化升级的差别化管理政策、耕地保护补偿机制、战略性新兴产业用地管理政策,综合改革试验区土地政策,房地产用地调控政策等研究

续表

年份	文件名	主要内容
2012	《中共中央 国务院关于加快发展现代农业进一步增强农村发展活力的若干意见》	改革和完善农村宅基地制度,加强管理,依法保障农户宅基地使用权
2013	《国务院批转发展改革委等部门关于深化收入分配制度改革的若干意见的通知》	完善农村宅基地制度,保障农户宅基地用益物权
2013	《中共中央关于全面深化改革若干重大问题的决定》	保障农户宅基地用益物权,改革完善农村宅基地制度,选择若干试点,慎重稳妥推进农民住房财产权抵押、担保、转让,探索农民增加财产性收入渠道
2014	《中共中央 国务院关于全面深化农村改革加快推进农业现代化的若干意见》(中央一号文件)	改革农村宅基地制度,完善农村宅基地分配政策,在保障农户宅基地用益物权前提下,选择若干试点,慎重稳妥推进农民住房财产权抵押、担保、转让
2014	《国务院批转国家发展改革委关于2014年深化经济体制改革重点任务意见的通知》	在授权范围内有序推进农村集体经营性建设用地、农村宅基地、征地制度等改革试点
2014	《国务院关于进一步推进户籍制度改革的意见》	现阶段,不得以退出土地承包经营权、宅基地使用权、集体收益分配权作为农民进城落户的条件
2014	《国务院关于进一步做好为农民工服务工作的意见》	保障农民工土地承包经营权、宅基地使用权和集体经济收益分配权。做好农村土地承包经营权和宅基地使用权确权登记颁证工作,切实保护农民工土地权益。完善相关法律和政策,妥善处理好农民工及其随迁家属进城落户后的土地承包经营权、宅基地使用权、集体经济收益分配权问题。现阶段,不得以退出土地承包经营权、宅基地使用权、集体经济收益分配权作为农民进城落户的条件
2014	《国务院农民工工作领导小组办公室关于印发国务院关于进一步做好为农民工服务工作的意见宣传提纲的通知》	不得以退出土地承包经营权、宅基地使用权、集体经济收益分配权作为农民进城落户的条件
2014	《关于农村土地征收、集体经营性建设用地入市与宅基地制度改革试点工作的意见》	探索进城落户农民在本集体经济组织内部自愿有偿退出或转让宅基地

资料来源:根据相关政策文件整理。

2008年颁布的《国务院关于促进节约集约用地的通知》文件中,提出对村民自愿腾退宅基地或符合宅基地申请条件购买空闲住宅的,当地政府可给予奖励或补助,强调了宅基地腾退需要尊重农民意愿和给予奖励。2009年,在《国土资源部关于促进农业稳定发展农民持续增收推动城乡统筹发展的若干意见》中,提出“形成超标宅基地逐步退出机制”的强制性要求,开始使用宅基地退出的政策表述,并初步明确了宅基地退出的范围。2011年《国务院办公厅关于积极稳妥推进户籍管理制度改革的通知》指出,要保护落户城镇农民工的宅基地权利,尊重农民本人的意愿,不得强制或变相强制收回宅基地。2013年,党的十八届三中全会通过的《中共中央关于全面深化改革若干重大问题的决定》,明确提出“保障农户宅基地用益物权”。2014年,中共中央办公厅和国务院办公厅出台的《关于农村土地征收、集体经营性建设用地入市、宅基地制度改革试点工作的意见》,明确了“探索进城落户农民在本集体经济组织内部自愿有偿退出或转让宅基地”,布局探索宅基地退出改革试点工作。这一阶段,法律明确了宅基地使用权的用益物权性质,在政策上尝试通过有偿的方式激励农户退出宅基地,并布局开展农村宅基地退出改革试点工作。

二、“三块地”改革以来农村宅基地退出相关制度探索:2015年至今

2015年2月,全国人大授权国务院在33个区、县(市)开展“三块地”改革试点工作,其中在浙江省义乌市、江西省余江县、安徽省金寨县、四川省泸县等15个地区开展农村宅基地制度改革,标志着农村宅基地退出正式进入试点先行阶段。由于试点改革的敏感性和复杂性,农村宅基地退出改革的试点范围和试点时间均做了调整。在试点范围上,2017年11月中央全面深化改革领导小组决定将宅基地制度改革从最初的15个区域拓展到全部33个试点县(市、区)。在试点时间上,2017年11月全国人大常委会将改革试点法律调整实施的期限延长至2018年年底,2018年12月再一次将改革试点延期至2019

年12月31日,使宅基地退出改革试点时间延长为5年。

改革试点以来,"探索宅基地自愿有偿退出"的表述频繁出现在各类重大政策文本中,见表2-3。例如,2016年出台的《国土资源部关于进一步做好新型城镇化建设土地服务保障工作的通知》中,新型城镇化综合试点地区可以先行先试。根据有关法律授权,探索退出宅基地统筹利用方式,稳步开展农民住房财产权和宅基地使用权抵押、担保、转让,支持引导进城落户农民宅基地使用权依法自愿有偿退出。2017年,在《中共中央 国务院关于深入推进农业供给侧结构性改革加快培育农业农村发展新动能的若干意见》中,明确提出"允许地方多渠道筹集资金,按规定用于村集体对进城落户农民自愿退出承包地、宅基地的补偿",对宅基地退出的对象、补偿主体以及补偿资金来源都做了规定。这一阶段,中央政府出台的各项政策文件,为农村宅基地退出试点工作明确了改革底线和改革方向,为各地探索建立农村宅基地有偿退出机制提供了政策依据。

表2-3 宅基地改革试点阶段中央政府宅基地退出政策梳理

年份	文件名	主要内容
2015	《全国人民代表大会常务委员会关于授权国务院在北京市大兴区等三十三个试点县(市、区)行政区域暂时调整实施有关法律规定的决定》	授权国务院在北京市大兴区等三十三个试点县(市、区)行政区域,暂时调整实施《中华人民共和国土地管理法》《中华人民共和国城市房地产管理法》关于农村土地征收、集体经营性建设用地入市、宅基地管理制度的有关规定
2015	中共中央办公厅 国务院办公厅《深化农村改革综合性实施方案》	在保障农户依法取得的宅基地用益物权基础上,改革完善农村宅基地制度,探索农民住房保障新机制,对农民住房财产权作出明确界定,探索宅基地有偿使用制度和自愿有偿退出机制,探索农民住房财产权抵押、担保、转让的有效途径
2016	《国务院关于深入推进新型城镇化建设的若干意见》	加快推进农村土地确权登记颁证工作,鼓励地方建立健全农村产权流转市场体系,探索农户对土地承包权、宅基地使用权、集体收益分配权的自愿有偿退出机制,支持引导其依法自愿有偿转让上述权益

续表

年份	文件名	主要内容
2016	《国土资源部关于进一步做好新型城镇化建设土地服务保障工作的通知》	新型城镇化综合试点地区可以先行先试。根据有关法律授权,探索退出宅基地统筹利用方式,稳步开展农民住房财产权和宅基地使用权抵押、担保、转让,支持引导进城落户农民宅基地使用权依法自愿有偿退出
2016	《关于建立城镇建设用地增加规模同吸纳农业转移人口落户数量挂钩机制的实施意见》	充分尊重农民意愿,不搞强迫命令、不搞"一刀切",切实维护进城落户农民土地承包权、宅基地使用权、集体收益分配权,支持引导其依法自愿有偿转让上述权益,完善权益流转机制
2016	《国务院关于实施支持农业转移人口市民化若干财政政策的通知》	维护进城落户农民土地承包权、宅基地使用权、集体收益分配权。地方政府不得强行要求进城落户农民转让在农村的土地承包权、宅基地使用权、集体收益分配权,或将其作为进城落户条件。要通过健全农村产权流转交易市场,逐步建立进城落户农民在农村的相关权益退出机制,积极引导和支持进城落户农民依法自愿有偿转让相关权益,促进相关权益的实现和维护,但现阶段要严格限定在本集体经济组织内部
2016	《关于印发推动1亿非户籍人口在城市落户方案》	建立进城落户农民"三权"维护和自愿有偿退出机制,建立健全农村产权流转市场体系,探索形成农户对"三权"的自愿有偿退出机制,支持和引导进程落户农民依法自愿有偿转让上述权益,但现阶段要严格限定在本集体经济组织内部
2016	《国务院办公厅关于完善支持政策促进农民持续增收的若干意见》	有效维护进城落户农民土地承包权、宅基地使用权、集体收益分配权,支持引导其依法自愿有偿转让上述权益
2016	《中共中央 国务院关于深入推进农业供给侧结构性改革　加快培育农业农村发展新动能的若干意见》(中央一号文件)	允许地方多渠道筹集资金,按规定用于村集体对进城落户农民自愿退出承包地、宅基地的补偿
2018	《中共中央 国务院关于实施乡村振兴战略的意见》(中央一号文件)	维护进城落户农民土地承包权、宅基地使用权、集体收益分配权,引导进城落户农民依法自愿有偿转让上述权益

资料来源:根据相关政策文件整理。

2019年修订的《土地管理法》明确增加了"允许进城落户的农民自愿有偿退出宅基地"的内容,标志着农村宅基地退出政策上升为法律规范。同时,《中华人民共和国民法典》和《中华人民共和国土地管理法实施条例》也对农村宅基地退出作出了相应规定,使其法律依据更加充足。然而,现有的中央政策文件并没有明确农村宅基地退出的方式、路径等具体内容,仍然需要更多的宅基地制度改革试点经验支撑。在2020年开展新一轮宅基地制度改革试点工作后,中央关于农村宅基地退出制度的政策文件仍络绎不绝(见表2-4)。此外,新《土地管理法》对"一户一宅"制度进行了补充和完善,并且将农村宅基地审批权下放至乡镇人民政府①,使农村宅基地管理方式发生了重大变化。2021年的中央一号文件提出"探索宅基地所有权、资格权、使用权分置有效实现形式",着重对农村宅基地产权制度安排进行调整。农村宅基地制度的这些新探索,为建立更加明晰的农村宅基地退出制度提供了新的机遇。在这一阶段,尽管农村宅基地退出写入了法律文本当中,但国家在扩大已有试点的基础上开展新一轮农村宅基地退出,尝试建立完善的农村宅基地退出制度。同时,鲜明地提出第二轮改革仍然以"保障农民利益不受损"为底线,禁止以退出农村宅基地作为农户进城落户为条件推进试点。

表2-4　宅基地规范管理阶段中央政府宅基地退出政策梳理

年份	文件名	主要内容
2019	《中华人民共和国土地管理法》(第四次修订)	农村村民出卖、出租、赠与住宅后,再申请宅基地的,不予批准。国家允许进城落户的农村村民依法自愿有偿退出宅基地,鼓励农村集体经济组织及其成员盘活利用闲置宅基地和闲置住宅
2019	《中央农村工作领导小组办公室 农业农村部关于进一步加强农村宅基地管理的通知》	不得以各种名义违背农民意愿强制流转宅基地和强迫农民"上楼",不得违法收回农户合法取得的宅基地,不得以退出宅基地作为农民进城落户的条件

① 乔思伟:《农村土地制度实现重大突破——自然资源部法规司司长魏莉华解读新土地管理法》,《中国自然资源报》2019年8月27日。

续表

年份	文件名	主要内容
2019	《农业农村部关于积极稳妥开展农村闲置宅基地和闲置住宅盘活利用工作的通知》	要切实维护农民权益，不得以各种名义违背农民意愿强制流转宅基地和强迫农民“上楼”，不得违法收回农户合法取得的宅基地，不得以退出宅基地作为农民进城落户的条件
2020	《中共中央 国务院关于构建更加完善的要素市场化配置体制机制的意见》	深化农村宅基地制度改革试点，深入推进建设用地整理，完善城乡建设用地增减挂钩政策，为乡村振兴和城乡融合发展提供土地要素保障
2020	《中华人民共和国民法典》	第三百六十二条：宅基地使用权人依法对集体所有的土地享有占有和使用的权利，有权依法利用该土地建造住宅及其附属设施 第三百六十三条：宅基地使用权的取得、行使和转让，适用土地管理的法律和国家有关规定 第三百六十四条：宅基地因自然灾害等原因灭失的，宅基地使用权消灭。对失去宅基地的村民，应当依法重新分配宅基地 第三百六十五条：已经登记的宅基地使用权转让或者消灭的，应当及时办理变更登记或者注销登记
2021	《中华人民共和国国民经济和社会发展第十四个五年规划和2035年远景目标纲要》	建立健全城乡统一的建设用地市场，统筹推进农村土地征收、集体经营性建设用地入市、宅基地制度改革 深化农村宅基地制度改革试点，加快房地一体的宅基地确权颁证，探索宅基地所有权、资格权、使用权分置实现形式允许农村集体在农民自愿前提下，依法把有偿收回的闲置宅基地、废弃的集体公益性建设用地转变为集体经营性建设用地入市 依法保障进城落户农民农村土地承包权、宅基地使用权、集体收益分配权，建立农村产权流转市场体系，健全农户“三权”市场化退出机制和配套政策
2021	《农业农村部关于落实好党中央、国务院2021年农业农村重点工作部署的实施意见》	在全国104个县（市、区）和3个地级市开展新一轮农村宅基地制度改革试点，探索宅基地所有权，资格权，使用权分置有效实现形式
2021	《中共中央 国务院关于全面推进乡村振兴加快农业农村现代化的意见》（中央一号文件）	加强宅基地管理，稳慎推进农村宅基地制度改革试点，探索宅基地所有权、资格权、使用权分置有效实现形式。规范开展房地一体宅基地日常登记颁证工作 保障进城落户农民土地承包权、宅基地使用权、集体收益分配权，研究制定依法自愿有偿转让的具体办法

续表

年份	文件名	主要内容
2021	《中华人民共和国土地管理法实施条例》(中华人民共和国国务院令第 743 号第三次修订)	第三十三条:农村居民点布局和建设用地规模应当遵循节约集约、因地制宜的原则合理规划。县级以上地方人民政府应当按照国家规定安排建设用地指标,合理保障本行政区域农村村民宅基地需求。乡(镇)、县、市国土空间规划和村庄规划应当统筹考虑农村村民生产、生活需求,突出节约集约用地导向,科学划定宅基地范围 第三十四条:农村村民申请宅基地的,应当以户为单位向农村集体经济组织提出申请;没有设立农村集体经济组织的,应当向所在的村民小组或者村民委员会提出申请。宅基地申请依法经农村村民集体讨论通过并在本集体范围内公示后,报乡(镇)人民政府审核批准。涉及占用农用地的,应当依法办理农用地转用审批手续 第三十五条:国家允许进城落户的农村村民依法自愿有偿退出宅基地。乡(镇)人民政府和农村集体经济组织、村民委员会等应当将退出的宅基地优先用于保障该农村集体经济组织成员的宅基地需求 第三十六条:依法取得的宅基地和宅基地上的农村村民住宅及其附属设施受法律保护。禁止违背农村村民意愿强制流转宅基地,禁止违法收回农村村民依法取得的宅基地,禁止以退出宅基地作为农村村民进城落户的条件,禁止强迫农村村民搬迁退出宅基地

资料来源:根据相关政策文件整理。

需要说明的是,本书分析的是“三块地”改革以来的农村宅基地退出制度,研究选取的样本也是从 2015 年首批的 15 个国家试点区域中选取的。这批试点是我国首次针对农村宅基地退出进行的系统性探索,经历了从改革试点到写入法律的过程,这为完善农村宅基地制度迈出了坚实的一步。

第二节　宅基地退出试点的制度成效、制度困境及代表模式

农村宅基地之于农户是具有保障作用的。改革开放推动城乡经济发展和

人口流动,使部分地区和部分人群的农村宅基地承担的功能和利用形态发生变化,但宅基地"底线式"的保障功能仍然存在。因此,国家采取审慎态度,以试点先行的方式开展农村宅基地退出试点工作。通过对试点区域宅基地退出推进情况的全面总结,可以了解整个试点改革的成效、困境与代表模式。

一、农村宅基地退出试点的制度成效

"试点"是我国治理实践中所特有的一种政策测试与创新机制。① 此次农村宅基地退出改革试点意在"政策生成",探索出适合区域发展特色的政策方案。为提升农村宅基地退出改革的成功性和降低改革风险,试点区域多以"试点先行—全面铺开"的改革路径,在总结经验和调整方式的基础上,重视农村宅基地退出政策体系建设,系统化地解决改革中出现的阻碍和问题。试点区域均制定了专门的农村宅基地退出政策文件(见表 2-5),依法、规范、有序、扎实推进宅基地退出试点工作,取得了一定的制度成效。

表 2-5　15 个试点区域农村宅基地退出代表性政策文件

序号	试点区域	代表性政策文件
1	金寨县	《金寨县农村宅基地自愿退出奖励扶持办法(试行)》
2	余江区②	《余江县农村宅基地有偿使用、流转和退出暂行办法》《余江县农村退出闲置宅基地综合利用实施方案(暂行)》《农村村民退出宅基地进城购买安置房方案》
3	宜城市	《宜城市农村宅基地自愿有偿退出办法(试行)》
4	湟源县	《湟源县农村宅基地历史遗留问题处理办法(试行)》
5	义乌市	《义乌市农村宅基地历史遗留问题处理暂行办法》《义乌市农村更新改造实施细则(试行)》《义乌市"集地券"管理细则(试行)》《义乌市城乡新社区集聚建设实施细则》
6	蓟州区	《蓟州区宅基地管理暂行办法》

① 周望:《"政策试验"解析:基本类型、理论框架与研究展望》,《中国特色社会主义研究》2011 年第 2 期。

② 此处代表性政策文件出台时,余江仍为"县",本课题开展调研时,余江已为"区"。

续表

序号	试点区域	代表性政策文件
7	浏阳市	《浏阳市农村宅基地退出暂行规定》
8	大理市	《大理市农村宅基地退出管理办法(试行)》
9	晋江市	《晋江市农村宅基地自愿有偿退出指导意见的通知》
10	武进区	《武进区农村宅基地有偿使用和有偿退出指导意见(试行)》
11	曲水县	《曲水县农村宅基地有偿使用、流转和退出审批管理暂行办法》
12	高陵区	《高陵区农村宅基地有偿退出试行办法》
13	平罗县	《平罗县农村集体土地和房屋产权自愿退出收储暂行办法》
14	泸县	《泸县农村宅基地有偿退出管理暂行办法》《泸县农村宅基地有偿退出房屋拆迁补偿安置指导意见》《泸县农村宅基地有偿退出资金管理暂行办法》《泸县农村宅基地退出节余建设用地指标交易实施意见》
15	伊宁市	《伊宁市农村宅基地自愿有偿退出管理办法(试行)》

资料来源:根据各试点地区政策文件整理。

(一)形成了各具特色的宅基地退出改革样本

试点改革开始以来,各试点区域均结合自身实际情况配套联动其他改革,使宅基地退出试点工作顺利展开,形成了各具特色的改革样本。如安徽省金寨县将脱贫攻坚与宅基地退出改革相结合引导宅基地退出;湖北省宜城市通过"六个结合"模式,采用政策激励和优惠政策等办法,引导农民自愿退出宅基地;江苏省武进区探索出权属转让、权益转化、土地整治、转换入市四种方式,引导不同类型农户退出宅基地;浙江省义乌市将农村宅基地退出与城乡新社区集聚、美丽乡村建设相结合;福建省晋江市针对不同类型的农户给出差异化的退出方案,其中对自愿退出宅基地或放弃宅基地申请权的,提供优先申请城镇保障房或补贴购买城镇住宅等激励措施。

(二)探寻了宅基地资源利用效率提升的实现路径

各试点区域在推进宅基地退出试点工作过程中,创新地推出了既富有地方特色又能有效解决问题的政策措施,改革红利逐渐显现。农村宅基地退出缓解了日益严重的农村“空心化”问题,土地闲置、低效利用局面得到改善,“一户多宅”、面积超占等不规范管理问题得到妥善解决,宅基地利用效率不断提高。根据国务院关于“三块地”改革试点情况的总结报告,试点区域腾退零星、闲置的宅基地约 14 万户、8.4 万亩。① 同时,通过宅基地退出改革也显著推动了农村宅基地的集约利用程度,江西省余江区城镇规划区范围内和城镇规划区范围外自然村共退出宅基地 30987 宗 4318 亩,其中有偿退出 5868 宗 971 亩、无偿退出 25119 宗 3347 亩、退出宅基地复垦 991 亩,能有效解决当地农民未来很长一段时间的建房用地需要。②

(三)设计了增加村集体收入和农户财产性收入的制度

此次宅基地退出试点改革除了具有保障农户居住功能的任务外,还有一项重要任务就是要探索实现宅基地财产收益功能。形成于我国计划经济时期的农村宅基地制度,由于“集体所有,农民无偿取得、无期限使用、一户一宅、限制流转和处分”的制度安排,具有比较强的身份性、自用性、保障性、福利性、非财产性、非市场化特征③。农民生计模式转变,诱发宅基地利用方式的演化,为宅基地退出潜在价值的形成提供了客观条件④。这种转变的影响主要表现为农户不再单一依靠土地获得收入,并且在其收入结构中务农收入比重呈现逐渐降低的趋势,进而带来宅基地从以居住功能为主变为财产性功能彰显。因此,宅基地退出改革也探索了增加村集体收入和农户收入的制度安

① 资料来源:《国务院关于农村土地征收、集体经营性建设用地入市、宅基地制度改革试点情况的总结报告》,2018 年 12 月 23 日第十三届全国人民代表大会常务委员会第七次会议。

② 余永和:《农村宅基地退出试点改革:模式、困境与对策》,《求实》2019 年第 4 期。

③ 张克俊、付宗平:《基于功能变迁的宅基地制度改革探索》,《社会科学研究》2017 年第 6 期。

④ 黄健元、梁皓:《农村宅基地退出制度的源起、现实困境及路径选择》,《青海社会科学》2017 年第 6 期。

排。例如，义乌市农村宅基地退出改革前后，农村居民收入和人均财产收入由25963 元和 3063 元分别增加至 33393 元和 4000 元以上，村级组织获利 70.96 亿元，76 个村摘除了经济薄弱的帽子。[①] 2017 年泸县退出宅基地进城购房的农户，户均获得补偿 12 万余元，退出原宅基地到中心村建房的农户，户均获得补偿 8 万余元，222 个村通过宅基地退出结余指标流转使村集体平均收益达 100 万元以上。[②]

（四）探索出差别化的农村宅基地住房保障制度

试点区域在宅基地退出改革过程中，因地制宜地探索了差别化的农村宅基地保障方式。从不同的经济发展阶段来看，传统农区对宅基地集中没有特别强调，重在坚持“一户一宅”的分配原则；经济较为发达地区的农村则鼓励农户以统规统建、统规自建等多方式适度集中居住；在城镇建设用地内的农村则以建设公寓、农村社区等实现更加集中的居住。如浙江省义乌市在城镇规划红线范围内，通过新社区集聚建设高层公寓保障农民“一户一房”；对城镇规划红线范围外的近郊村按总规模控制实施更新改造，通过统规自建落实“一户一宅”；对远郊村则实行传统的“一户一宅”[③]。安徽省金寨县采取鼓励进城入镇、集中建设农民公寓、统一新建农民住宅小区、引导农民按照村庄建设规划多户联建等方式实现“户有所居”。[④] 同时，利用新居建设之际，完善水、电、气、网等基础设施配套，极大地改善了农户生活的舒适性，在“户有所居”的基础上实现了“住得好”。

---

① 乔栋、方敏、马晨：《村民：收益有保障　心里不发慌》，《人民日报》2017 年 7 月 25 日。

② 刘守英、熊雪锋：《经济结构变革、村庄转型与宅基地制度变迁——四川省泸县宅基地制度改革案例研究》，《中国农村经济》2018 年第 6 期。

③ 刘锐：《乡村振兴战略框架下的宅基地制度改革》，《理论与改革》2018 年第 3 期。

④ 刘俊杰、岳永兵、朱新华：《农村宅基地制度改革的政策演变与实践探索》，《江南大学学报（人文社会科学版）》2020 年第 3 期。

（五）为乡村振兴中产业发展提供了用地保障

产业兴旺被认为是乡村振兴的重点，是农业农村可持续发展的关键。产业发展兴旺的前提是掣肘农村产业发展的要素限制得以突破，土地要素就是其中最重要、最关键的要素。在《国家乡村振兴战略规划（2018—2022年）》中，专门设立了一章“加强乡村振兴用地保障”，其中提出在符合土地利用总体规划前提下，有效利用闲置宅基地等农村存量建设用地。宅基地退出后释放的建设用地资源，有利于保障乡村振兴的用地需求。“三块地”改革试点以来，试点区域通过宅基地退出改革和集体经营性建设用地入市改革联动，推动1万余宗集体经营性建设用地地块入市，面积约9万亩①，为农村产业发展释放出可供配置的土地资源，在一定程度上较好地保障了产业用地供给。

二、农村宅基地退出试点的制度困境

各试点区域通过宅基地退出不仅有效推动了土地节约集约利用，而且还在改善农民生活水平、优化农村布局和提升居住环境方面起到了明显的促进作用。但随着宅基地退出改革的持续推进，改革试点也存在一些亟待解决的制度困境。

（一）退出土地利用低效的困境

农村宅基地退出试点改革的重要目标之一是促进农村建设用地节约集约利用。试点区域，尤其是中西部地区常见的做法是农户退出原有宅基地，在聚居区建设新居，通过适度聚集以达到释放更多集体建设用地的目的。但从实际情况来看，试点区域大规模退出宅基地并未达到预期目标，相较之下东部地

① 资料来源：《国务院关于农村土地征收、集体经营性建设用地入市、宅基地制度改革试点情况的总结报告》，2018年12月23日第十三届全国人民代表大会常务委员会第七次会议。

区略好于中西部地区。① 东部的义乌、晋江等地土地价值高，无论投入市场还是用于发展产业都有非常高的需求，在地方政府的财力保障下，宅基地退出相对容易且规模较大。地处中西部的宅基地退出试点则陷入相对尴尬的境地，要么是复垦后的土地招引不到合适的产业，要么是整理好的土地入市无人问津，指标落地成为关键症结。尽管目前已打通欠发达地区跨省交易指标的政策通道，但对提高土地利用效率仍然显得杯水车薪。总的来说，退出的宅基地如何高效利用仍然是亟待解决的问题。

（二）退出补偿资金短缺的困境

动员农民自愿有偿退出宅基地是我国农村宅基地制度改革的重要方向，但同时如何能筹措到足够支付有偿退出的资金则是影响宅基地退出改革能否顺利完成的关键。在宅基地有偿退出的过程中，宅基地整理、复垦、补偿、建新区等众多环节都需要大量的资金投入，对于薄弱的农村集体经济组织来说是一个无力负担的压力。特别是地处中西部的试点区域，宅基地退出后的土地利用效率不高，无法通过市场获得足够的资金作为宅基地退出的补偿资金渠道。各地在实践中解决资金的主要途径是政府财政投入，虽然能够在短期内缓解资金缺乏的问题，但也让地方政府的财政不堪重负。有学者在改革试点区域的调研中发现，往往花很高代价腾退出来的宅基地并不能获得预期的收入，地方财政根本无力弥补宅基地腾退所形成的巨大亏空。② 有些区域宅基地退出改革的配套资金难以足额及时到位，筹措资金的渠道也较为单一，严重影响了宅基地退出改革的进程，甚至出现难以有效抓住改革时机推动改革顺利完成的情况，当然，也会影响宅基地退出改革红利惠及农户的时限，甚至会挫伤农民参与改革的积极性。

---

① 贺雪峰:《三项土地制度改革试点中的土地利用问题》,《中南大学学报(社会科学版)》2018 年第 3 期。

② 贺雪峰:《农村宅基地改革试点的若干问题》,《新建筑》2016 年第 4 期。

（三）增值收益分配失衡的困境

在农村宅基地退出改革中，地方政府、村集体和农户是改革试点的直接参与者，也应该是宅基地退出的利益相关者。农户作为宅基地使用权人，在退出农村宅基地后应当获得宅基地增值收益。村集体在法律上享受宅基地所有权，并承担起了土地复垦、社会保障以及提供农村公共产品等职能，也应分享宅基地的增值收益。地方政府在宅基地退出改革中提供智力资本、人力资本（监督管理人员）、公共基础设施建设成本和其他相关资金，理应参与宅基地增值收益的分配。在宅基地退出改革中如何处理三者之间的利益分配问题，保证宅基地增值收益在各主体之间分配的公平性，是农村宅基地退出改革中的关键。然而，从调研了解到的情况来看，试点区域的地方政府往往较为深度地参与农村宅基地退出改革中的增值收益分配，村集体与退出宅基地农户之间的收益分配不平衡，宅基地退出改革面临土地增值收益分配不合理的困境。

（四）退出目标对象错位的困境

从前文对宅基地退出的制度演进梳理可知，实施“宅基地有偿自愿退出”是有具体退出目标群体的，即针对的是进城落户农民。2014 年中共中央办公厅和国务院办公厅印发《关于农村土地征收、集体经营性建设用地入市、宅基地制度改革试点工作的意见》、2016 年国土资源部印发的《关于进一步做好新型城镇化建设土地服务保障工作的通知》、2017 年中央一号文件《中共中央 国务院关于深入推进农业供给侧结构性改革　加快培育农业农村发展新动能的若干意见》以及 2019 年修订的《土地管理法》都明确提到“鼓励进城落户农民自愿有偿退出宅基地”。从实践来看，尽管各试点区域腾退零星、闲置宅基地约 14 万户①，但却出现了退出目标群体在一定程度上错位的问题，即政策

①　资料来源：《国务院关于农村土地征收、集体经营性建设用地入市、宅基地制度改革试点情况的总结报告》，2018 年 12 月 23 日第十三届全国人民代表大会常务委员会第七次会议。

最初的目标群体并没有大量退出。进城落户农民由于经济情况相对较好，且对宅基地退出政策较为敏感，在实施宅基地退出改革过程中反而出现“待价而沽”的举动，对宅基地退出改革成效形成负效应。真正参与宅基地退出改革的农民大多是长期居住在本村，而其之所以愿意参加改革主要是希望能够借此机会改善居住条件。

（五）农户社会保障程度不足的困境

农村宅基地在一定程度上是对农民生存权和居住权提供的一种社会保障，承载着农民居住、养老的社会保障功能。现实的情况是农民进城就业定居之后，仍不愿意放弃在农村的宅基地和住房，造成这种状况的根本原因是农民退出宅基地后，难以获得替代性的社会保障①，宅基地依然是农民进城失败后的兜底保障②。因此，农户退出宅基地后所能获得的社会保障力度不足，是宅基地退出改革中必须高度重视涉及社会稳定的风险隐患。比如进城农民如何在城市获得同样的市民待遇，其看病就医、子女受教育以及住房等问题无法通过补充性政策得到妥善解决的话，农村宅基地自然就成为农民攥在手里的“救命稻草”。如果无法给予退出宅基地的农户有效且可持续性的社会保障，不仅容易给已退出宅基地的农户生活造成困扰，更有可能造成社会的不稳定。

三、农村宅基地退出试点的代表模式

结合前文综述部分对已有研究中关于宅基地退出模式的总结情况，本书认为以退出补偿方式为主要依据来进行分类和总结，既能够防止不同退出模

① 吕军书、史梦阳：《农户宅基地退出的价值、困境与实现路径》，《学术探索》2016 年第 12 期。

② 李长健、胡鹏：《我国农村宅基地退出困局及机制化弥合——基于农民权益保护的视角》，《湖湘论坛》2017 年第 3 期。

式的划分界线和衡量标准模糊不清,又能快速识别实践中宅基地退出模式类型。因此,本书在借鉴梁发超和刘丽惠的划分标准①的基础上,将农村宅基地退出划分为资产置换、指标置换和货币补偿三种模式。

(一)资产置换模式

资产置换模式即农户将其宅基地退出后,按照一定比例置换城市住宅、商铺、产业用房等资产②,在这一过程中宅基地退出农户的户口性质也由农村转变为城镇。资产置换模式强调宅基地的财产功能,能够实现城乡建设用地的统筹利用,一般发生在经济发达地区的城中村和城郊村,是城市规模扩张的结果③,可以将农户手中"沉睡资产"转变为可交易与可流通的"显性资产",即产权完整的商品房、商铺、厂房等。当然,由于该模式涉及土地性质和农户户口性质的转变,一般由地方政府主导来推动宅基地退出改革。在该模式下,退出农户居住条件与村庄基础设施能够得到较大改善和提升,同时农户和村集体都能获得城市发展和土地增值所带来的收益,但退出农户的生活成本支出会有所增加以及可能出现退出农户置换的资产被"挥霍一空"的极端情形。部分试点区域资产置换模式的主要做法见表 2-6。

表 2-6　部分试点区域资产置换模式的主要做法

序号	试点区域	主要做法
1	义乌市	在城镇规划红线范围内的村庄,开展城乡新社区集聚建设,由政府主导,实行整村退出方式,允许农民以合法宅基地占地面积 1:5 置换权益面积。在保证居住的前提下,允许置换成高层公寓、工业仓储、商业用房,置换权益可以交易,政府确定最低保护回购价

① 梁发超、刘丽惠:《不同模式下农村宅基地退出的农户选择偏好及其影响因素——基于福建省晋江市的实证分析》,《中国农业资源与区划》2020 年第 9 期。

② 胡银根、王聪、廖成泉等:《不同治理结构下农村宅基地有偿退出模式探析——以金寨、蓟州、义乌 3 个典型试点为例》,《资源开发与市场》2017 年第 12 期。

③ 梁发超、林彩云:《不同模式下农村宅基地退出的风险评价及防范对策研究——以福建省晋江市为例》,《农业现代化研究》2019 年第 6 期。

续表

序号	试点区域	主要做法
2	晋江市	由政府统一对村庄宅基地或农房进行整村退出改造，允许农民按一定比例以宅基地和农房置换安置房、商务办公楼、店面、商场、SOHO 等资产

资料来源：根据各试点地区政策文件和相关新闻报道整理。

（二）指标置换模式

指标置换模式即农户将旧有宅基地归还给村集体后，村集体在村庄内重新选定集中居住区和新村聚居点，退出农户可统规自建、联建房屋或购买村集体统一建造的新村公寓，并对旧有宅基地进行耕地复垦①，在这一过程中退出农户的户口性质仍然为农村户口。此模式最大的好处是有利于提升农户的集中居住程度，便于推动村内基础设施建设和公共服务设施布局，有助于改善农户享受公共服务的便利性，增强其获得感。同时，指标置换模式能够很好地将宅基地退出与城乡建设用地增减挂钩机制相结合，这既能够将原来闲置且多余的宅基地价值显化，解决宅基地退出改革中资金的问题，促进村庄发展，又能将闲置多余的宅基地转化为耕地资源，提高土地资源利用效率。当然，该模式最大的缺陷在于与城乡建设用地增减挂钩机制相结合是通过牺牲未来土地发展权换取现阶段发展资本，未来可能出现土地要素无法满足本村发展需要的风险，同时可能存在“有价无市”的问题，具体做法见表 2-7。

① 梁发超、刘丽惠：《不同模式下农村宅基地退出的农户选择偏好及其影响因素——基于福建省晋江市的实证分析》，《中国农业资源与区划》2020 年第 9 期。

表 2-7 部分试点区域指标置换模式的主要做法

序号	试点区域	主要做法
1	泸县	根据自愿原则,由集体经济组织给予退出户经济补偿,引导退出农户到新型社区、幸福美丽新村、生态搬迁安置点、易地扶贫搬迁安置点居住生活。同时以村为主体,通过将退出的宅基地复垦为耕地,验收合格后,转换为建设用地指标。部分指标用于退出农户聚居点建设和集体产业发展,其余指标可以入市交易和跨区有偿调剂。对于无人购买的指标,政府给予保底收储
2	宜城市	结合新型城镇化试点、新农村建设和土地增减挂钩引导农民自愿退出宅基地,并集中到规划安置区:一方面,因招商引资项目建设需要,对农民宅基地及房屋回购拆迁,然后集中到新农村、聚居点统一安置,并以最优惠价格购置新房;另一方面,在农业发展基础较好的区域,引导农民腾出宅基地,集中到农村聚居区异地新建
3	金寨县	在符合城镇总体规划和村庄、集镇规划前提下,鼓励自愿退出宅基地的农户由自然村向中心村、中心镇集聚,实行统建、联建和自建
4	湟源县	对草场、耕地相对较多,生产生活条件相对较好的村(社),在统一规划、集中居住建设和集约利用土地的前提下,在村界地域范围内,综合考虑避险、避灾、生产、生活等多要素,就近选择较好地块,实施就近搬迁

资料来源:根据各试点地区政策文件和相关新闻报道整理。

(三)货币补偿模式

货币补偿模式指对已经进城有固定居所、稳定生计来源的农户或存在一户多宅、超占多占面积的农户,给予一定的经济补偿,鼓励其将闲置、多余宅基地完全退还给集体的一种模式。[①] 该模式最大的好处在于农户无须付出较高成本便可完成宅基地退出,既不需要投入搬迁新居的花费,也不需要为适应新的生活环境进行心理调适,推行过程矛盾较少,能够较好完成。当然,该模式最大的缺陷在于宅基地退出改革既没有实质性增加农户资产,村集体也没有获得相应收益,土地节约集约利用程度也十分有限。部分试点区域货币补偿模式的主要做法见表 2-8。

---

① 彭长生:《农民分化对农村宅基地退出补偿模式选择的影响分析——基于安徽省的农户调查数据》,《经济社会体制比较》2013 年第 6 期。

表 2-8　部分试点区域货币补偿模式的主要做法

序号	试点区域	主要做法
1	余江区	实行宅基地退出无偿与有偿相结合的方式，对闲置废弃的厕所、畜禽舍和相关附属实行无偿退出，对房屋主体实行有偿退出
2	蓟州区	宅基地使用权人可以向村民委员会申请自愿退出宅基地，由本村回购
3	平罗县	允许部分符合退出条件的农户自愿有偿退出全部农村产权，且放弃集体经济组织成员身份，实行一次性补偿
4	伊宁市	将宅基地退出与房地产行业去库存相结合，对农民自愿放弃申请宅基地的，在购买政府安置住房时，享受成本价、契税全额补贴以及 300 元/平方米、最高不超过 3 万元的购房补贴

资料来源：根据各试点地区政策文件和相关新闻报道整理。

“三块地”改革试点结束后，我国开启了新一轮农村宅基地制度改革试点，主要围绕宅基地“三权分置”、探索宅基地自愿有偿退出机制、健全宅基地收益分类机制以及完善宅基地审批制度等任务展开。新一轮改革试点区域结合自身区域实际及宅基地“三权分置”的已有基础，创新探索出一些新的宅基地退出模式。如四川省（眉山市）彭山区新桥村将退出农户安置在新聚居区，同时还为新聚居区规划建设了能够服务产业发展的基础设施，以此提升对产业发展的支撑力。同时，村集体将宅基地腾退节约的集体建设用地，以入股、出租等方式与外来投资业主合作发展，拓宽集体经济增收渠道，将集体增收的发展红利反哺给退出农户，变相地提升了宅基地作为资产的回报。同为试点的彭山区余家沟村则探索出将宅基地使用权流转结合集体经营性建设用地入市的模式，将获取的资金用于平衡和覆盖农民安居点的建设成本，实现取之于民、用之于民①。此外，上海市奉贤区尝试宅基地“股权化”，对于退出宅基地、选择相对集中居住的居民，既可以选择直接领取补偿资金，也可以选择以此资金参股投资项目，保底收益率不低于 5%。通过了解新一轮试点的实践探索，

① 四川省社会科学院课题组：《集中式“三权分置”改革：眉山天府新区宅基地制度改革的重要探索》，《乡村振兴》2021 年第 12 期。

不难看出，农村宅基地退出的创新模式仍然可以将其归到本书划分的“资产置换模式”“指标置换模式”和“货币补偿模式”之中。

（四）农村宅基地退出的代表模式比较

从试点区域推行的宅基地退出模式来看，均是与当地经济社会环境相结合的选择。黄璐水等①认为，在一个地区进行农村宅基地退出改革可以分别设置不同的模式进行可行性分析，最终找到最适宜本地区的退出模式并进行推广。本书借鉴魏后凯等②的研究，从主导方、实施动机、补偿资金来源、交易半径、可推广性等方面对三种宅基地退出模式进行比较分析，以加深认识农村宅基地退出的各种模式，具体见表 2-9。

表 2-9　三种宅基地退出模式的比较分析

主要模式	主导方	实施动机	补偿资金来源	交易半径	可推广性
资产置换模式	政府主导	土地资源优化配置，增加农民财产性收入	政府投资和村民自筹	县（市、区）域内	适宜在经济发达的地区推广
指标置换模式	政府主导或村集体主导	促进村庄建设，改善居住环境，获取建设用地指标	政府投资和村民自筹，且对政府投资依赖性高	村庄内为主	适宜在经济欠发达且农户集中居住程度较低的地区推广
货币补偿模式	政府主导或村集体主导	促进村庄建设，改善居住环境	政府投资和村民自筹，且对政府投资依赖性高	无	适宜在经济欠发达且农户集中居住程度较高的地区推广

通过比较可以看出，资产置换模式一般由地方政府主导以推动宅基地退

① 黄璐水、罗海波、黎登琴等：《贵州农村地区宅基地退出模式及案例分析》，《江苏农业科学》2014 年第 4 期。

② 魏后凯、刘同山：《农村宅基地退出的政策演变、模式比较及制度安排》，《东岳论丛》2016 年第 9 期。

出改革,由政府投资和村民自筹形成宅基地退出资金,其资产置换的范围大多限于县(市、区)域内部,该模式可以促进土地资源优化配置,增加农民财产性收入,且由于宅基地的资产效应需要得到充分体现,往往在市场经济较为发达、对土地资源需求较为旺盛的地区更适宜推广。指标置换模式则更多由地方政府或村集体作为主导方,由政府投资和村民自筹形成宅基地退出资金,且对政府投资依赖较强,指标置换的范围一般在本村庄内,该模式有利于提升农户集中居住程度,便于推动村内基础设施建设和公共服务设施布局,一般适宜在经济欠发达且农户集中居住程度较低的地区推广。货币补偿模式一般由地方政府或村集体主导,由政府投资和村民自筹形成宅基地退出资金,且对政府投资依赖较强,该模式一般可以促进村庄建设和改善居住环境,能够以较低的改革成本来推动宅基地退出改革,适宜在经济欠发达且农户集中居住程度较高的地区推广。

第三节　东部、中部、西部地区典型试点区域宅基地退出的运行现状

由于各地推进试点的时序、进度各不相同,且已有研究受时间、成本等客观因素的影响不能对每一个试点区域进行绩效评价,所以有必要通过对典型试点区域的了解以达到对改革情形做到全面了解,从而获得宅基地退出改革整体绩效。我国幅员辽阔,不同地区地形地貌、经济和社会发展存在巨大差异,国家在选择试点区域的时候也考虑到这一实际情况,15 个试点区域在东部、中部、西部地区均有分布,这既是地理方位的自然配置,也是经济发展的客观现实。本书选择浙江省义乌市、江西省余江区和四川省泸县作为试点区域的典型代表,三地既是东部、中部、西部不同经济区域的典型代表,也是市场经济发达地区与传统农区的典型代表。此外,三地的改革试点极富特色,成效显著,在 2018 年《国务院关于农村土地征收、集体经营性建设用地入市、宅基地

制度改革试点情况的总结报告》中,义乌市、余江区和泸县的创新探索被多次提到。

一、浙江省义乌市:东部典型试点区域

义乌市地处东部经济发达的浙江省,城镇化水平高,传统农业所占比重很小,县域人均收入水平居全国首位。从社会发育程度来看,义乌市早在2016年《长江经济带发展规划纲要》中就被划定为中等城市,是我国第一批国家新型城镇化综合试点地区,城市化水平已经接近发达国家(80%左右)。发达的小商品经济和大量人口涌入城市,导致义乌市的城乡建设用地供需矛盾日益突出。义乌市宅基地退出改革前存在的问题,在东部地区具有普遍性及典型性。从义乌市政府提供的数据可知,改革前义乌市"一户多宅"的农户比例为7%,宅基地闲置的农户比例为1.86%,宅基地闲置利用的比例不算高。但从深层次成因来看,义乌市属于存量型人地矛盾,改革重点聚焦于在土地开发利用水平较高情况下如何进一步挖掘存量建设用地的潜力。

义乌市的农村宅基地退出改革试点具有较强的地方特色,主要做法为:一是将农村宅基地退出与城乡新社区集聚、美丽乡村建设相结合。在城镇规划红线内,建设农村新型社区;在城镇规划红线外,推行美丽乡村建设,提升退出农户居住环境。二是将农村宅基地退出与"集地券"相结合。义乌市将退出的宅基地以及农村低效闲置建设用地进行耕地复垦,验收合格后折算为建设用地指标,即集地券。该指标可用于城乡社区集聚点建设、美丽乡村建设和村庄集体产业发展,剩余指标可以入市交易、抵押,同时政府给予指标保底收储价格。三是将宅基地退出改革与宅基地投标选位等有偿使用制度相结合。义乌市农户退出宅基地后,在宅基地位置确定之前,鼓励退出农户以公开竞争的方式进行宅基地有偿选位,实现宅基地市场化配置,被称为"义乌智慧"。

二、江西省余江区:中部典型试点区域

江西省余江区是我国经济欠发达传统农区的典型代表,自然资源条件和经济发展状况与全国多数农村类似,耕地占比大、农业人口多、经济实力偏弱、地方财政收入偏低。余江区以水稻和蔬菜种植为主,外出务工人员较多,村民人均收入一般,农户集中居住程度较高。根据余江区政府提供的摸底调查数据可知,改革前余江区7.3万农户中,“一户多宅”有2.9万户,比例高达40%,闲置宅基地8156宗,面积为131.94万平方米,闲置面积比例为10.71%。与此并存的是,村庄新增宅基地没有空间,新分户家庭难以再申请获得宅基地。因此,余江区希望借助宅基地退出改革来应对宅基地管理无序问题。

在宅基地退出改革中,余江区将宅基地退出改革与美丽乡村综合改革示范建设相结合,以农村宅基地退出改革为引领,改善村庄基础设施与居住环境。主要做法为:一是以农村宅基地退出改革为统领,全面推进农业发展现代化、基础设施标准化、公共服务均等化、村庄面貌亮丽化、转移人口市民化、农村治理规范化“六化”建设①;二是积极发挥村民事务理事会的作用,利用较小的改革成本推动全区农村宅基地退出改革;三是不仅探索了宅基地无偿退出与有偿退出相结合的方式,对倒塌的住房、闲置废弃的厕所、畜禽舍和相关附属设施实行无偿退出,对房屋主体实行有偿退出,还探索以“空间换时间”的土地配置模式②,即退出全部宅基地的农户,15年后仍可重新获得村庄宅基地权利。根据课题组调研所获的资料显示,余江区共退出宅基地30987宗4318亩,其中有偿退出5868宗971亩,无偿退出25119宗3347亩,退出宅基地复垦991亩。余江区对农村宅基地退出机制的探索和创新,为改革完善宅基地

① 张乃贵:《完善“一户一宅”的“余江样板”——江西省余江县宅基地制度改革的启示与建议》,《中国土地》2017年第11期。

② 农业农村部农村改革试验区办公室:《江西省余江县:三项机制推进宅基地制度改革试点》,《农民日报》2018年4月17日。

管理制度提供了可借鉴的实践经验,为欠发达地区加强宅基地管理提供了“余江样板”。

三、四川省泸县:西部典型试点区域

四川省泸县位于四川省南部,是农业大县,也是四川省农产品主产区,绝大部分属丘陵地带。作为西部地区典型的农业大县,农村宅基地闲置浪费、一户多宅的问题十分严峻,这也成为泸县推动农村宅基地退出改革的现实背景。根据泸县原国土资源局摸底调查数据显示,改革前泸县农村宅基地 26.88 万宗、总面积 24.28 万亩,人均宅基地占有面积高达 170 平方米。其中闲置宅基地 3.64 万宗、闲置面积达 3.20 万亩;一户多宅农户数 2.2 万户,其宅基地面积为 1.81 万亩。

2015 年,泸县成为全国农村宅基地制度改革试点区域,其主要改革做法为:一是根据不同农户的实际情况,建立农户宅基地“部分退出、整体退出、保权退出、永久退出”的方式;二是将农村宅基地退出改革与村庄配套建设相契合;三是农村宅基地退出与城乡建设用地增减挂钩政策相结合,将农户自愿有偿退出的宅基地复垦成耕地,以此获得节余建设用地指标。指标在优先满足农户、农村需要的基础上,或通过入市或通过出让取得收益。根据课题组调研所获得的资料显示,经过 5 年的探索,泸县农村宅基地及农房从改革试点前的 26.88 万宗减少到 24.6 万宗,其中 1.26 万户农村常年有人居住的唯一土坯房得到全部消除,新增农村“社社通”公路 308 千米、“户户通”公路 531 千米,形成了宅基地退出的“泸县经验”。

第四节　典型试点区域宅基地退出绩效评价的必要性

农村宅基地退出改革因事关农民切身利益而采取渐进方式推进。相较于

以往对宅基地管理制度的局部调整，此次“三块地”改革试点服务于《土地管理法》等相关法律调整，具有深远的意义。无论出于对宅基地退出改革试点的经验与教训进行全面回顾总结，还是出于建立完善的宅基地退出政策，都有必要对宅基地退出的绩效进行全面、客观、系统的评价。

一、总结宅基地退出试点经验成果的需要

城乡经济社会翻天覆地的变化催生了现行宅基地制度亟待改革的现实需求。党的十八届三中全会虽已从宏观角度明确了农村土地制度改革的方向和任务，但土地是农民最重要的生产生活资料，土地制度是国家的基础性制度，不仅直接关乎农民的“安身立命”之本，还涉及错综复杂的利益关系，因此中央多次强调要审慎稳妥推进宅基地制度改革试点。试点区域的主要做法与经验是中央判断改革走向的“试金石”和宅基地退出改革顶层设计的重要依据，也是厘清社会各界对农村宅基地退出政策存在争议的重要依据，自然需要进行充分和全面的总结。纵观已有研究和实践，当前有关试点区域农村宅基地退出绩效评价既缺乏全国层面整体绩效评价的研究，也缺乏系统比较不同地区绩效评价结果的研究。为了反映试点区域现行宅基地退出政策的推广性和可复制性，以及为全国铺开宅基地退出工作提供重要的反馈信息，通过选取宅基地退出改革典型试点区域，以“解剖麻雀”的方式，全面评价试点区域宅基地退出绩效显得尤为必要。

二、破解宅基地退出试点制度困境的需要

现行农村宅基地制度在许多方面与现阶段城乡融合发展要求不相适应。国家希望通过农村宅基地退出试点来摸清当前宅基地退出面临的现实困境，希冀找到行之有效的方法突破宅基地退出改革困境，最终形成可推广的有效宅基地退出改革经验，来建立完善的农村宅基地退出机制。然而，从总体上来看，农村宅基地退出改革普遍面临退出土地利用低效、退出补偿资金短缺、宅

基地退出增值收益分配失衡以及农户社会保障不足等制度困境。同时,由于各地区域差异显著,宅基地退出改革困境的表现形式还各不相同,这导致破解宅基地退出困境的方法和路径各不相同。因此,有必要通过评价试点区域宅基地退出实践的绩效,以正确判断破解宅基地退出制度困境途径的有效性,设计出一套完善的宅基地退出政策体系,系统全面地解决各个区域面临的农村宅基地退出问题。

三、优化宅基地退出试点政策设计的需要

政策调整是政策系统的一种常态表现,是政策系统对内部因素和外部环境的变化所作出的一种适应性变革。宅基地退出作为一项渐进式改革,其政策设计随着改革环境和条件不断变化而作出优化调整,以达到符合改革初衷的目的。通过对试点区域农村宅基地退出绩效进行评价,可以较为精准地获得有关政策系统运行的具体信息,包括政策执行的效果。这样一来,根据宅基地退出试点绩效评价结果,能够对原有政策中不适应政策对象和政策环境变化的部分,采取渐进方式,进行增删、修正和更新,从而实现宅基地退出政策优化的目的。2020 年,我国开启了新一轮农村宅基地制度改革试点,其中重要内容就是探索与完善宅基地退出制度的方法和路径。可以说,农村宅基地退出政策全面开展才刚刚起步,更需要依赖此次“三块地”改革试点区域宅基地退出绩效评价的结果作为调整宅基地退出政策的依据。

第三章　理论框架:引入乡村韧性理论的宅基地退出绩效评价设计

价值取向是绩效评价体系和绩效评价行为的深层结构①,反映出政策评价体系对政策目标的理解以及对政策"优劣"的判断标准。同时,为更好地开展绩效评价工作,有必要构建出适宜的理论分析框架。本章节重点围绕"评价什么"和"如何评价"两个基本问题,从农村宅基地退出绩效评价的价值取向出发,明确农村宅基地退出的绩效目标,构建以政府绩效管理理论为基础、嵌入乡村韧性理论的农村宅基地退出绩效评价理论分析框架。

第一节　宅基地退出绩效评价的价值取向

在不同的历史背景下,有关农村宅基地退出的政策表述存在差异,实际上也反映了不同时期农村宅基地退出政策价值取向的差异。本书主要分析的是2015年"三块地"改革以来的农村宅基地退出政策。由于农村宅基地既是农户重要的生存保障和资产财富,也是城乡融合发展中的重要资源要素,对城乡经济繁荣发展和农村社会稳定意义重大。因此,评价农村宅基地退出政策的

① 彭国甫:《价值取向是地方政府绩效评价的深层结构》,《中国行政管理》2004年第7期。

绩效，不能仅从单一维度出发，在价值取向上需做到工具理性与价值理性相统一、公平与效率相平衡、结果导向和过程导向相结合、短期效益和长期效益相兼顾。

一、工具理性与价值理性相统一

马克思·韦伯通过“合理性”概念来解释理性，并把以普遍性和有效性为原则的形式合理性表达为工具理性，把以价值性和理想性为原则的实质合理性表达为价值理性，其中工具理性注重实然的和事实层面的认识，价值理性追求事实与价值、真与善的统一①。具体来看，工具理性的关注焦点在于效率和效益，注重工具的实践可操作性和现实可行性，富有功利的色彩；价值理性是对实践活动价值和意义的把握，考虑人类社会多方面的需要②。同时，工具理性和价值理性是可以契合统一的，工具理性有利于将价值理性转换成为现实，价值理性能够为工具理性提供精神动力和目标导向③。因此，本书在对农村宅基地退出绩效评价时，秉持工具理性和价值理性相统一的价值取向。

（一）基于工具理性的农村宅基地退出绩效评价

本书基于工具理性的价值取向，主张在对农村宅基地退出绩效评价时注重绩效评价的操作可行性和结果有效性、退出政策的结果评价和效益评价。

第一，注重农村宅基地退出绩效评价的操作可行性和结果有效性。首先，选择科学的农村宅基地退出绩效评价工具和方法。在选取农村宅基地退出绩效评价方法时，深入分析现有评价方法的优缺点，并根据研究的需要寻找到最适用的绩效评价方法，开展实证分析工作。在构建农村宅基地退出绩效评价

---

① 王彩云：《政治学视域中价值理性的回归》，《政治学研究》2013 年第 6 期。

② 彭国甫、张玉亮：《追寻工具理性与价值理性的整合——地方政府公共事业管理绩效评价的发展方向》，《中国行政管理》2007 年第 6 期。

③ 杨泽喜：《建构工具理性与价值理性契合的公共文化服务评估体系》，《中国地质大学学报（社会科学版）》2012 年第 1 期。

指标时，以宅基地退出绩效目标为基础，系统梳理现有文献中已存在的评价指标，并通过专家咨询法和界值法对指标进行初选和筛选，以获得具有科学性和操作性的指标。其次，充分利用农村宅基地退出绩效评价结果来解决现实问题。在计算得到农村宅基地退出绩效评价结果后，从不同农村宅基地退出模式和不同地区农村宅基地退出绩效比较中获得经验和发现问题，并针对性地提出完善农村宅基地退出机制的建议。

第二，注重评价农村宅基地退出政策的结果和效益。首先，基于目标达成的思路评价农村宅基地退出绩效。在对农村宅基地退出政策绩效评价时，系统剖析农村宅基地退出的政策目标，并在农村宅基地退出政策目标基础上确定农村宅基地退出的绩效目标，注重评价农村宅基地退出政策结果是否达到宅基地退出的绩效目标。其次，将农村宅基地退出政策的结果绩效作为考核重点。在对农村宅基地退出政策绩效评价时，不仅需要关注政策实施程序的合法性，还需要重点关注该项政策产生的实际结果，以更好地回应目标群体的需求。在农村宅基地退出绩效评价指标体系构建时，不仅需要考虑到农村宅基地退出执行过程中的绩效，也要同时注重宅基地退出政策产生的经济、社会、生态、基础设施和乡村治理等方面的结果绩效，设置反映农村宅基地退出结果绩效的评价指标。

（二）基于价值理性的农村宅基地退出绩效评价

本书基于价值理性的价值取向，主张在对农村宅基地退出绩效评价时注重以人为本的评价原则和整体考察农村宅基地退出绩效。

第一，注重以人为本的评价原则。首先，保证多元化的评价主体。农村宅基地退出政策作为一项公共政策，由多元化的主体参与制定或实施，理应由不同群体共同对其绩效进行评价。在对农村宅基地退出绩效进行考察时，不能仅从地方政府的视角来评估农村宅基地退出项目相关的绩效，还需要考虑到村集体、农民群体等利益相关者对农村宅基地退出政策的评价。其次，关注目标群体的需求满足情况和切身利益变化情况。参与农村宅基地退出的农户是评价农村宅基地退出政策绩效的直接相关群体。在评价农村宅基地退出政策时,最不能忽视退出农户的立场,理应由退出农户来判断这项政策是否符合他们的利益,能否满足他们的多样化需求。因此,尤其需要关注参与农村宅基地退出的农户,设置足够多与退出农户利益紧密相关的绩效评价指标,并侧重反映退出农户对农村宅基地退出政策的满意程度。

第二,注重对农村宅基地退出绩效的整体考察。首先,充分考虑到农村宅基地退出政策实施带来的多方面影响。农村宅基地退出政策的实施对农村地区和农民的影响是全面广泛的,不仅会带来经济层面的影响,还会由于出现农村人口流动和宅基地复垦等现象而对耕地保护、乡村治理、乡村基础设施建设等方面带来影响。因此,在开展农村宅基地退出绩效评价工作时,需要在不同的评价维度尽量选取能够反映各方面变化的指标,以全面考察农村宅基地退出的绩效。其次,充分考虑到不同地区农村宅基地退出的绩效差异。由于不同地区的实际需求不同,某一个地区计算得到的农村宅基地退出政策绩效,并不能代表农村宅基地退出绩效的整体情况。因此,需要有计划地从东部、中部、西部地区选取典型试点区域,分别收集不同地区农村宅基地退出的相关数据,以求客观反映农村宅基地退出政策的整体绩效。

二、公平与效率相平衡

农村宅基地是农村地区最大的建设用地资源,盘活利用农村宅基地对城乡经济发展具有重要的作用。同时,农村宅基地又是农户最重要的财产和居住之所,农户退出宅基地对其今后的生活影响深远。从资源要素的角度来看,实施宅基地退出政策有利于盘活闲置低效利用的农村建设用地资源,提高农村土地资源利用效率,推动乡村经济转型发展;从资产变现的角度来看,实施宅基地退出政策较好地满足了农户“资产变资金”的诉求,保证了农民与市民在资产变现上的公平性。因此,在评价农村宅基地退出绩效时,不仅需要从效率视角对农村宅基地退出政策进行评价，还需要从公平视角去衡量农村宅基地退出政策的绩效。

（一）基于效率视角的农村宅基地退出绩效评价

“效率”往往是各类绩效评价的核心要素之一。在对农村宅基地退出绩效进行评价时，本书同时关注退出项目层面的效率和乡村系统整体层面的效率。

第一，注重评价农村宅基地退出项目的效率。农村宅基地退出政策的贯彻实施，其落脚点离不开农村宅基地退出项目。农村宅基地退出项目是否顺利进行，关键在于项目前期运作资金的筹集和项目资金的合理使用。因此，在评价农村宅基地退出绩效时，需要先从项目投入的角度选取农村宅基地退出绩效评价相关指标，评价农村宅基地退出的实践做法是否长期可行。同时，农村宅基地退出项目的实施，需要关注政策目标的达成情况，衡量农村宅基地退出项目带来的实际结果。因此，在评价农村宅基地退出绩效时，也需要从项目产出的视角选取宅基地退出绩效评价相关指标，来评价宅基地退出项目是否能实现核心政策目标。

第二，注重评价乡村系统整体层面的效率。农村宅基地退出不仅会对乡村系统的“人”产生影响，也会改变乡村地区的“物”，因此需要从整个乡村系统的层面评价农村宅基地退出的效率。首先，农户和集体经济组织是农村宅基地退出政策直接的受众群体，受宅基地退出政策影响效果最大、影响程度最深。在评价农村宅基地退出政策绩效时，需要考虑该项政策给农户和集体经济组织带来的损失和效益，选取诸多与农户和集体经济组织切身相关的评价指标。其次，农村宅基地退出政策往往涉及原有老旧宅基地的复垦，在农民退出全部宅基地的情况下还可能涉及集中居住区的建设，并且人口流动和社会资本流入也将打破原有平衡的乡村格局，深刻影响乡村地区的“硬件”和“软件”。在构建农村宅基地退出绩效评价指标体系过程中，不仅需要考虑宅基地退出政策实施后退出农户的损益变化,也需要关注乡村软硬件设施的变化情况。

(二)基于公平视角的农村宅基地退出绩效评价

在对农村宅基地退出的绩效评价时,不仅需要从效率的角度来评价资源投入和产出情况,还需要从公平的角度来评价权利和利益分配的平等情况。基于公平视角,本书注重评价农户的权利保障和利益分配的公平情况。

第一,注重评价农民的权利平等保障情况。尽管国家允许进城农户退出农村宅基地,但在政策文件中明确提及了“自愿”和“有偿”的原则。也就是说,农村宅基地退出政策给予农户自由选择的权利,而不是一项强制执行的政策,因此在评价农村宅基地退出绩效时,需要充分考虑对农户宅基地退出意愿的尊重情况,设置反映农村宅基地退出政策执行过程中农户意愿尊重程度的相关指标。同时,为了保证农民在信息获取上的公平性,需要关注农民群体的知情权和宅基地退出政策信息的透明度,设置反映政策实施透明程度、政策知晓程度等内容的相关评价指标。另外,农村宅基地退出政策的具体落实工作,不能仅由地方政府或相关社会团体决定,而应把相应的权利交还给农民群体,由农民自主决定宅基地退出的补偿方式等事务。因此,在对农村宅基地退出绩效评价时,还需要考虑农民群体在宅基地退出政策实施过程中的参与度。

第二,注重评价农民的利益分配情况。宅基地在大多数农村地区仍然承担着农民群体的居住保障功能,能够避免农民流离失所。在农民群体退出宅基地过程中,为避免农户退出宅基地后出现生活不稳定或重新返回农村再次申请宅基地的情况,有必要由村民自治组织对申请退出农户的情况进行审核。在构建农村宅基地退出绩效评价指标体系时,需要考虑村民自治组织参与度、退地农户住房改善与否等情况。同时,实地调研发现,能够完全进城的农户并不多,而宅基地退出项目的运作资金大多是通过城乡建设用地增减挂钩机制来筹集。因此,在评价农村宅基地退出绩效时,可不必将农村宅基地退出规模作为考核标准,需要避免短期效益考核影响长远土地发展权,进而出现农民代际之间的不公平。此外,为避免由于项目资金不足使具有农村宅基地退出意愿的农户无法享受到此项政策,进而出现农民群体内部之间的不公平性,还需要考虑宅基地退出过程中资金来源持续性等情况,考察试点地区农村宅基地退出项目的推广性与可复制性。

三、结果导向与过程导向相结合

农村宅基地退出政策绩效不仅体现在政策结果当中,也体现在政策实施过程中。在对农村宅基地退出政策绩效评价时,需要采用结果导向和过程导向相结合的评估思路,不仅从结果导向视角评价宅基地退出政策目标的达成情况,也从全过程绩效视角考核宅基地退出政策的回应性、合法性等内容,深入分析宅基地退出政策结果绩效和宅基地退出政策执行绩效。

(一)基于结果导向的农村宅基地退出绩效评价

伴随新公共管理运动大规模出现的政府绩效评价,改变过去对官僚组织行政程序的控制,转而关注政府部门产生的实际结果。也就是说,对政府部门或公共政策绩效的评价,一开始便是结果导向的评价思路。同时,"绩效"在《现代汉语大词典·下册》中的定义为"业绩,成效",可见,"绩效"的词义本身就带有注重结果的价值取向。因此,在对农村宅基地退出绩效评价时,需要基于结果导向的价值取向开展具体的评价工作。在设计宅基地退出绩效评价指标体系时,需要把农村宅基地退出政策实施后对直接利益主体和间接利益主体的影响作为评价的重点内容,在各层级指标设计中均体现结果导向的评估思路,选取测量农村宅基地退出政策结果绩效的评价指标。

(二)基于过程导向的农村宅基地退出绩效评价

某一项公共政策绩效不仅体现在直观可见的结果中,也体现在政策执行的过程中。例如，即使是在同一个地区颁布实施的农村宅基地退出政策，政策具体执行过程中的不同做法也可能带来完全相反的政策结果。为动态管理某一项公共政策绩效、规避公共政策执行风险，在开展绩效评价工作时，应从全生命周期评价的视角出发，不仅关注公共政策产生的政策结果，还应该对政策结果形成的过程进行管理，评价政策执行过程中实施手段的合法性、可行性等内容。因此，在对农村宅基地退出绩效评价时，需要基于过程导向的价值取向，评价宅基地退出政策执行绩效。具体来看，在宅基地退出绩效目标的依据下，需要从农村宅基地退出政策实施和农村宅基地退出政策宣传这两个重要环节出发，关注反映宅基地退出政策执行过程中的回应性、公平性和合法性，并设计系列相关的农村宅基地退出绩效评价指标。

四、短期效益与长期效益相兼顾

土地是人们创造财富的基本生产要素，土地的权属安排和管理制度安排能够影响长期的社会经济发展。新中国成立以来每一次重要的土地政策调整，如土地所有权集体化、家庭联产承包责任制改革、土地利用市场化等，都对我国城乡经济增长和社会发展产生了深远的影响。作为农村地区规模最大的建设用地资源和农民最重要的财产，农村宅基地政策的重大调整，无疑将给农村地区和农民带来长久的影响。因此，在评价农村宅基地退出政策绩效时，不仅需要着眼于短期可见的政策效益，还要从全局、长远的视角出发，评价这项政策潜在的长期效益。

（一）基于短期效益的农村宅基地退出绩效评价

无论是地方政府还是农户，最先关注到的还是宅基地退出政策的短期效益。例如，地方政府倾向于从宅基地退出项目的前期资金投入情况，决定是否继续和如何开展下一步的农村宅基地退出工作；农户倾向于根据宅基地退出的补偿标准与收益，来决定是否参与到宅基地退出改革中去。从某种程度上说，宅基地退出政策能否成功实施，取决于宅基地退出政策的短期效益是否达到各利益主体的预期。因此，在对农村宅基地退出绩效评价时，需要设计部分直接反映农村宅基地退出短期效益的绩效评价指标体系。首先，在农村宅基地退出绩效评价指标体系中，需要考虑各利益主体希望迫切看到的政策绩效，设置各利益主体通常关注的经济、社会、生态等短期效益的评价指标。其次，在具体操作层面的评价指标选取中，需要考虑农户、集体经济组织和地方政府关注的短期效益，选取反映农户宅基地退出收益、村集体宅基地退出收益、宅基地节约集约利用情况等可直接观测的评价指标。

（二）基于长期效益的农村宅基地退出绩效评价

在评价农村宅基地退出绩效时，人们往往关注宅基地退出政策产生的短期效益，而忽视了宅基地退出政策潜在的长远影响。然而，农村宅基地退出政策带来的长期效益，有可能影响乡村地区的长远发展和农户的长远生计，所以它理应成为宅基地退出政策考量的内容。因此，在对农村宅基地退出绩效评价时，不仅需要着眼于测算农村宅基地退出政策当前产生的绩效，还需要注重考察农村宅基地退出政策实施后对农村和农户的长远利益带来的变化。在选取农村宅基地退出绩效评价指标时，除了选取反映农村宅基地退出政策产生的短期、直接效益的评价指标，也要选取反映农村地区和农户长远、间接效益的评价指标。例如，需要考虑农村宅基地退出政策对农村地区基础设施“硬件”和乡村治理“软件”的影响，并注重对这两个方面设计相应的绩效评价指标体系，以反映农村宅基地退出政策潜在的长期效益。

第二节　宅基地退出绩效评价的目标剖析

农村宅基地退出绩效评价的价值取向，决定了农村宅基地退出绩效评价的目标。从上文农村宅基地退出绩效评价的价值取向出发，科学设定此次农村宅基地退出绩效评价的目标需要综合考虑多方面因素。本书认为,评价农村宅基地退出绩效,不仅需要关注农村宅基地退出的政策目标达成情况,也要关注核心利益相关者参与农村宅基地退出项目的利益诉求实现情况。因此,本书基于中央政府层面的政策文本,通过内容分析法剖析农村宅基地退出的政策目标后,通过扎根理论方法对核心利益相关者原始的访谈资料编码,总结了宅基地退出不同利益相关者的利益诉求,并在综合考虑两者的基础上确定农村宅基地退出的绩效目标。

一、农村宅基地退出的政策目标

在现行农村宅基地制度设计下,宅基地具有明显的多元价值属性。一方面,农村宅基地表现出获取无偿、流动受限和持有低成本的特征,具有显著的"准公共产品"属性,保障着农户基本的生存居住权益;①另一方面,农村宅基地使用权在法律上属于用益物权,具有物权的财产功能属性。因此,在这样的特殊条件下,2015 年全国人大授权国务院暂停执行相关法律,在全国开展农村宅基地退出试点改革。也就是说,此次改革是中央政府统筹布局下的系统性改革。基于此,本书需要从中央政府这一政策主体出发,剖析农村宅基地退出的政策目标。

关于农村宅基地退出政策目标的分析,已经有不少的研究成果。其中有部分学者总结整个农村宅基地制度改革的宏观政策目标,认为主要有农民权益保障和土地资源要素配置这两项目标。如王媛等认为,中央政府这次推行农村宅基地制度改革的出发点是推动城乡统筹和提高土地资源配置效率,改革的最终目标是完善宅基地的保障功能和激活宅基地的财产功能。② 王志锋等认为,在农村宅基地制度改革过程中,中央政府具有保障和维护农民宅基地

① 刘润秋、余超:《农户住房财产权抵押融资意愿影响因素研究——基于区域发展差异的实证分析》,《政治经济学报》2017 年第 1 期。

② 王媛、贾生华:《宅基地制度改革:原理、原则与目标》,《中国房地产》2014 年第 1 期。

权益、建立城乡统一的建设用地市场这两个政策立场，并将农村宅基地制度改革的目标具体为完善宅基地权益保障和取得方式、探索宅基地有偿使用制度、探索宅基地有偿退出机制等几项工作。① 也有学者对农村宅基地退出政策的微观政策目标进行总结，具体包括保障粮食安全、增加农民收入等宅基地退出政策目标。例如，岳永兵等认为，中央政府希望通过农村宅基地退出政策，来实现保障国家粮食安全、提高农民收入和改善农村居住环境、解决城市建设用地短缺问题这三项目标，但中央政府在实际的制度创新过程中只划定了底线和原则，提供了一个宽泛的目标边界。② 刘润秋等认为，农村宅基地退出政策目标包括土地资源集约利用、耕地面积增加、村庄产业发展等经济目标，就业机会增加、居住环境改善、基础设施完善等社会目标，以及生活污水处理、垃圾无害化处理等生态目标。③ 学者们关于农村宅基地退出政策目标的相关研究成果具有一定的参考意义，但均没有基于中央层面的政策文件来系统归纳政策目标，存在较大的主观性。

在总结农村宅基地退出政策目标时，本书紧扣中央政府层面出台的相关政策文件，运用内容分析法客观梳理出此轮农村宅基地退出试点的政策目标。内容分析法是将抽象、非具象化和定性的内容载体转变为具体、系统和定量的数据资料，进而有效把握数据内容中的重要信息和关键要素的一种研究方法。④ 本书通过内容分析法将宅基地退出政策内容转变为具体且适合数据分析的概念单元，进而实现对农村宅基地退出政策目标的客观把握。需要说明的是，在宅基地退出试点改革中，由于区域发展差异的不同，各个试点地区会

① 王志锋、徐晓明、谢天成等：《基于S—CAD方法的农村土地制度改革试点政策评估：以义乌市为例》，《公共管理评论》2017年第3期。

② 岳永兵、孙涛：《基于目标一致理论的宅基地退出制度创新分析》，《发展研究》2015年第6期。

③ 刘润秋、余超：《基于二维分析框架的农村宅基地退出政策工具优化研究》，《农村经济》2020年第9期。

④ Thomas, J. S, *Methods of Social Research*, Orlando: Harcourt College Publishers, 2001, pp.296–297.

根据本地实际情况制定符合本区域的宅基地退出政策，但这些地方政策主要是在中央政策的基础上细化政策手段，价值立场都必须与中央政策保持一致，即地方政策目标与中央政策目标不能存在相互对立的情况。因此，为便于研究工作开展，本书主要从中央政府的立场出发，选择以中央政府的目标诉求作为农村宅基地退出的政策目标。

在选取中央政府出台的政策文件时，本书遵循以下两项标准：一是政策出台机构是中央政府层面的权威机构，包括全国人大、中共中央办公厅、国务院办公厅、国土资源部、农业农村部等；二是政策文本与农村宅基地退出具有直接相关性。按照以上标准，本书通过在“北大法宝”数据库和中央政府门户网站上，以“宅基地退出”“宅基地使用权退出”为关键词进行检索，将检索的截止时间设定为“三块地”改革试点结束且增加农村宅基地退出政策的新修订《土地管理法》正式实施前的时间，最终梳理得到相关政策文本共计 16 份。按照内容分析法的分析步骤，对中央政府发布的政策文本内容进行编码处理，具体编码过程和概念提取见表 3-1。

表 3-1　中央政府政策文本资料的编码与概念提取

编号	政策文件名称	（编号）政策内容	概念化
1	《关于农村土地征收、集体经营性建设用地入市、宅基地制度改革试点工作的意见》	（1）坚持土地公有制性质不改变、耕地红线不突破、农民利益不受损三条底线，在试点基础上有序推进	土地公有制性质不改变、耕地红线不突破、农民利益不受损
		（2）探索进城落户农民在本集体经济组织内部自愿有偿退出或转让宅基地	自愿有偿退出
2	《全国人民代表大会常务委员会关于授权国务院在北京市大兴区等三十三个试点县（市、区）行政区域暂时调整实施有关法律规定的决定》	（3）暂时调整实施有关法律规定，必须坚守土地公有制性质不改变、耕地红线不突破、农民利益不受损的底线，坚持从实际出发，因地制宜	土地公有制性质不改变、耕地红线不突破、农民利益不受损

续表

编号	政策文件名称	(编号)政策内容	概念化
3	中共中央办公厅、国务院办公厅印发《深化农村改革综合性实施方案》	(4)在保障农户依法取得的宅基地用益物权基础上,改革完善农村宅基地制度,探索农民住房保障新机制,对农民住房财产权作出明确界定	增加农民财产性收入
		(5)探索宅基地有偿使用制度和自愿有偿退出机制	自愿有偿退出
4	《国务院关于深入推进新型城镇化建设的若干意见》	(6)探索农户对土地承包权、宅基地使用权、集体收益分配权的自愿有偿退出机制	自愿有偿退出
		(7)支持引导其依法自愿有偿转让上述权益,提高资源利用效率,防止闲置和浪费	土地资源利用效率提高
5	《国务院批转国家发展改革委关于2016年深化经济体制改革重点工作意见的通知》	(8)探索土地承包权、宅基地使用权、集体收益分配权依法自愿有偿退出机制	自愿有偿退出
6	《国土资源部关于进一步做好新型城镇化建设土地服务保障工作的通知》	(9)鼓励和引导农业转移人口自愿有偿退出旧的宅基地	自愿有偿退出
7	《国务院关于实施支持农业转移人口市民化若干财政政策的通知》	(10)要通过健全农村产权流转交易市场,逐步建立进城落户农民在农村的相关权益退出机制,积极引导和支持进城落户农民依法自愿有偿转让相关权益,促进相关权益的实现和维护,但现阶段要严格限定在本集体经济组织内部	自愿有偿退出
8	《国务院办公厅关于印发推动1亿非户籍人口在城市落户方案》	(11)探索形成农户对"三权"的自愿有偿退出机制,支持和引导进城落户农民依法自愿有偿转让上述权益,但现阶段要严格限定在本集体经济组织内部	自愿有偿退出
9	《国务院关于印发国家人口发展规划(2016—2030年)的通知》	(12)深化农村集体产权制度改革,探索建立进城落户农民土地承包权、宅基地使用权、集体收益分配权维护和自愿有偿退出机制	自愿有偿退出
10	《中共中央 国务院关于深入推进农业供给侧结构性改革加快培育农业农村发展新动能的若干意见》	(13)允许地方多渠道筹集资金,按规定用于村集体对进城落户农民自愿退出承包地、宅基地的补偿	自愿有偿退出

续表

编号	政策文件名称	(编号)政策内容	概念化
11	《中共中央 国务院关于实施乡村振兴战略的意见》	(14)维护进城落户农民土地承包权、宅基地使用权、集体收益分配权,引导进城落户农民依法自愿有偿转让上述权益	自愿有偿退出
12	中共中央 国务院印发《乡村振兴战略规划(2018—2022年)》	(15)建立健全依法公平取得、节约集约使用、自愿有偿退出的宅基地管理制度	宅基地获取公平;土地资源利用效率提高;自愿有偿退出
13	《农业农村部关于进一步做好贫困地区集体经济薄弱村发展提升工作的通知》	(16)鼓励村集体稳妥开展闲置宅基地整治,农民自愿腾退的宅基地优先用于村级公共服务设施建设和乡村产业发展	自愿有偿退出;公共服务设施完善;乡村产业发展
14	全国人民代表大会常务委员会关于修改《中华人民共和国土地管理法》《中华人民共和国城市房地产管理法》的决定	(17)国家允许进城落户的农村村民依法自愿有偿退出宅基地	自愿有偿退出
		(18)鼓励农村集体经济组织及其成员盘活利用闲置宅基地和闲置住宅	土地提高资源利用效率提高
		(19)国务院及其有关部门和各省、自治区、直辖市应当坚持土地公有制性质不改变、耕地红线不突破、农民利益不受损	土地公有制性质不改变、耕地红线不突破、农民利益不受损
15	《中央农村工作领导小组办公室 农业农村部关于进一步加强农村宅基地管理的通知》	(20)不得以各种名义违背农民意愿强制流转宅基地和强迫农民"上楼",不得违法收回农户合法取得的宅基地,不得以退出宅基地作为农民进城落户的条件	自愿有偿退出
16	《农业农村部关于积极稳妥开展农村闲置宅基地和闲置住宅盘活利用工作的通知》	(21)要切实维护农民权益,不得以各种名义违背农民意愿强制流转宅基地和强迫农民"上楼",不得违法收回农户合法取得的宅基地,不得以退出宅基地作为农民进城落户的条件	自愿有偿退出

由表3-1可以看出,16份中央政策的宅基地退出相关内容被划分为21个分析单元。通过对这21个分析单元进一步的提炼和分析,得到7个概念,分别是:自愿有偿退出(15次),土地公有制性质不改变、耕地红线不突破、农民利益不受损(3次),农民财产性收入增加(1次),土地资源利用效率提高(3次),宅基地获取公平(1次),公共服务设施完善(1次)和乡村产业发展(1次)。根据

这7个概念,可以判断中央政府的宅基地退出政策目标,具体有以下七项:

政策目标一:土地公有制性质不改变、耕地红线不突破、农民利益不受损;

政策目标二:自愿有偿退出;

政策目标三:宅基地获取公平;

政策目标四:土地资源利用效率提高;

政策目标五:农民财产性收入增加;

政策目标六:公共服务设施完善;

政策目标七:乡村产业发展。

由上面的结果可以看出,农村宅基地退出的政策目标可以细分为政策执行层面的目标和政策结果层面的目标。在农村宅基地退出政策执行过程中,中央政府不仅要求坚持"土地公有制性质不改变、耕地红线不突破、农民利益不受损"的政策底线,还要求采取"自愿有偿退出"的政策做法。同时,通过农村宅基地退出政策,中央政府既希望推动农户依法获取相应的宅基地数量和面积,保证"宅基地获取公平",又希望能够避免宅基地闲置和浪费,保证"土地资源利用效率提高",进而建立兼顾公平和效率的农村宅基地制度。此外,中央政府也希望通过农村宅基地退出改革,能够促进农户宅基地资源盘活利用,推动资源变资产,实现"农民财产性收入增加""公共服务设施完善"和"乡村产业发展"这三项相对具体的政策结果目标。

二、农村宅基地退出利益相关者的利益诉求

从上文提出的农村宅基地退出绩效评价价值取向出发,本书在评价农村宅基地退出绩效时,不仅考察宅基地退出政策目标的实现情况,也关注宅基地退出政策利益相关者的利益诉求满足情况。因此,本书把宅基地退出利益相关者的利益诉求纳入农村宅基地退出评价的目标,在识别农村宅基地退出核心利益相关者的基础上,通过扎根理论方法分析不同核心利益相关者的利益诉求。

（一）农村宅基地退出的核心利益相关者

在宅基地制度外部环境变化的情况下，核心利益主体之间对利益诉求的追逐，推动形成了农村宅基地退出这一政策创新。因此，在宅基地退出绩效评价过程中，有必要界定与识别出核心的利益相关者。通过国内外文献回顾发现，利益相关者的界定方法主要有多维细分法和米切尔评分法①，这两种方法的具体介绍见表3-2。

表3-2　利益相关者界定方法一览表

类别	定义（特征）	划分依据	优点	缺点
多维细分法	根据利益相关者与管理决策之间的相互影响程度，从不同角度细分利益相关者	(1)所有权、经济依赖性和社会利益②； (2)交易合同性质③； (3)承担的风险种类和与企业联系的紧密性④； (4)社会性维度⑤	多维度对利益相关者进行分类，深化对利益相关者的认识	分类依据基本属于定性研究方法，可操作性和说服力不足
米切尔评分法	从合法性、权力性、紧急性三个方面对潜在利益相关者进行评价和打分，根据分值高低确定利益相关者及其类型	(1)合法性：某一群体在法律上、道义上或其他特定情况下对企业拥有索取权；权力性：某一群体有能力、有相应的地位或手段能够影响企业的决策；紧急性：某一群体的诉求能够及时得到企业管理层的重视⑥ (2)投入专用性资产：对整个项目的过程都提供直接贡献、产生直接作用的资本，且风险无法转移，其利益相关者的合法性、权力性和紧急性才能充分凸显⑦	量化程度提升，提高利益相关者界定的可操作性	偏向于企业组织的利益相关者的界定，缺乏对公共项目与公共政策的考虑

资料来源：根据相关文献整理。

① 贾生华、陈宏辉：《利益相关者的界定方法述评》，《外国经济与管理》2002年第5期。

② ［美］R.爱德华·弗里曼：《战略管理：利益相关者方法》，王彦华、梁豪译，上海译文出版社2006年版，第90—91页。

③ Charkham, J., "Corporate Governance: Lessons from Abroad", *European Business Journal*, No.4, 1992, pp.8-16.

④ Clarkson, M.B.E., "A Stakeholder Framework for Analyzing and Evaluating Corporate Social Performance", *Academy of Management Review*, Vol.20, No.1, 1995, pp.92-117.

⑤ Wheeler, D., Sillanpa A. M., "Including the Stakeholders: The Business Case", *Long Range Planning*, Vol.31, No.2, 1998, pp.201-210.

⑥ Mitchell, R.K., Agle, B.R., Wood, D.J., "Toward a Theory of Stakeholder Identification and Salience: Defining the Principle of Who and What Really Counts", *Academy of Management Review*, Vol.22, No.4, 1997, pp.853-886.

⑦ Capasso, A., "Stakeholder Theory and Corporate Governance: The Role of Intangible Assets", *SSRN Electronic Journal*, No.10, 2004, pp.1-24.

为了客观地识别出农村宅基地退出的核心利益相关者，本书选择米切尔评分法。同时，考虑到公共项目或公共政策需体现以公平性为核心的社会属性①，本书对米切尔评分法中的划分依据进行拓展，在对利益相关者进行专用性资产分析基础上，从合法性、权力性、紧急性和公平性四个属性确定农村宅基地退出的核心利益相关者。其中，合法性指参与主体在农村宅基地退出中具有法律或道义上的索取权；权力性强调参与主体具有影响农村宅基地退出政策实施的地位、能力和相应的手段，突出参与主体对政策实施的影响力；紧急性表示参与主体的要求能否立即引起政策决策层的关注，强调其重要性；公平性则指参与主体的诉求体现了以公平性为核心的社会属性，强调其公共性。

表 3-3 农村宅基地退出政策中的核心利益相关者界定

参与主体	投入专用性资产	合法性（索取权）	权力性（影响力）	紧急性（重要性）	公平性（公共性）
地方政府	智力资本（地方退出政策设计、项目技术标准）、人力资本（监督管理人员）、公共基础设施、货币基金	高	高	高	高
专业机构	人力资本（施工人员）、智力资本（工程设计、施工技术）	高	低	低	低
村集体	人力资本（政策实施人员）、村庄场地与空间、政策实施环境	高	高	高	高
退地农户	退出的宅基地、货币基金、政策实施环境	高	高	高	高
周边未退地农户	一定的场地与空间、政策实施环境	低	高	高	高

① 郑华伟、张锐、刘友兆：《利益相关者视角下农村土地整理项目绩效评价》，《中国土地科学》2014 年第 7 期。

在前期实践调研、相关文献总结和剖析农村宅基地退出实施路径的基础上，本书认为农村宅基地退出政策的利益相关者主要包括地方政府（试点区县）、专业机构（如建新区工程承包商、施工组织）、村集体、退地农户和周边未退地农户。通过运用修正的米切尔评分法，本书在解析农村宅基地退出政策利益相关者投入专用性资产的基础上，剖析不同利益相关者合法性、权力性、紧急性和公平性这四个属性的高低（见表3-3）。从不同利益相关者的评分结果来看，只有地方政府、村集体和退出农户在合法性、权力性、紧急性和公平性方面均具有高评分，因此农村宅基地退出政策的核心利益相关者为地方政府、村集体和退地农户。

（二）核心利益相关者的诉求剖析

在识别出农村宅基地退出的核心利益相关者后，本书运用扎根理论方法来识别和总结宅基地退出核心利益相关者的诉求。扎根理论是由格拉泽（Glaser）和施特劳斯（Strauss）于1967年在其著作 *The Discovery of Grounded Theory：Strategies for Qualitative* 中首次提出①，被认为是质性研究中非常重要的研究方法。该方法是通过对研究对象或问题的直接观察与总结，结合归纳与演绎，让研究结果自然呈现的一种研究手段。该方法不需要任何先验性和具有主观性的假设和结论，因此在社会科学研究中得到广泛应用②。农村宅基地退出核心利益相关者的诉求具有难以量化和难以描述的特征，采用扎根理论进行分析，有利于归纳和总结出各核心利益主体真实想法与客观诉求。

在操作上，扎根理论方法通常是对收集完成的资料和数据，依次进行开放

① Glaser，B.G.，Strauss，A.L.，*The Discovery of Grounded Theory：Strategies for Qualitative*，New York：Aldine Publishing Company，1967.

② 贾哲敏：《扎根理论在公共管理研究中的应用：方法与实践》，《中国行政管理》2015年第3期。

编码、主轴编码和核心编码①。其中开放编码指将收集的原始资料进行概念化的过程;主轴编码是将开放编码中得到的概念进行总结与提炼,找出与发现各概念之间的关系,进而将各个概念进行类别范畴化;核心编码是在已提炼出的类别范畴中进一步剖析出核心范畴(主范畴),通过系统地将各类范畴联系起来,构建出它们之间的内在关系,并且进一步补充尚未发展完整的类别范畴。

1. 资料收集与整理

为了确保调查数据资料的典型性、有效性和可操作性,选取了成都市温江区、郫都区、彭州市和泸州市泸县 4 个农村宅基地退出试点区县作为核心利益相关者利益主体诉求的分析对象,并采用半结构化访谈方式收集基础资料,访谈提纲见附录一。其中温江区、彭州市和郫都区是成都市印发的《成都市农户宅基地使用权退出改革试验专项方案》中的首批试点区域,并且作为"三块地"改革试点地区的郫都区从 2017 年至今也承担了国家层面的宅基地制度改革试点任务。泸县是国家"三块地"改革试点区域中首批承担农村宅基地制度改革试点任务的 15 个区县之一,深度开展了农村宅基地退出改革试点工作。本书不仅考虑到了承担农村宅基地退出地方层面专项试点任务的温江区和彭州市政府利益诉求,也考虑到了承担农村宅基地退出国家层面试点任务的郫都区和泸县政府利益诉求。同时,兼顾了不同经济发展程度和地形地貌的区县政府的宅基地退出利益诉求,其中温江区和郫都区处于成都平原核心区、经济发展相对较好,彭州市和泸县以山地和丘陵地形地貌为主、经济发展相对落后。具体的资料收集与整理过程如下:

首先,地方政府利益诉求的数据收集与整理。本书采用座谈会的调查形

---

① Strauss, A. L., Corbin, J., *Basics of Qualitative Research: Grounded Theory Procedures and Techniques*, Newbury Park: Sage Publications, 1990, p.58.

式，对这4个区县负责宅基地退出改革试点工作的国土部门主要领导和干部进行集体访谈，并将访谈内容全部记录，整理形成4份区县干部原始访谈资料。

其次，村集体利益诉求的数据收集与整理。在上述选择的4个试点区县中，本书按照距离各区（县）中心远近的原则，随机调查3个承担农村宅基地退出改革试点的村，共调查12个试点村庄。在实地调查过程中，本书采用面对面的访谈形式，对村支书和村庄负责宅基地退出改革的村干部进行集中访谈，了解村干部对农村宅基地退出改革的看法与目的，并将访谈内容整理成了12份村干部原始访谈资料。

最后，退地农户利益诉求的数据收集与整理。在上述选择的12个试点村庄中，本书随机抽取3—4户退地农户进行入户访问和电话回访，了解他们对宅基地退出的想法与诉求，并将访谈内容整理成41份退地农户原始访谈资料。

2. 农村宅基地退出核心利益相关者访谈资料开放编码

在设定农村宅基地退出的绩效目标时，本书不仅关注中央政府出台这项政策时的政策目标，也关注宅基地退出核心利益相关者的诉求。因此，运用扎根理论方法，对地方政府、村集体、退地农户等核心利益相关者的原始访谈资料进行开放编码，并从中提炼出不同利益相关者的利益诉求。具体的开放编码过程如下：

第一，地方政府访谈资料的开放编码和概念提取。为了掌握地方政府在宅基地退出过程中的利益诉求，调查走访了成都市郫都区、温江区、彭州市以及泸州市泸县等宅基地制度改革试点区域，与这些区（市）县负责宅基地退出改革试点工作的国土部门主要领导和干部进行了集体访谈，记录了4份原始的访谈资料。通过对地方政府（试点区县）访谈资料编码，从45条原始访谈语句中提取出7点地方政府的宅基地退出利益诉求（见表3-4）。

表 3-4 地方政府访谈资料的开放编码和概念提取一览表

编号	调研区县	（编号）原始座谈内容	概念化
1	成都郫都区	(1)自成都市下达通知以来,郫都区就起草制定了宅基地退出的政策文件,即《成都市郫都区宅基地有偿退出改革试点实施办法》	落实上级政策
		(2)宅基地退出的途径主要有以下几种形式:一是结合土地综合整治,在立项的土地综合整治项目的农村地区引导农民自愿有偿退出宅基地使用权	促进农村产业发展
		(3)二是结合农村集体经营性建设用地入市改革的试点,区域内符合规划并适合作为集体经营性建设用地条件进行开发利用的,引导农民退出宅基地使用权	落实上级政策
		(4)三是结合产业发展、生态搬迁等原因自愿退出宅基地使用权,比如郫都区的水源生态保护区建设,成都市规定了在水源生态保护区 200 米范围内是不适宜居住的,因此对这一区域内的人结合宅基地退出进行生态搬迁疏散	促进农村产业发展
		(5)四是随农民住房财产权一并转让而退出	农民利益不受损
		(6)补偿标准方面,考虑各个区域的情况差异较大,郫都区并没有制定一个具体的补偿单价,而是制定了补偿标准的总体原则,根据每个地块、每个农户的实际情况来确定具体补偿标准	农民利益不受损
		(7)补偿标准主要是相关区域的街道办指导村社来制定,制定的原则是:宅基地退出后的补偿能满足家庭单个人口以区房管局当年公布的户口所在城镇普通商品房成交价购得 35 平方米的普通商品住房。同时,也存在一些如搬家补贴、过渡补贴以及物业补贴等补偿	农民利益不受损
		(8)郫都区在 2018 年制定了一个关于宅基地退出后指标如何收储的办法,接下来就将这个办法介绍一下:办法全称为《成都市郫都区农村集体建设用地指标收储管理和利用暂行办法》,办法主要是协调退出指标统筹使用	获取建设用地指标
		(9)"三块地"改革一定是贯穿整个农村改革的政策,宅基地退出是配套的改革措施。郫都区是国务院集建入市改革的试点,但为什么要把征地制度改革和宅基地制度改革整合,无非就是要把整个"关节"给打通	落实上级政策
		(10)原来的集体建设用地的来源只有几种,包括乡镇企业、村办企业以及学校等用地,但最大的一块是农村的宅基地,如果把这一块去掉,那么集建入市就相当于是"空谈",就相当于是"空头支票",说得多但根本没有做的必要	落实上级政策
		(11)在我看来,宅基地退出就是换一种方式的拆迁,只不过是给农户一种恰当的补偿而已	农民利益不受损

续表

编号	调研区县	(编号)原始座谈内容	概念化
2	泸州泸县	(12)泸县作为全国33个试点县之一,主要是承担农村宅基地制度改革试点工作,2016年6月,拟定了泸县农村宅基地改革的工作方案,报批审查,并由国土资源部批准实施	落实上级政策
		(13)泸县的财力也不是很好,在财力非常紧张的情况下,前期安排了5000万元,后期安排了2亿元。这是资金的保障	落实上级政策
		(14)农村宅基地有偿退出,对泸县来讲,这个改革也是带来了一个机会	树立改革样板,体现地方政绩
		(15)泸县也制定了补偿政策,基本上参照泸县征地的补偿政策,对农民的房屋长期收购。对农民,没提"补偿",而叫"长期收购""长期补助"	农民利益不受损
		(16)对于一户多宅,新房审批通过了,就该拆除,但他没有拆除。像这部分,国土局给的补助就比较低,按他的建筑面积,就几十元一平方米	农民利益不受损
		(17)通过拆迁复垦整理过后,形成了建设用地指标,建设用地指标部分留给村里发展集体经济	促进农村产业发展
		(18)建设用地指标有一部分用于新村建房	农民利益不受损
		(19)这当中除了一户多宅的情况,还存在原来农民比较穷的情况,国土局结合易地扶贫搬迁、精准扶贫、地灾搬迁等,安排到集中村建房	农民利益不受损
		(20)生产队自身就要留一部分地用于中心村的建设,这部分的指标,国土局是不收储的	促进农村产业发展
		(21)多余的指标按照方案的要求,在保证全县建设用地不增加、耕地质量不降低的情况下,在全县范围内调整使用。针对这种情况,国土局也制定了农村宅基地退出复垦管理办法、退出验收管理办法、使用管理办法	获取建设用地指标
		(22)农村宅基地退出,其实质,说穿了就跟原来的增减挂钩是一回事	获取建设用地指标
		(23)泸县农村宅基地退出调整在全县范围内使用,需要报增的,就是说需要征用国有土地的,其实就和增减挂钩的报增一样	获取建设用地指标
		(24)村里结余的指标,一律由县土地储备中心收储	获取建设用地指标
		(25)这是与精准扶贫、易地扶贫搬迁和地灾搬迁相结合的住房安置。那些比较贫穷的,就结合易地扶贫搬迁;房子要倒的、有地灾的,就结合地灾搬迁,全部搬到中心村来,基础设施全是政府投资,农民对房屋只出建筑成本价	农民利益不受损
		(26)必须按照村级规划、村镇规划来建房,单地申请一律不批,尽量往中心村靠或者是往居住比较密集的地方靠	提高资源利用效率

续表

编号	调研区县	（编号）原始座谈内容	概念化
2	泸州泸县	（27）宅基地上执行总量管控，整个县的宅基地数量不增加，逐年减少	提高资源利用效率
		（28）限制条件就是必须保证农民退出之后仍有地方居住。不管是在城镇已购房也好，投亲也好，必须要有证明。投靠子女要子女购房的房产证和亲属关系证明	农民利益不受损
		（29）目前，只要对政府来说，指标可以用，资金就可以周转过来	获取建设用地指标
3	成都温江区	（30）2016年，成都市提出了这个宅基地有偿退出的通知，先行先试。所以我们就跟温江区委区政府报了，做了这个方案，2017年12月批准了以后，我们就结合这个方案，在2018年年初，国土局和农发局共同下发了这个方案	落实上级政策
		（31）要退出也可以，要进行土地综合整治，要严管乱修乱建，不允许乱修乱建，进入土地综合整治的范围，要严格按照规划，通过代建、自建的方式进行建设	提高资源利用效率
		（32）所以我们要把乡村这个本体保持好，不能让老百姓把它放大放粗，要节约用地	提高资源利用效率
		（33）集体经济组织促进了其发展壮大，而企业该修路修路、该挖沟挖沟，节约出的土地根据企业的产业发展需求来规划使用	促进农村产业发展
		（34）现在还是通过土地综合整治的方式，让钱少的老百姓把土地整理出来，节约出的土地指标划给集体经济组织，通过每年收益分配的方式来解决老百姓的收入问题	促进农村产业发展、增加农民财产性收入
		（35）现状的建设用地通过流转的方式转出去，集体经济组织可以和投资方联合，比如我出地、你修房	促进农村产业发展
		（36）我们招拍挂的所有成交价款都交给社区了，村里自己分，想怎样分，政府不参与	促进农村产业发展
		（37）其实无论是国家试点还是其他地方的实践，宅基地退出之后还是要搞土地整理，因为退出只是一方面，退出之后的资金从哪里来？如果不搞整理，不把建设用地指标节余出来，那这个成本就出不出来	获取建设用地指标
		（38）实际上，如果宅基地退出和“三块地”改革联动，就是和集体经营性建设用地入市联动，很多地方还可以这样操作，就是：农民退的土地，政府还是照样组织整理，整理出来的指标实际上就可以在政府的管辖范围内，哪儿落地都可以	获取建设用地指标
		（39）我们也在考虑以镇政府和村社区作为甲方，投入一定资金，把多余出来的、利用率不高的宅基地收起来。但问题是，无论是货币化安置还是安置房安置都需要钱，一亩的均价是80万元，资金从哪儿来是个问题，这种方法现在还没有一个明确的实施方案。而收储起来的土地要把它变成钱就是两种方式：第一种是现状使用；第二种是把指标卖到需要的地方去	获取建设用地指标

续表

编号	调研区县	(编号)原始座谈内容	概念化
4	成都彭州市	(40)按照《中共成都市委办公厅　成都市人民政府办公厅关于印发〈成都市农村宅基地管理制度改革试验专项方案〉和〈成都市农户宅基地使用权退出改革试验专项方案〉的通知》,以及《成都市国土资源局成都市统筹城乡工作委员会关于印发〈成都市农户自愿有偿退出宅基地使用权试点指导意见(试行)〉的通知》两项文件的要求,由农户自愿申请,不侵害农户和集体经济组织利益,保障农户在宅基地有偿退出后住有所居的原则下,我市在部分镇开展了宅基地有偿退出工作	落实上级政策
		(41)在实际的宅基地有偿退出工作中,农户退出宅基地后,退出的土地主要是有村集体在发展规划的指导下,进行原址开发利用,或者流转,或者用于旅游、商服等产业发展	促进农村产业发展
		(42)在利用上,有偿退出的宅基地主要用于商业、旅游业等产业发展,如特色乡村旅游、酒店等	促进农村产业发展
		(43)我们的宅基地退出补偿首先是要保证农民退出后能够拥有自己的住房,避免花完补偿而不购房的现象出现	农民利益不受损
		(44)彭州市的农民宅基地退出后,将其性质转变为集体建设用地,然后在这块集体建设用地的基础上进行原址利用	促进农村产业发展
		(45)现在彭州市在民宿产业发展上要做到引领者,要建设民宿产业培训学校,每年引进大量的国内知名民宿企业,而这一发展计划的主要用地支撑就是农村宅基地,所以宅基地退出改革对于彭州的农村产业发展相当重要	促进农村产业发展

资料来源:根据实地调研资料整理。

第二,村集体访谈资料的开放编码和概念提取。为了掌握村集体在宅基地退出过程中的利益诉求,在成都市郫都区、温江区、彭州市以及泸州市泸县等宅基地制度改革试点区域,按照距离各区(县)中心远近的原则,随机调查了3个承担宅基地退出改革试点的村,共调查12个试点村庄,与这些村庄的村支书和村庄其他负责宅基地退出改革的村干部进行了集体访谈,记录了12份村集体的原始访谈资料。通过对村集体访谈资料编码,从40条原始访谈语句中提取得到10条村集体的宅基地退出利益诉求(见表3-5)。

表 3-5　村集体访谈资料的开放编码和概念提取一览表

编号	调研村庄	（编号）原始访谈内容	概念化
1	温江区万春镇幸福村	(1)那个时期，许多农民进城导致其宅基地空闲，而当地政府则想要把这些“用地指标”利用起来，因此实施了较大规模的整治项目	落实上级政策
		(2)指标的转让和利用上，主要是退出宅基地的一般面积复垦后所产生的建设用地指标用于转让，而剩余的一般面积指标用于村集体发展使用，包括村集体经济发展壮大的用地需求、本地旅游业发展等	促进农村产业发展
		(3)当初的项目建设，目标不仅要改善农民的生活条件和居住环境，还要把农村产业发展起来，主要是旅游业，但是一期仅仅做到了生活条件和居住环境的改善，产业发展、乡风文明的目标仍没有达成	促进农村产业发展、改善农民居住条件
		(4)所以二期项目就比较注重产业发展和集体经济的壮大以及乡村文化发展，逐步增加老百姓的财产性收入，当时建设了 5000 平方米的集体商铺，我们想拿这部分面积来发展旅游，壮大集体经济	促进农村产业发展、增加农民财产性收入，增加村集体收入
		(5)土地综合整治并不意味着要拆掉农民的所有房屋、让所有农民搬到集中居住区去，而是针对可以拆和愿意拆的农民房屋所进行的整治过程	自愿有偿退出
		(6)农村土地综合整治还要注重产业的发展，在我看来，现有的农村产业都具有旅游价值和旅游功能，一提起土地综合整治，必然就想起农村旅游	促进农村产业发展
2	温江区和盛镇土桥村	(7)我们村当时搞土地综合整治，也就是现在说的宅基地退出，主要是为了把村里那些闲置的房子利用起来，然后通过引进外面的公司入股进行开发	提高资源利用效率
		(8)一方面通过整治，经过公司设计，叫前山微雨文创，把村里的土地、房屋、道路进行整体设计与规划，环境就变好了	完善村域基础与公共服务设施；改善村庄环境
		(9)另一方面在这个基础上搞产业，我们村主要是种植紫薇，把紫薇产业与乡村旅游、乡村文化、康养相结合	促进农村产业发展
3	温江区寿安镇岷江村	(10)当时的规划是把多余的宅基地充分利用起来，发展民宿、搞乡村旅游，我们属于桂花村，风景比较好	促进农村产业发展
		(11)这样能够增加村民收入，搞好了，村里也有钱	增加农民财产性收入、增加村集体收入

续表

编号	调研村庄	(编号)原始访谈内容	概念化
4	郫都区唐昌镇横山村	(12)当时搞这个是因为川菜公司要在我们这里建个厂,然后我们就通过把闲置的、多余的房屋整理出来,这个赔偿也是川菜公司直接补偿,我们就利用这赔偿的一部分用于村里建设,包括建广场、修路、建健身设施,相当于搞新村建设	完善村庄基础与公共服务设施
		(13)在这个过程中,我们都是逐步地把农户进行集中,使其符合新村建设,改善原来落后老旧的面貌	完善村庄基础与公共服务设施;改善村庄环境
5	郫都区友爱镇清河村	(14)当时上面提这个政策,叫作土地综合整治,我们是 2012 年就开始了,通过这个整治,村民居住条件确实变好了,以前都是土墙房,好一点的就是小青瓦,现在大家住的房子都是混凝土、小楼房	改善农民居住条件
		(15)道路、水电等都统一安好了的,村里条件和面貌都比以前好	完善村庄基础与公共服务设施
		(16)腾退出的建设用地指标还用来发展集体经济,我们村是搞花木种植的	促进农村产业发展
6	郫都区安德镇安龙村	(17)通过这个土地整治和宅基地制度改革,把原来村里空着的公共用地和闲置农房利用起来	提高资源利用效率
		(18)而且现在大家住的条件,生活环境也比以前好,家家户户小别墅	改善农民居住条件;改善村庄环境
		(19)村内现在有绿道、各种健身设施	完善村庄基础与公共服务设施;改善村庄环境
		(20)村里改造后,便于引进项目,比如“水韵安龙”项目以及水上餐厅、咖啡图书馆等项目;村里现在就是以盆景、有机蔬菜和特色民宿产业为方向,搞生态旅游与田园文化综合体	促进农村产业发展;改善村庄环境
7	彭州市葛仙山镇乐江村	(21)村里宅基地退出的农户较少,主要我们挨着场镇、很多基础服务设施都和场镇共用;只有一户通过社会企业,钱全部补给农户,村里未收费,这个企业把这个宅基地改造后,叫作果徕咖啡庄园,发展乡村客栈	促进农村产业发展

续表

编号	调研村庄	（编号）原始访谈内容	概念化
8	彭州市葛仙山镇熙玉村	(22)我们村是上面宅基地腾退的改革试点村，所以要搞这个宅基地退出	落实上级政策
		(23)主要是对一些散落的农户或者居住条件较差的进行退出，然后退出后就在村中心建房，属于房子换房子，改善他们的居住条件	改善农民居住条件
		(24)退出来的指标，用来引进企业，经营包括餐饮、休闲娱乐，做农村旅游	促进农村产业发展
9	彭州市葛仙山镇建新村	(25)在原有宅基地的基础上进行集约化、整理化，然后把它调配到更需要建设的区域，来提升它的价值，进一步节约土地	提高资源利用效率
		(26)用来搞乡村旅游，同时村里也引进了企业，建了一个“果农情草莓采摘园”，将休闲农业与乡村旅游一体化	促进农村产业发展
		(27)在一定程度上改善了村庄面貌，这种盘活也不会产生太多的资金耗费，是政府和企业直接出钱，村集体没出钱，对村里来说实际上会产生更多的盈利，比如村民收入提高了	完善村庄基础与公共服务设施、增加农民财产性收入
10	泸县玉蟾街道玉蟾村	(28)玉蟾村是街道首批试点的两个改革试点村之一，也是全县首批试点的八个村之一	落实上级政策
		(29)以前村中有很多空闲的农房，而且还有很多是危房，通过这个改革，解决了我们村危房的安全隐患，改善了村民的居住条件	改善农民居住条件
		(30)现在住的楼房，水、电、气、下水管网全部安装，村里基础设施也变好了，修了广场、会议室、篮球场还有日间照料中心，道路硬化，就像在城里生活一样	完善村庄基础与公共服务设施
		(31)通过宅基地制度改革增加了耕地，便于村里农地流转、规模化经营	提高资源利用效率
		(32)还有就是实现宅基地的财产权，村民不仅得到了退出补偿，村里也有钱了，村里增加了80多万元，可以干更多的事	增加农民财产性收入、增加村集体收入

续表

编号	调研村庄	(编号)原始访谈内容	概念化
11	泸县嘉明镇复兴村	(33)我们村本来农房闲置比例比较高,当初建新房的时候就没有拆老房子,而且这些老房子有安全隐患,既危险又耗时费力	改善农民居住条件
		(34)就是拆了老房子,还可以种庄稼,我听说县里有这个政策,就去申请了	提高资源利用效率
		(35)其实也是想借着这个政策把村里水、电、路、气、基础设施彻底地改变一下、提升一下,因为没钱,就干不了这些事,通过这个,村里基础设施也变好了,整个村的风貌都变了	完善村庄基础与公共服务设施;改善村庄环境
		(36)其实我们村老百姓参与宅基地制度改革是很积极的,是一户一宅,他本来也想改善一下居住条件,但是他又没有钱,所以这个也推着我去申请这个,因为拆老房子要赔钱。我个人觉得宅基地制度改革是个好事,农户居住条件变好了,老百姓的幸福感和获得感就比较强	改善农民居住条件
		(37)对于农户老房子的测量,要当场去测量,当着农民的面去测,保证信息公开透明,要不然农民不相信	保障农民的知情权、参与权和监督权
		(38)村里通过宅基地制度改革,有钱了,就成立了股份经济合作社,就可以发展村集体产业,比如种花椒,发展花椒产业,老百姓就通过从村民转变为股民,集体资产也增加了	促进农村产业发展,增加村集体收入
12	泸县玉蟾街道黄金村	(39)通过宅基地制度改革,村里资金增加了 80 多万元,这个钱是宅基地退出整理出来的指标流转的钱,这 80 多万元现在主要用于新村建设,因为还有一些附属设施没修好,还要留点钱用于村里公共服务和公共设施维护	完善村庄基础与公共服务设施
		(40)通过宅基地制度改革,村里硬化道路也比以前好,还有养老院,修了广场,新村也有会议室和健身设施,指标节余收益和自身留的地还用来建农村的医疗站、超市,包括原来村里的一些保管室,这也改变了村里的面貌	完善村庄基础与公共服务设施

资料来源:根据调研资料整理。

第三,退地农户访谈资料的开放编码和概念提取。为了掌握退地农户在宅基地退出过程中的利益诉求,在成都市郫都区、温江区、彭州市以及泸州市泸县等宅基地制度改革试点区域的 12 个试点村庄,每个村庄随机抽取 3—4 户退地农户进行入户访问和电话回访,整理记录了 41 份退地农户的原始访谈资料。通过对退地农户的访谈资料进行编码,从 54 条原始访谈语句中,提取得到了7条退地农户的宅基地退出利益诉求，见表3-6。

表3-6 退地农户访谈资料的开放编码和概念提取一览表

编号	（编号）原始访谈内容	概念化
1	(1)因为当时书记说要搞新村建设，我当然同意	改善农民居住条件；完善村庄基础与公共服务设施；改善村庄环境
	(2)他只要领导得好，我一个老百姓没有什么意见	保障农民的知情权、参与权和监督权
2	(3)对我个人来说还是个好事，干净、环境变好了、空气变好了	改善村庄环境
3	(4)村里要搞卫生，把道路、基础设施搞好一点，为了新村建设	完善村庄基础与公共服务设施；改善村庄环境
4	(5)以前村里道路、卫生、绿化等都不行，现在全部把这些该拆的拆除了，把路搞出来，到处可以通车，车可以通到家门口，这很方便	完善村庄基础与公共服务设施；改善村庄环境
5	(6)村里环境好了，路也变好了，老百姓的居住环境也改善了	改善农民居住条件；完善村庄基础与公共服务设施；改善村庄环境
6	(7)这个要看政策怎么改，比如这里，环境就比以前好，农村环境要好，我这个村就做得还可以	改善村庄环境
7	(8)从某种意义上来说，如果能够做到公平、公正、公开，我觉得应该要这么做	宅基地获取公平；保障农民的知情权、参与权和监督权
	(9)因为有些地方一个人占了好多面积，如果不把这些强势户的宅基地弄倒，肯定搞不好。在农村，像这样强势的户主，他家的房子多了，他还想盖	宅基地获取公平；保障农民的知情权、参与权和监督权
8	(10)老房子全部空着的，没人住，不拆留着干什么	提高资源利用效率
	(11)而且退出这个，还有赔偿	增加农民财产性收入
9	(12)因为老房子一直是空在那儿的，闲在那儿的，没影响，拆了还赔了4200多元钱	增加农民财产性收入
	(13)现在村里环境变好了，比以前好	改善村庄环境
10	(14)国家搞这个是为了把村里的环境搞好，新农村建设，把道路搞好，大家都好	完善村庄基础与公共服务设施；改善村庄环境
	(15)当时说要拆，那就拆，反正房子一直空在那儿，没有什么影响，还有钱拿	增加农民财产性收入
11	(16)交通方便，而且搞起绿化了，也好看，环境搞好了	完善村庄基础与公共服务设施；改善村庄环境

续表

编号	(编号)原始访谈内容	概念化
12	(17)以前村里是泥巴路,现在路搞好了,环境也变得好了,交通便利,所以搞这个事情是好的	完善村庄基础与公共服务设施;改善村庄环境
13	(18)这个政策还是对的,但是这个要看地区,因为我这边是山区,不一定要搞退出,这个要因地制宜,不能搞“一刀切”	保障农民知情权、参与权和监督权
14	(19)说心里话,你自己去拆,你要花钱吧,还要出力,还要费时间,就一直闲在那儿了,刚好有这个宅基地制度改革政策,给补助,我就拆了,方便他人,也方便自己	增加农民财产性收入
15	(20)这个政策还是好政策,比如我退的那个房子,放在那里没有什么用,你不注意的话,小孩去那里,很容易砸到小孩,属于危房,比较危险。而且闲置浪费的地方腾出来可以搞搞绿化,满足村里建设,还可以拿来种地种菜等	提高资源利用效率;改善村庄环境
	(21)但是在执行过程中要具体问题具体看,不要搞“一刀切”,这个地方这样,那个地方也这样,因为每家每户情况不一样	保障农民知情权、参与权和监督权
16	(22)我觉得补偿有点少,但道路方面变好了,和以前比,卫生环境什么的变好了一点。总的来说,卫生、村里建设、安全方面都变好了,但也有一小部分不成熟的人有点怨言,总的来说是好的	改善村庄环境;完善村庄基础与公共服务设施;保障农民的知情权、参与权和监督权
17	(23)好是肯定好,好在路通了,有好路走,以前是泥巴路,还很窄,现在都是柏油路	完善村庄基础与公共服务设施
18	(24)好政策,比较卫生,把村里条件搞好了,为子孙造福	改善村庄环境
	(25)不好说,有可能上面政策是好,下面政策就变了,执行的时候有可能就走样了,宅基地制度改革的话,总体还行	保障农民知情权、参与权和监督权
19	(26)这个路、这个环境,我家旁边的池塘都搞得很好。以前路、环境卫生很不好,很臭,现在都变好了	改善农民居住条件;完善村庄基础与公共服务设施;改善村庄环境
20	(27)以前住的是土墙房子,现在住的是砖房,肯定愿意退	改善农民居住条件
21	(28)因为当时本来就打算修房子,原来那个房子有点不好,刚好村里有这个政策,我就搬进来了	改善农民居住条件
22	(29)按理说,这个政策是好的,对老百姓是好事,主要是具体做和具体搞的时候,做得太差了,具体执行做偏了,下面搞得很差,做得很不好	保障农民的知情权、参与权和监督权
	(30)但村里的路比以前好了,其他都没变	完善村庄基础与公共服务设施

续表

编号	（编号）原始访谈内容	概念化
23	(31)拆房子，说的是为了节约资源，搞建设。但是村里有些人拆了，有些人没拆，很不公平，搞不清楚，村里势力大的、有人的，就不拆；没人的、没势力的就给人家拆了	宅基地获取公平；保障农民知情权、参与权和监督权
24	(32)这是好事，主要是乱搭乱建，空心房、老的、破旧的房子，空在那里不拆，有了这个政策，就可以把这些房子全部拆了，然后村里的路也变宽了，村容村貌变好了	提高资源利用效率；完善村庄基础与公共服务设施；改善村庄环境
25	(33)现在大家都有新房子住，所以那个老房子应该拆掉，而且还赔钱	改善农民居住条件；增加农民财产性收入
26	(34)就在这里，原址重建，重修的高层，买了这里房子，环境比以前好了，基础设施、交通很方便，现在生活比以前好得多	改善农民居住条件；完善村庄基础与公共服务设施；改善村庄环境
27	(35)旧村和旧房子的卫生条件不好，现在村里环境卫生变好了，道路很干净。而且住的地方卫生条件也变好了，有下水道、排污管道，居住舒适条件变好了	改善农民居住条件；完善村庄基础与公共服务设施；改善村庄环境
28	(36)整村规划，路变好了，环境变好了，我现在房子比以前多了，肯定愿意退呀	改善农民居住条件；完善村庄基础与公共服务设施；改善村庄环境
	(37)就是在测量房子面积时有不公平的地方，我老房子少量了十几平方米，这里面有不公平	保障农民知情权、参与权和监督权
29	(38)我是很愿意的，因为我家一直在外面，刚好有这个政策，我就退了老房子，老房子也一直没人住	增加农民财产性收入；提高资料利用效率
	(39)新社区这边交通、位置都变好了，看病、买菜方便	改善农民居住条件；完善村庄基础与公共服务设施
30	(40)我以前就住在城镇，现在有这个政策，我觉得挺好的	增加农民财产性收入
	(41)新房子这边买菜、看病、打工挣钱、交通比以前好	改善农民居住条件
31	(42)我就是在城市买了房，已经不想在农村居住的，所以就退了	增加农民财产性收入
32	(43)村里对新村的建设和之前的宣传不一样，特别是出售房子的价格，比退之前说的价格要高，这是在骗人，现在房子已经退了，也没法了	保障农民的知情权、参与权和监督权
33	(44)我在城里买了房，已经很久都没在农村住了	增加农民财产性收入
34	(45)我自己拆，还要去请人，还要花钱，还不如等老房子自己烂，现在听说政府要补助钱，还要派机器来帮我拆，我就同意了	增加农民财产性收入
	(46)复垦出来的耕地，还在自己屋面前，还可以自己种点地	提高资源利用效率

续表

编号	(编号)原始访谈内容	概念化
35	(47)房子在半山腰,很不方便,现在搬到新村,出行很方便	改善农民居住条件
	(48)交通也好,而且周围商店配套也不错	改善农民居住条件;完善村庄基础与公共服务设施
36	(49)我搬都搬下来,肯定是愿意的,政府给我分了房子,挺好的,比以前好	改善农民居住条件
37	(50)搬下来也是好事,政策是好的,但是下面做得不行,具体执行有问题。比如说我搬到这里开始说有补贴,现在没有	保障农民的知情权、参与权和监督权
38	(51)我也比较愿意退出来搬到这边,这边比较方便。住新房子,改善了住房条件。想的是搬下来,老了以后这边看病比较方便	改善农民居住条件;完善村庄基础与公共服务设施
39	(52)我肯定愿意,新村改造,建新房子,我本来就是矮房子,现在新房子是楼房,道路、环境比以前好了	改善农民居住条件;完善村庄基础与公共服务设施;改善村庄环境
40	(53)我城里面有房子住,老村的房子空闲在那里,没人住,就退了,其实对我来说无所谓。我自从考出去以后,就没在老家生活了	增加农民财产性收入;提高资源利用效率
41	(54)很积极参加这个,拆之前,新村规划都出来了,我当时就想搬进新村。我房子很老的,很旧,木头的,现在新房子都是砖房,混凝土的	改善农民居住条件

资料来源:根据调研资料整理。

总结来看,基于上文收集的农村宅基地退出不同利益相关者利益诉求的数据,本书分别对不同利益主体的原始访谈资料进行开放编码处理,从记录的原始访谈语句中进行观点提炼,总共提炼出 14 条利益诉求(见表 3-7)。其中,在对地方政府(试点区县)访谈资料编码过程中,本书通过对 45 条原始访谈语句进行总结与概括,得到了 7 条利益诉求。在对村集体访谈资料编码过程中,本书通过对 40 条原始访谈语句进行总结与概括,得到了 10 条利益诉求。在对退地农户访谈资料编码过程中,本书通过对 54 条原始访谈语句进行概括与提炼,得到了 7 条利益诉求。

表 3-7　农村宅基地退出利益相关者诉求开放编码结果

编号	利益诉求	地方政府	村集体	退地农户
1	落实上级政策	√	√	
2	树立改革样板,体现地方政绩	√		
3	获取建设用地指标	√		
4	促进农村产业发展	√	√	
5	增加农民财产性收入	√	√	√
6	确保农民利益不受损	√		
7	提高土地资源利用效率	√	√	√
8	保障农民的知情权、参与权和监督权		√	√
9	改善农民居住条件		√	√
10	完善村庄基础设施与公共服务设施		√	√
11	增加村集体收入		√	
12	自愿有偿退出		√	
13	宅基地获取公平			√
14	改善村庄生态环境		√	√

从地方政府的利益诉求来看,促进农村产业发展(12 次)在编码过程中出现的次数最多,其次是确保农民利益不受损(11 次)、获取建设用地指标(9 次)和落实上级政策(8 次)。可见,地方政府比较期待通过农村宅基地退出政策来带动农村产业发展,以及获取城镇建设需要的建设用地指标。同时,地方政府害怕农村宅基地退出政策损害农户利益进而出现社会稳定问题,也不敢突破现行的各项上位政策。从村集体的利益诉求来看,促进农村产业发展(12 次)在编码过程中出现的次数最多,其次是完善村庄基础设施与公共服务设施(10 次)和改善农民居住条件(7 次)。可见,村集体比较期待农村宅基地退出工作,能够推动发展乡村旅游、民宿等产业,补齐村庄基础设施和公共服务设施的短板,以及改善本村村民的居住条件。从退出农户的利益诉求来看,完善村庄基础设施与公共服务设施(19 次)和改善村庄生态环境(19 次)在编码过程中出现的次数最多,其次是改善农民居住条件(17 次)、保障农民的知

情权、参与权和监督权（12 次）和增加农民财产性收入（11 次）。可见，农户参与宅基地退出改革希望村庄基础设施、公共服务设施以及村庄环境改善，期待自身居住条件改善和财产性收入增加以及农村宅基地退出政策公开透明和公平公正。

3. 主轴编码

在前文开放编码中，本书从地方政府（试点区县）、村集体和退出农户中提炼出 13 条利益诉求。在主轴编码环节，本书将开放编码中提炼出的不同利益主体利益诉求进行归纳与合并，得到农村宅基地退出不同利益主体的利益范畴，详见表 3-8。具体来看，主要包括退出政策实施、退出政策宣传、经济、社会、生态、基础设施 6 个利益范畴。

表 3-8　农村宅基地退出利益相关者诉求主轴编码结果

范畴	利益诉求	关系内涵
退出政策实施	自愿有偿退出；落实上级政策	自愿有偿退出原则和落实上级政策都是政策实施过程中的重要内容
退出政策宣传	保障农民的知情权、参与权和监督权；树立改革样板，体现地方政绩	宅基地退出政策和改革样板宣传能够直接体现出信息的公开透明，反映地方政府的政绩
经济	农民利益不受损；增加农民财产性收入；促进农村产业发展；增加村集体收入；获取建设用地指标	农民利益与收入、村集体收入和村里产业发展都是经济方面的重要表现
社会	提高资源利用效率；改善农民居住条件；宅基地获取公平	推动土地资源集约利用、改善农民居住条件和保障宅基地获取公平都有利于提高整个社会的福利
生态	改善村庄环境	改善村庄环境是生态方面的直接体现
基础设施	完善村庄基础设施与公共服务设施	完善村庄基础设施与公共服务设施属于基础设施方面的直接体现

4. 核心编码

在前面主轴编码中，本书将不同利益主体的利益诉求归纳与合并为 6

个利益范畴。在核心编码环节，本书进一步将农村宅基地退出不同利益主体的利益范畴进行提炼，解析它们之间的内在关系，得到农村宅基地退出不同利益主体的核心利益范畴，主要包括政策执行和政策结果这 2 个核心利益范畴。其中农村宅基地退出政策实施与农村宅基地退出政策宣传均是政策执行过程中的工作，因此将其归入政策执行核心利益范畴。经济、社会、生态、基础设施均是政策执行结果的表现，因此将其归入政策结果核心利益范畴。

5. 理论饱和度检验

为检验上述分析结果的理论饱和度，本书参考熊烨的检验方法①。首先，本书从地方政府（试点区县）访谈资料、村集体访谈资料、退出农户访谈资料这三个类别中各随机抽取两份样本，按照开放编码—主轴编码—核心编码的路径展开分析，通过结果比较，并未在样本中发现新的利益诉求和利益范畴，且利益范畴与核心利益范畴之间并未出现新的关系。其次，本书邀请相关领域的两位学者对这三个类别的数据资料进行重新编码与分析，他们的结论与本书的研究结果总体上是一致的。因此，可以认为本书关于不同农村宅基地退出利益主体诉求及其利益范畴的研究结果的理论饱和度较好。

6. 核心利益相关者的利益诉求总结

从上文扎根理论方法的分析结果来看，农村宅基地退出涉及的地方政府、村集体和退出农户等核心利益相关者有 14 条利益诉求，初步归纳为退出政策实施、退出政策宣传、经济、社会、生态、基础设施 6 个利益范畴，并且可进一步归纳为政策执行和政策结果这 2 个核心利益范畴，见表 3-9。

---

① 熊烨：《我国地方政策转移中的政策“再建构”研究——基于江苏省一个地级市河长制转移的扎根理论分析》，《公共管理学报》2019 年第 3 期。

表 3-9 农村宅基地退出核心利益相关者的利益诉求一览表

核心利益范畴	利益范畴	利益诉求
政策执行	退出政策实施	自愿有偿退出;落实上级政策
	退出政策宣传	保障农民的知情权、参与权和监督权;树立改革样板、体现地方政绩
政策结果	经济	确保农民利益不受损;增加农民财产性收入;促进农村产业发展;增加村集体收入;获取建设用地指标
	社会	提高资源利用效率;改善农民居住条件;宅基地获取公平
	生态	改善村庄生态环境
	基础设施	完善村庄基础设施与公共服务设施

三、农村宅基地退出的绩效目标

通过前面的分析,可以得出农村宅基地退出的政策目标和宅基地退出核心利益相关者的利益诉求。具体来看,农村宅基地退出的政策目标有 7 项,包括土地公有制性质不改变、耕地红线不突破、农民利益不受损,自愿有偿退出,宅基地获取公平,土地资源利用效率提高,农民财产性收入增加,公共服务设施完善、乡村产业发展。农村宅基地退出核心利益相关者的利益诉求有 14 项,包括自愿有偿退出,落实上级政策,保障农民的知情权、参与权和监督权,树立改革样板、体现地方政绩,确保农民利益不受损,增加农民财产性收入,促进农村产业发展,增加村集体收入,获取建设用地指标,提高土地资源利用效率,改善农民居住条件,保障宅基地获取公平,改善村庄生态环境,完善村庄基础设施与公共服务设施。

绩效目标是对评价对象所期望的结果,根据其完成情况能够发现存在的绩效问题。[①] 从农村宅基地退出绩效评价的价值取向出发,本书认为评价农村宅基地退出的绩效,不仅需要关注农村宅基地退出的政策目标,还要回应农

① 姜国兵:《运用绩效评估成果进行效能监察》,《求索》2006 年第 8 期。

村宅基地退出核心利益相关者的利益诉求。基于此，在设定宅基地退出的绩效目标时，综合考量了农村宅基地退出的政策目标和宅基地退出核心利益相关者的利益诉求。因此，本书认为农村宅基地退出的绩效目标有以下七项：

绩效目标一：充分尊重农民意愿；在保证土地公有制性质不改变的前提下依法依规引导农民自愿有偿退出，形成可复制、可推广的改革经验与成果模式；

绩效目标二：保障农民的知情权、参与权和监督权；

绩效目标三：保障农民利益不受损；增加农民财产性收入；改善农民居住条件；

绩效目标四：保证耕地红线不突破；提高农村土地资源利用效率；

绩效目标五：保障宅基地获取公平；

绩效目标六：完善村庄基础设施与公共服务设施；改善村容村貌；

绩效目标七：获取建设用地指标；促进农村产业发展。

从上述农村宅基地退出的绩效目标中可以看出，评价宅基地退出绩效呈现出多元价值取向的特征。首先，本书既考虑农村宅基地退出的工具理性，注重宅基地退出效率和效益的提升，如在绩效目标中关注提高农村土地资源利用效率等内容；也考虑农村宅基地退出的价值理性，重视宅基地退出的社会意义和实践价值，如在绩效目标中强调充分尊重农民意愿、坚持农民自愿有偿退出、保障农民的知情权、参与权和监督权以及保障农民利益不受损等内容。其次，本书一方面重视宅基地退出的公平性，如在绩效目标中关注农民退出意愿尊重程度、保障宅基地获取公平以及强调农民知情权、参与权和监督权保护等内容；另一方面也考虑宅基地退出的效率，如考核宅基地退出后土地资源利用效率是否得到提升等内容。再次，本书既关注农村宅基地退出执行过程，如在绩效目标中关注对农民宅基地退出意愿的尊重情况以及农民知情权、参与权和监督权的保障情况；也重视农村宅基地退出的实施结果，如重视耕地面积是否减少、农村土地资源利用效率是否提高等内容。最后，本书不仅考虑农村宅基地退出的短期效益，如将获取建设用地指标纳入宅基地退出绩效目标中；也重视农村宅基地退出的长期效益，如在绩效目标中关注村庄基础设施和公共服务设施的完善、村庄生态环境的改善和强调促进村庄产业发展等长远效益内容。

第三节　宅基地退出绩效评价理论框架构建：引入乡村韧性理论

政府绩效评价工作不应盲目开展，需要完善的评价理论体系做支撑。[①] 在明确农村宅基地退出绩效评价的价值取向和剖析农村宅基地退出绩效评价目标的基础上，有必要选取恰当的理论工具来指导农村宅基地退出绩效评价实践工作。然而，政府绩效管理理论存在一定的局限性，并不适合直接用于农村宅基地退出绩效评价工作。为有效破解政府绩效管理理论存在的局限性，本书引入乡村韧性理论的观点，对现有的政府绩效管理理论进行补充完善，构建出适宜农村宅基地退出绩效评价的理论工具，设计农村宅基地退出的绩效评价框架。

一、传统政府绩效管理理论的局限

随着新公共管理运动兴起的政府绩效管理理论，兼顾了过程管理和成果管理，能够解决传统公共行政理论注重过程管理的局限性，有效地提高了政府管理的质量。[②] 政府绩效管理理论注重通过多元的量化目标来评价政府绩效，对于指导公共部门绩效评价和公共政策绩效评价工作发挥着重要的作用。然而，政府绩效管理理论也存在一定的局限性，无法直接用于指导本书开展的

① 郑方辉、尚虎平：《中国法治政府建设进程中的政府绩效评价》，《中国社会科学》2016 年第 1 期。

② 徐双敏：《政府绩效管理的有效性机理研究》，《学习与实践》2021 年第 5 期。

农村宅基地退出绩效评价工作。

第一,注重政府视角的绩效评价,对其他利益相关者视角的绩效评价存在不足。政府绩效管理理论在实践中始终从政府自身视角出发,强调政府是单一的绩效"生产者",忽视了其他横向利益相关者。① 在政府绩效评价过程中,普遍采用政府内部自评和官员互相之间评价的形式,缺乏社会组织或公民参与,而政府官员自身的理性会使其更关注考核目标实现情况,导致盲目追求某些指标如 GDP 指标,出现绩效管理目标偏差。② 同时,现有的政府绩效评价往往注重评估政府做的事情,缺乏评估政府做的这些事情的效果和公众的感受,仍局限于政府内部行政效率监督。③ 从前文的农村宅基地退出绩效评价目标剖析中可知,农村宅基地退出政策涉及的利益主体众多,并且这些核心利益相关者的利益诉求也是本书的重要考核目标。然而,政府绩效管理理论更多地强调从政府层面公共支出的单一角度来衡量农村宅基地退出政策的绩效,而没有系统评估包括利益相关者诉求回应情况等方面的农村宅基地退出政策绩效。因此,政府绩效管理理论虽然能够在一定程度上指导农村宅基地退出绩效评价工作,但存在忽视评价利益相关者视角绩效的局限性。

第二,注重绩效评价的工具理性,忽视了绩效评价的价值理性。政府的绩效产出应是在公共价值引导下的全要素管理结果④,在绩效评价过程中理应兼顾工具理性和价值理性。然而,政府绩效管理发端于传统公共行政的"效率中心主义",具有始终偏向效率的价值取向,忽视了"公共性"的问题。⑤ 具

① 包国宪、王学军:《以公共价值为基础的政府绩效治理——源起、架构与研究问题》,《公共管理学报》2012 年第 2 期。

② 王立军:《我国地方政府绩效管理:理论及合理化构建》,《生产力研究》2009 年第 18 期。

③ 蔡立辉、吴旭红、包国宪:《政府绩效管理理论及其实践研究》,《学术研究》2013 年第 5 期。

④ 王学军:《基于 PV-GPG 理论的政府绩效价值链构建及其管理研究》,《公共行政评论》2017 年第 2 期。

⑤ 包国宪、王学军:《以公共价值为基础的政府绩效治理——源起、架构与研究问题》,《公共管理学报》2012 年第 2 期。

体来看,建立在新公共管理理论基础上的政府绩效管理理论,虽然能够不受价值和文化差异的影响,但其侧重管理技术和方法的工具理性导向,往往会出现片面追求效率而没有带动绩效真正增长的问题。① 根据前文的内容,农村宅基地退出政策绩效评价,既有提升农村土地资源利用效率的目标,也有保障农民利益不受损和保障宅基地获取公平的目标,因此仅从效率、效益以及效能等政府绩效管理常用的考核视角出发,不能涵盖全部的农村宅基地退出绩效评价目标。由此可见,注重工具性但缺乏价值分析的政府绩效管理理论,在指导农村宅基地退出绩效评价工作时存在明显的局限性。

第三,注重追求短期的绩效情况,忽视评价长期的绩效情况。政府绩效管理理论指导下的政府绩效评价主要追求短期利益,没有保证绩效评价行为和内容的可持续性。② 同时,政府绩效评价指标体系缺乏制度依据,与政府职责履行脱节,助长了政府将精力放在见效快和表面化程度高的事务上,容易出现绩效评价越多则政绩工程越多的现象。③ 农村宅基地与农户生活紧密相关,这也使农村宅基地制度改革成为最独特、最敏感、最难以决断的一项工作。④ 农户退出农村宅基地使用权,对农户及其后代未来的生计都有着重大影响。因此,农村宅基地退出政策绩效评价不能仅仅关注短期可见的政策成效,也需考量政策实施产生的长远效益。可见,追求短期绩效评价、忽视长期绩效评价的政府绩效管理理论,在指导农村宅基地退出绩效评价工作时存在明显的局限性。

---

① 王学军:《基于 PV-GPG 理论的政府绩效价值链构建及其管理研究》,《公共行政评论》2017 年第 2 期。

② 包国宪、王学军:《以公共价值为基础的政府绩效治理——源起、架构与研究问题》,《公共管理学报》2012 年第 2 期。

③ 蔡立辉、吴旭红、包国宪:《政府绩效管理理论及其实践研究》,《学术研究》2013 年第 5 期。

④ 刘守英:《农村宅基地制度的特殊性与出路》,《国家行政学院学报》2015 年第 3 期。

二、局限的破解:乡村韧性理论的引入

从上文可知,政府绩效管理理论对于指导农村宅基地退出绩效评价工作,存在注重政府视角而忽视其他利益相关者、注重工具理性而忽视价值理性、注重追求短期绩效而忽视评价长期绩效等局限性,需要进行适当的修正后才能够作为本书的理论工具指导各项实践工作。结合农村宅基地退出政策的实际情况,本书引入乡村韧性理论的观点,以破解政府绩效管理理论在指导农村宅基地退出绩效评价时的局限性,并构建一个以政府绩效管理理论为基础、嵌入了乡村韧性理论的农村宅基地退出绩效评价理论框架。具体来看,针对政府绩效管理理论的局限性,乡村韧性理论主要从以下三个方面进行了理论补充。

第一,乡村韧性理论从系统的角度思考乡村变化。韧性不仅是系统在面对外部干扰时表现出的稳定性,其本身也是系统的一种性质。[①] 乡村韧性理论把乡村看成是一个系统,从系统的角度思考外部干扰带来的影响,会考虑系统内各个利益主体。农村宅基地退出政策的实施,对处于相对稳态的乡村来说也是一项外部干扰,并且这种干扰涉及的利益主体众多。然而,从政府绩效管理理论出发,在农村宅基地退出绩效评价时往往侧重政府视角的绩效,缺乏回应其他利益主体的利益诉求,不能全面真实地反映出农村宅基地退出政策的绩效。因此,本书在评价农村宅基地退出绩效时,在政府绩效管理理论的基础上引入乡村韧性理论的系统性思维观点,以破解政府绩效管理理论侧重政府单一视角评价的局限性。从嵌入乡村韧性理论观点的政府绩效管理理论出发,农村宅基地退出绩效评价不能仅从地方政府的角度进行思考,还需要从系统内各种其他利益相关者的角度进行思考,考虑农村宅基地退出政策带给整个乡村系统的影响。

---

① Mackinnon, D., Derickson, K. D., "From Resilience to Resourcefulness: A Critique of Resilience Policy and Activism", *Progress in Human Geography*, Vol.37, No.2, 2013, pp.253-270.

第二,乡村韧性理论除关注乡村的“硬件设施”外,也关注“软件设施”。乡村韧性理论在评估乡村系统抵御外部干扰能力和适应外部环境变化时,不仅仅关注乡村基础设施、产业发展等直接可见的“硬件设施”,也注重乡村治理、村民社交网络等隐形存在的“软件设施”。例如,加拿大皇家大学等多个单位联合制作的乡村韧性指标评价表中,不仅设置了社区资源丰富程度、社区公共服务设施和基础设施等评价维度,也设置了社员参与、社区治理等评价维度①。乡村韧性理论在实际操作过程中兼顾了效率和公平的价值取向,不倚重定量化考核指标,能够考量乡村社区领导人是否听取居民意见、政策是否考虑残疾人、低收入者利益等内容。因此,本书将乡村韧性理论注重价值取向的观点嵌入政府绩效管理理论中,以破解政府绩效管理理论在评价农村宅基地退出绩效时忽视价值理性和政策公平的局限性。从嵌入乡村韧性理论观点的政府绩效管理理论出发,农村宅基地退出绩效评价兼顾工具理性和价值理性,协调公平和效率之间的比重,避免出现效率中心主义引导下的政绩工程弊端。

第三,乡村韧性理论关注乡村可持续发展的长远利益。韧性是比可持续发展更进一步的思考,不仅仅强调不断创造机会增强系统的适应性能力,还强调未来惊喜或未知风险以及动态变化在时空尺度上的相互作用。② 乡村韧性理论没有将乡村研究的视角局限于短期效益,而是关注到实现乡村长远可持续发展的各项内容。农村宅基地退出政策给乡村地区除了带来短期可见的影响外,还会影响乡村长远可持续发展的能力。然而,政府绩效管理理论指导下的绩效评价工作,往往导致政策实践过程中追求短期的效益,缺乏长远的绩效评价,不能保证绩效评价工作的连贯性。因此,本书引入乡村韧性理论关注乡

---

① Cox, R.S., Hamlen, M., "Community Disaster Resilience and the Rural Resilience Index", *American Behavioral Scientist*, Vol.59, No.2, 2015, pp.220-237.

② Scott, M., "Resilience: A Conceptual Lens for Rural Studies ", *Geography Compass*, Vol.7, No.9, 2013, pp.597-610.

村长远利益的观点，破解政府绩效管理理论在农村宅基地退出绩效过程中的局限性。从嵌入乡村韧性理论观点的政府绩效管理理论出发，农村宅基地退出绩效评价不仅要关注短期可见的政策绩效，也要考虑农村宅基地退出政策给乡村长远发展带来的政策绩效，并推动农村宅基地退出绩效评价工作可持续开展。

三、引入乡村韧性理论的农村宅基地退出绩效评价框架设计

针对农村宅基地退出绩效"如何评价"的问题，除了要有适当的理论工具指导，还应有更明晰的农村宅基地退出绩效评价框架指导。引入乡村韧性理论，本书发现考察农村宅基地退出绩效，应该从系统的角度思考乡村变化，除了关注乡村的硬件设施以外，也要关注软件设施，除了关注乡村的短期利益以外，也要关注乡村的长远利益。基于此，本书在剖析众多公共政策绩效评价框架优缺点基础上，找出能够系统评价乡村变化的绩效评价框架，并且在指标设计中既考虑对乡村硬件设施的评价，也考虑对乡村软件设施的评价，既考虑对乡村短期利益的评价，也考虑对乡村长远利益的评价。

（一）公共政策绩效评价框架分析

公共政策绩效评价框架决定了公共政策绩效的构成情况，是构建公共政策绩效评价指标体系的理论依据，有利于明确公共政策绩效评价的具体维度。本书对国内外常用的公共政策绩效评价框架梳理发现，在公共政策绩效评价过程中主要有逻辑模型、平衡计分卡、关键绩效指标、CAF 通用模型、绩效棱柱模型、项目等级评价工具、3E/4E 评价和标杆管理等评价框架，具体见表 3-10。

表 3-10　公共政策绩效评价框架一览表

评价框架	定义或特征	优点	缺点
逻辑模型	通过逻辑推理的思维,将政策细分出投入、过程、产出、产出效果等要件,并剖析这些政策要件的关系,从而发现投入和产出效果之间内在联系的绩效分析方法。其核心是发现事物层次间的因果逻辑关系;也就是说,在特定的条件下就能够产生特定的结果,这些条件不仅包括事物自身的情况,也包括外在的环境①②	系统性强且易于理解;能充分体现政策执行过程和政策结果	易忽略部分因素,导致目标偏移;难以确定最重要目标
平衡计分卡	以信息为基础,从顾客、财务、内部流程、内部创新与学习这四个角度来管理组织的绩效,并要求彼此之间保持适度的一种组织绩效评价方法③	注重短期目标与长远利益的平衡	指标选取与量化难度大;未考虑与制度环境融合
关键绩效指标	通过对组织战略目标和业务流程分析,明确组织实现战略目标的关键环节和要素,并据此设定绩效指标④	目标明确,指标具备可控与可管理性	未考虑项目全生命周期绩效;指标选取较为主观
CAF 通用模型	旨在建立一个所有公共部门通用的管理质量评价框架。从评价内容看,可分为两大类要素:一类是领导力、战略与规划、人力资源管理、合作伙伴与资源管理、过程与变革管理等"过程"要素;另一类是雇员结果、顾客/公民导向结果、社会结果、关键绩效结果等"结果"要素⑤	适用于公共组织的自我评估,可比性强	未充分考虑公共部门所处环境的特殊性

① Julian, D.A., "The Utilization of the Logic Model as a System Level Planning and Evaluation Device", *Evaluation & Program Planning*, Vol.20, No.3, 1997, pp.251-257.

② Millar, A., Simeone, R. S., "Logic Models: a Systems Tool for Performance Management", *Evaluation & Program Planning*, Vol.24, No.1, 2001, pp.73-81.

③ Kaplan, R. S., Norton, D. P., "Using the Balanced Scorecard as a Strategic Management System", *Harvard Business Review*, Vol.74, No.2, 1996, pp.75-85.

④ 高姝、郝艳华、吴群红等:《组织绩效评价方法的国内外研究进展》,《中国卫生事业管理》2008 年第 12 期。

⑤ 刘旭涛、纵向东:《欧盟国家公共部门通用评估框架评介》,《国家行政学院学报》2005 年第 6 期。

续表

评价框架	定义或特征	优点	缺点
绩效棱柱模型	以利益相关者为中心的三维绩效框架模型,用棱柱的五个方面分别代表组织绩效存在内在因果关系的五个关键要素,具体为利益相关者的满意、利益相关者的贡献、组织战略、业务流程和组织能力①	考虑了利益相关者的目标取向;评价框架设计具有弹性和包容性	衍生指标过多,指标体系较为复杂;过分强调根据实际与标准的对比而调整评估体系②
项目等级评价工具	项目等级评价工具(PART)是美国联邦政府评价政府项目绩效所采用的评估与排名工具,主要从项目目标和设计、战略计划、项目管理、项目结果/责任四个维度评价绩效③④	评价程序规范且符合逻辑关系;评价体系实操性强	过于强调结果导向,忽略执行过程评估
3E/4E评价	3E指经济性、效率性、效益性。经济性(Economy)反映投入成本的减少程度;效率性(Efficiency)反映项目投入与产出之间的对比关系;效益性(Effectiveness)反映组织目标的达成程度。公平性(Equity)是弥补3E评价法缺陷而增加的内容,指政府在项目中所追求的公平价值理念⑤	评价框架十分成熟;指标较为明确	忽视实施项目的组织自身能力建设;难以有效量化政策产出
标杆管理	标杆管理是将比较和评估完全融为一体,通过与参考对象比较进行评估,通过评估来促进与更高水平的比较⑥	集评估与比较于一体,指标较为全面	指标选取随意性强;指标体系繁杂;难确定比较对象;易忽略政府公共性本质⑦

资料来源:根据相关文献整理。

---

① [英]安迪·尼利、克里斯·亚当斯、迈克·肯尼尔利:《战略绩效管理:超越平衡计分卡》,李剑峰译,电子工业出版社2004年版,第125—126页。

② 郑立群、王佳:《企业综合绩效评价方法研究——基于ANP、平衡计分卡和绩效棱柱理论》,《西安电子科技大学学报(社会科学版)》2007年第4期。

③ 何文盛、曹洁、张志栋:《美国政府绩效评价中项目评估分级工具:背景、内容与借鉴》,《兰州大学学报(社会科学版)》2009年第1期。

④ 晁毓欣:《美国联邦政府项目评级工具(PART):结构、运行与特征》,《中国行政管理》2010年第5期。

⑤ 张小玲:《国外政府绩效评价方法比较研究》,《软科学》2004年第5期。

⑥ [美]帕特里夏·基利、梅德林、麦克布赖德:《公共部门标杆管理:突破政府绩效的瓶颈》,张定淮译,中国人民大学出版社2002年版,第35—36页。

⑦ 张小玲:《国外政府绩效评价方法比较研究》,《软科学》2004年第18卷第5期。

由表3-10可知,现有公共政策相关的绩效评价框架在指导公共政策绩效评价过程中有着各自的优点,但也存在一定的缺陷。公共政策绩效评价框架并没有最优的选择,因此需要根据实际研究工作的需求,趋利避害地找到最适合研究工作的绩效评价框架。

(二)农村宅基地退出绩效评价框架设计

本书从农村宅基地退出绩效评价价值取向出发,设定的农村宅基地退出绩效目标,既包括充分尊重农民意愿等政策执行层面的评价标准,也包括提高农村土地资源利用效率等政策结果层面的评价标准。同时,基于前文嵌入乡村韧性理论观点的政府绩效管理理论,农村宅基地退出绩效评价需要关注乡村系统的整体变化,评价农村宅基地退出的短期效益和长期效益。根据前文对公共政策绩效评价框架的分析情况,逻辑模型能够充分体现宅基地退出政策执行和政策结果的综合绩效,系统地理解农村宅基地退出绩效的组成部分和产生过程,因此本书基于逻辑模型构建农村宅基地退出绩效评价的分析框架。

通常,基于逻辑模型开展的政策绩效评价分为两个阶段:第一阶段是过程评价,包括政策执行过程的日常活动评价;第二阶段是结果评价,包括列举、测量政策的结果、成本收益问题以及评价结果影响。① 从逻辑模型的定义出发,农村宅基地退出政策执行过程中需要投入一定的要素,并且这些要素会引发一定的活动和影响一定的群体,带来农村宅基地退出政策的产出。同时,嵌入乡村韧性理论观点的政府绩效管理理论,强调农村宅基地退出政策会对整个乡村系统带来特定的结果,并且不仅会有短期的结果,也存在中长期的结果。基于以上的认识,本书参考米勒(Millar)在分析南方儿童机构时②和吴建南等

① 高峰:《政策评估的通用模型研究》,《科技管理研究》2015年第35卷第24期。

② Millar, A., Simeone, R. S., "Logic Models: a Systems Tool for Performance Management", *Evaluation & Program Planning*, Vol.24, No.1, 2001, pp.73-81.

在分析农业财政支出绩效时①采用的逻辑模型分析框架,构建出农村宅基地退出绩效评价的分析框架,具体见图 3-1。

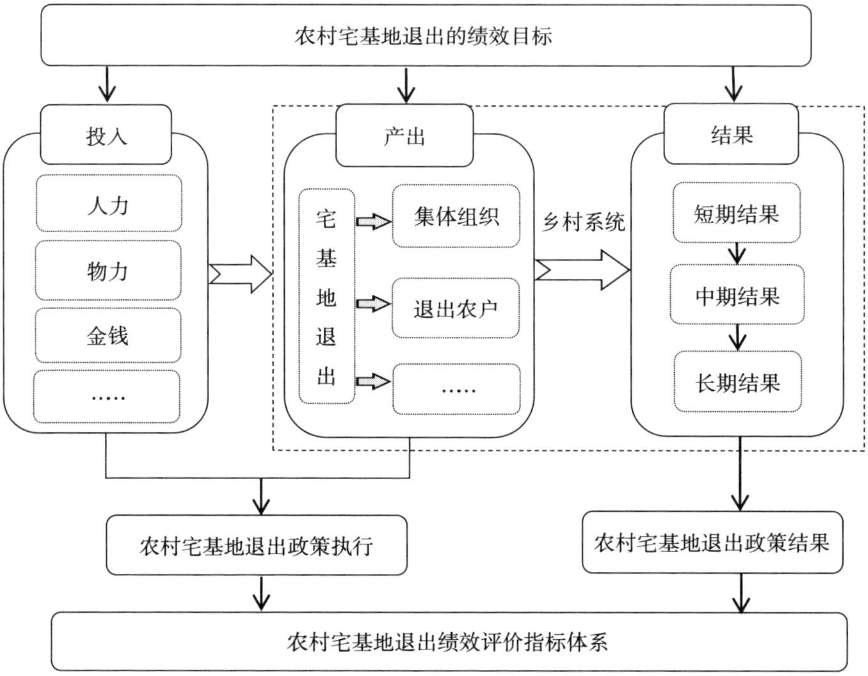

图 3-1　农村宅基地退出绩效评价指标体系的分析框架

在引入乡村韧性理论的政府绩效管理理论指导下,本书构建的农村宅基地退出绩效评价分析框架兼顾了工具理性和价值理性、公平和效率、结果导向和过程导向、短期效益和长期效益。具体来看,农村宅基地退出绩效评价框架主要由绩效目标、政策执行、政策结果等几部分内容组成。

首先,从农村宅基地退出绩效评价价值取向出发,根据农村宅基地退出政策的目标和核心利益相关者诉求分析,本书确定了农村宅基地退出的绩效目标,作为农村宅基地退出绩效评价的政策依据和背景要素。

① 吴建南、刘佳:《构建基于逻辑模型的财政支出绩效评价体系——以农业财政支出为例》,《中南财经政法大学学报》2007 年第 2 期。

其次,从政策执行来看,农村宅基地退出政策执行需要进行人力、物力、金钱等资源投入,而这会带来农村宅基地退出的直接产出,并影响集体经济组织、退出农户等利益群体,因此本书考虑这些方面的情况对农村宅基地退出政策执行绩效进行评价,重点关注宅基地退出项目资金管理、退出政策宣传、对农户退出意愿的尊重度、农户政策参与度等内容。

最后,从政策结果来看,从引入乡村韧性理论的政府绩效管理理论出发,农村宅基地退出政策的结果不仅包括短期可见的结果,也包括中期结果和长期结果。因此,本书不仅从经济、社会、生态等常见的维度评价农村宅基地退出政策结果绩效,也重点关注基础设施和乡村治理维度反映政策结果绩效的内容,并且在这些维度下系统地选取相应的评价指标。

第四章　指标构建：宅基地退出绩效评价指标体系

指标体系构建是宅基地退出绩效评价的重要内容，只有确定好科学合理的绩效评价指标体系，才能保障农村宅基地退出绩效评价结果的真实与有效。本章节在前文构建的农村宅基地退出绩效评价理论框架指导下，基于有效性、可操作性、系统性、独立性和可比性原则，构建了宅基地退出绩效评价指标体系。

第一节　宅基地退出绩效评价指标体系构建基本原则

要构建科学合理的农村宅基地退出绩效评价指标体系，不仅应与前文的宅基地退出绩效评价理论框架保持一致，还要符合绩效评价指标体系构建的基本原则。在构建农村宅基地退出绩效评价指标体系过程中，需要遵循有效性、可操作性、系统性、独立性和可比性原则。

一、有效性原则

有效性原则具有两重含义：一是选取的评价指标清晰直观，能够相对全面地反映期望测量的绩效目标;二是选取的所有评价指标经过统一的科学运算,能够计算得到有效的绩效评价结果。从有效性原则出发,在构建农村宅基地退出绩效评价指标体系过程中,需要紧紧围绕宅基地退出绩效目标来选取农村宅基地退出绩效评价指标,以保障绩效评价指标的客观有效。同时,在对宅基地退出绩效评价指标衡量标准进行设定的过程中,需要确保评价指标进行标准化处理,能够运用统一的方法进行计算,进而保障最终评价结果的科学与准确。

二、可操作性原则

要保证构建的绩效评价指标体系能够真正应用于宅基地退出试点地区的绩效评价,就必须在指标体系设计过程中保障评价指标的可操作性。可操作性原则要求选取的每一个评价指标应具有很强的可操作性,能够应用于实践。一方面,在构建农村宅基地退出绩效评价指标体系时,需要综合考虑宅基地退出政策实施的实际情况来选取评价指标。另一方面,在选择评价指标过程中,必须考虑评价指标数据的可得性与可靠性。只有保障评价指标的可操作性,才能确保最终评价结果的客观与真实。

三、系统性原则

系统性原则指的是评价指标体系设计要从系统角度出发,能够考虑各个方面的影响。农村宅基地退出不是一个单方面或影响单一的事务,它对社会、经济和文化等方面都有着重要的系统作用与影响。因此,在构建宅基地退出绩效评价指标体系时,应该遵循系统性原则,充分考虑农村宅基地退出所带来的影响,全面选取反映宅基地退出绩效水平的各项评价指标。只有从全面系统的角度来思考宅基地退出过程中的评价指标,才能够科学有效地得到真实的绩效结果。

四、独立性原则

独立性原则指各项评价指标能够独立进行评价，并且各项评价指标之间不存在含义重复和内在因果关系。农村宅基地退出绩效评价要以客观量化的形式表现评价结果，就必须保障每个评价指标之间的关系是独立的，即同维度的指标不具有任何依附关系，不具有内涵重复和相互联系的特征。因此，在构建农村宅基地退出绩效评价指标体系时，需要确保最终选取的农村宅基地退出绩效评价指标之间语义不存在重复之处，并且不同评价指标相互独立，没有内在的因果关系，进而保障评价结果的客观与准确。

五、可比性原则

可比性原则指在统一的尺度标准下，不同评价指标的数值能够进行大小比较和对比分析。在实际评价中，各项评价指标获取的数据并不一定有着相同的计量单位。因此，农村宅基地退出绩效评价指标必须在相同的尺度标准下，才能有效地对指标数值进行综合比较与剖析。当然，由于全国各地的宅基地退出改革做法不同，除了要充分考虑不同种类、不同层次评价指标之间的可比性，还需要保障不同实践地区之间指标数据的可比性。也就是说，在构建农村宅基地退出绩效评价指标体系时，需要通过合理的指标标准化处理方法，既要保证评价目标群体的指标数据具备可比性，还需保障不同实践地区之间的宅基地退出绩效评价指标数据可比性。

第二节　宅基地退出绩效评价指标体系构建过程

根据评价指标体系构建的基本原则，充分吸纳现有宅基地退出绩效评价相关指标体系的研究成果，并在咨询相关专家意见的基础上，形成宅基地退出绩效评价初选指标体系。同时，通过多轮指标筛选，并对筛选后的宅基地退出评价指标体系进行信效度检验，确定出宅基地退出绩效评价的最终指标体系。最后，选择科学的指标权重计算方法，计算得到宅基地退出绩效评价指标体系的权重。

一、农村宅基地退出绩效评价指标初选

为保证农村宅基地退出绩效评价指标的系统性、有效性、可操作性、独立性和可比性，本书综合采用“目标剖析—理论来源—文献来源—专家咨询”的方式，充分参考已有的研究成果，确定出初步的农村宅基地退出绩效评价指标。

（一）目标剖析

在上一章节中，秉持工具理性与价值理性相统一、公平与效率相平衡、结果导向与过程导向相结合、短期利益与长期利益相兼顾的价值取向，在总结农村宅基地退出的政策目标基础上，通过扎根理论剖析出地方政府、村集体、退出农户的利益诉求，进而确定了农村宅基地退出的绩效目标，具体见表4-1。总体来看，在评价农村宅基地退出绩效时，既要关注宅基地退出政策执行绩效目标的完成情况，也要考察宅基地退出政策结果绩效目标的完成情况。

表4-1　农村宅基地退出的绩效目标一览

评价维度	绩效目标
政策执行	充分尊重农民意愿，在保证土地公有制性质不改变的前提下依法依规引导农民自愿有偿退出，形成可复制、可推广的改革经验与成果模式
	保障农民的知情权、参与权和监督权
政策结果	保障农民利益不受损，增加农民财产性收入，改善农民居住条件
	保证耕地红线不突破，提高农村土地资源利用效率
	保障宅基地获取公平
	完善村庄基础设施与公共服务设施，改善村容村貌
	获取建设用地指标，促进农村产业发展

(二)理论来源

由第三章内容可知,本书引入乡村韧性理论的观点破解传统政府绩效管理理论的局限性,并选择逻辑模型这一公共政策绩效管理工具,构建了农村宅基地退出绩效评价的分析框架。从这一分析框架出发,农村宅基地退出绩效评价需要对政策执行和政策结果进行评价,农村宅基地退出绩效大体包括政策执行绩效和政策结果绩效两大部分。根据公共政策执行的内涵可知,农村宅基地退出的政策执行绩效又可细分为政策具体实施和政策宣传两部分,这在前面部分的目标诉求分析中得到了支撑和验证。同时,基于乡村韧性理论的观点,在剖析宅基地退出的政策结果绩效时,不仅应该评价宅基地退出带来的短期、静态的政策结果,还应该评价宅基地退出后整个乡村系统的可持续性、可延续性和面临冲击与风险的可修复能力。

通过对乡村韧性研究的相关文献进行梳理发现,现有研究一般将乡村韧性分为社会、基础设施、经济、政治、生态等多种维度。①②③ 从乡村韧性视角出发,本书认为对宅基地退出政策结果绩效进行评价,不仅应关注既往研究中提到的经济、生态、社会方面的变化,还需要考虑宅基地退出改革对乡村基础设施和乡村治理带来的影响。需要说明的是,乡村基础设施的健全是保障整个乡村系统长期稳定和有效发展的"硬件基石",乡村治理水平的提高是整个乡村系统应对外部环境冲击和不确定性风险的"软件内核"。在宅基地退出改革过程中,村庄往往会将退出改革与乡村基础设施完善相结合,并且由于宅基地退出改革属于众多利益主体的诉求博弈,这在客观上就要求乡村治理水

① Hosseini S., Barker K., Ramirez-Marquez J.E., "A review of Definitions and Measures of System Resilience", *Reliability Engineering & System Safety*, No.145, 2016, pp.47-61.

② Wilson G.A., Hu Z., Rahman S., "Community Resilience in Rural China: The Case of Hu Village, Sichuan Province", *Journal of Rural Studies*, No.60, 2018, pp.130-140.

③ Huang X., Li H., Zhang X., et al., "Land Use Policy as an Instrument of Rural Resilience-The Case of Land Withdrawal Mechanism for Rural Homesteads in China", *Ecological Indicators*, No.87, 2018, pp.47-55.

平不断提升，以保障退出改革的顺利推进。此外，国家实施的乡村振兴战略也要求完善村庄基础设施和公共服务设施、促进乡村治理体系和治理能力现代化，因此宅基地退出改革在基础设施和乡村治理层面是否有所提升，这是宅基地退出改革绩效评价的应有之义。

根据现有乡村韧性划分维度的相关研究，并结合我国乡村发展的现实状况，从经济、社会、生态、基础设施和乡村治理五个层面来分析宅基地退出政策结果绩效。同时，本书对乡村韧性研究的现有评价指标进行梳理，并按照本书选定的维度进行分类，具体见表 4-2。此外，本书将根据宅基地退出的特征和评价指标体系构建原则，针对性地选取体现乡村抗风险和抗冲击能力的乡村韧性指标，进而作为农村宅基地退出绩效评价初选指标。

表 4-2　乡村韧性领域的评价指标汇总

领域	具体指标	来源
经济	经济多元化与生产力；足够的区域资产	赫马普提（Hermaputi）等
	乡村社区资源充足	赫马普提等，考克斯（Cox）
	农业收入占总收入的比例；非农收入；人均 GDP；地均 GDP	黄（Huang）等
	社区经济水平；社区居民与家庭就业机会；家庭收入；非农就业	威尔逊（Wilson）等
	许多居民成功地发展和维持了自己的生活、生计或当地企业；大多数家庭有合理的收入；区域经济举措吸引投资者并提供新机会	考克斯
社会	社区紧密结合，社区居民有参与性；社区是自给自足的；社区有多样化的技能和知识；社区健康，可进入社会支持体系	赫马普提等，考克斯
	社区有灾难感知能力；社区稳定	赫马普提等
	恩格尔系数；人口密度；健康保险覆盖率；区域的医生数量	黄等
	人口流动状况；个人生计改善状况；增加青年妇女的权利	威尔逊等
	就业机会和当地服务减少了重新安置的需要；至少有一家当地的、库存充足的杂货店；社区服务允许老年人和残疾人独立生活；活动和聚会场所为当地青年提供参与的选择；当地提供初级保健（如家庭医生）；犯罪率和暴力率普遍较低；区域卫生服务；大多数家庭有足够的保险；许多居民拥有生存技能和知识；当地的知识和传统受到重视并代代相传；居民为社区带来各种文化传统；当地提供各种教育和培训机会	考克斯

续表

领域	具体指标	来源
生态	自然资源质量;环境管理的可用性;生态保护	赫马普提等
	人均公共绿地面积;固体废弃物无害化处理率;森林覆盖率;工业废水排放标准率	黄等
	农业生产中的化肥、除草剂和杀虫剂使用情况	威尔逊等
	教育培训水平较高;居民重视并保护当地的自然资源、土壤和流域;领导者/当地政府确定并保护环境敏感区域;地方/区域政府保护和可持续地管理自然资源;当地的空气/水/土壤质量相对较高;居民了解气候变化对当地环境的影响;社区有充足、安全的垃圾处理方案;社区充分管理污水(包括化粪池)	考克斯
基础设施	水资源充足;足够的能源基础设施;足够的垃圾管理能力和绿色基础设施;足够的通信基础设施;强大的建筑与设计;合理的住房空间配置	赫马普提等
	人均道路面积;排水管密度;道路网密度;互联网普及率	黄等
	可靠、价格合理的公共交通或替代方案,满足居民需求;社区为永久居民提供充足经济适用房;社区拥有安全、充足的饮用水;当地基础设施(例如道路、桥梁、堤坝和码头)维护得很好;高速(宽带)互联网可用且价格实惠;电视可用且价格合理(如有线电视、卫星电视);无线电接收可用且可靠;大多数居民可以在两小时内轻松访问(汽车,公共交通)最近的区域中心;社区拥有可利用和可靠的电力(能源)	考克斯
乡村治理	社区拥有区域治理和服务的支持;社区有强大的地方领导能力和治理能力	赫马普提等
	农村社区自治状况	威尔逊等
	许多居民参加社区活动(游行、博览会、会议);许多居民参与解决社区问题;定期召开社区会议,让居民了解当地问题和新闻;非正式领导人或当选官员与居民进行创造性解决问题和决策;当地的决策过程和决策都很清楚;领导/地方政府作出及时、有效和公正的决策;影响社区的决定反映了不同的利益/观点和当地的优先事项;地方或县政府的角色和职责是明确定义的和能够理解的;明确传达影响社区的政策和程序;社区规划的全面考虑;区域规划需要与当地社区直接协商;传统知识受到重视,并为社区活动和决策提供信息;当地社区和服务组织是可持续的	考克斯

资料来源:根据相关文献整理。具体包括:赫普提(Hermaputi R.L.)、华晨、朱云辰等:《乡村弹性视角评估分析——以宁波市徐福村乡村发展为例》,《建筑与文化》2017年第7期;Cox, R.S., Hamlen, M., "Community Disaster Resilience and the Rural Resilience Index", *American Behavioral Scientist*, Vol.59, No.2, 2015, pp.220-237; Huang X., Li H., Zhang X., et al., "Land Use Policy as an Instrument of Rural Resilience-The Case of Land Withdrawal Mechanism for rural Homesteads in China", *Ecological Indicators*, No.87, 2018, pp.47-55; Wilson G.A., Hu Z., Rahman S., "Community Resilience in Rural China: The Case of Hu Village, Sichuan Province", *Journal of Rural Studies*, No.60, 2018, pp.130-140.

综合来看，为构建系统全面、层次清晰、结构合理、逻辑严密的宅基地退出绩效评价指标体系，本书依据宅基地退出绩效评价指标体系构建的基本原则，在政策执行和政策结果两个维度的基础上，进一步划分出政策实施、政策宣传、经济韧性、社会韧性、生态韧性、基础设施韧性和乡村治理韧性七个具体维度。

（三）文献来源

在中国学术期刊网（CNKI）以"宅基地+满意度""宅基地+福利""宅基地+绩效""土地+项目+绩效"为检索词分别进行主题、关键词和篇名检索，检索时间截至2021年6月30日，文献类别限制为CSSCI期刊论文，最终得到17篇农村宅基地退出相关绩效评价文献。通过对检索出的文献进行整理与分析，共计得到宅基地退出相关绩效评价指标215个，经过指标同义合并后，最终得到30个评价指标，具体见表4-3。

表4-3　现有宅基地退出绩效评价相关文献的评价指标汇总

序号	现有文献指标	指标数量
1	公共服务设施完善程度	25
2	农户家庭经济收入状况	23
3	农户非农就业状况	17
4	农户家庭生活成本支出状况	15
5	农户补偿净收益	15
6	农户社会保障状况	14
7	村容村貌状况	12
8	人均宅基地面积状况	10
9	农户居住区域绿化率	10
10	复垦耕地面积比率	8
11	住房建筑工程质量	7
12	农户参与具体实施的程度	6
13	农户居住区域治安状况	6

续表

序号	现有文献指标	指标数量
14	政策执行和谐度	5
15	农户获取社会公共服务的方便程度	5
16	农地收益	4
17	农户对政策满意程度	4
18	道路改善状况	4
19	资金预算执行偏差	3
20	农户对政策的了解程度	3
21	农户集中居住状况	3
22	农户居住房屋结构状况	3
23	政府或村集体净收益	2
24	农转非比例	2
25	农户居住区域卫生垃圾处理状况	2
26	互联网入户率	2
27	天然气入户率	2
28	资金来源渠道	1
29	信息公开程度	1
30	自来水入户率	1

资料来源:根据中国知网期刊论文数据库文献整理。

(四)专家咨询

为保证评价指标的科学性和全面性,本书邀请了部分长期从事农村经济和宅基地制度改革领域研究的知名专家进行面对面访谈,听取专家对宅基地退出绩效评价指标的看法。通过对专家意见的总结,得到以下完善建议:第一,可以考虑宅基地退出后新增建设用地指标用于发展村庄非农产业的经济收益;第二,可以设计宅基地退出复垦为耕地的经济收益指标;第三,应该增加宅基地退出后农村公共服务设施变化的指标;第四,可以考察宅基地退出后当地植被覆盖变化的情况。

（五）初选指标的确定

通过目标剖析、理论来源、文献来源和专家咨询，本书确定出了农村宅基地退出绩效评价初选指标。依据维度和初选指标属性，确定了2个一级指标、7个二级指标和33个三级指标，这构成了农村宅基地退出绩效评价初选指标体系，见表4-4。

表4-4　农村宅基地退出绩效评价初选指标体系

一级指标	二级指标	三级指标
A1—退出政策执行	B1—退出政策实施	C1—退出政策资金来源渠道的多样性
		C2—退出政策资金预算执行偏差率
		C3—集中居住区住房建筑工程质量情况
		C4—退出政策执行和谐程度
		C5—村民自治组织在退出政策实施过程中的参与程度
	B2—退出政策宣传	C6—政策实施的透明程度
		C7—农户对退出政策的知晓程度
A2—退出政策结果	B3—经济韧性	C8—退出后农户家庭人均可支配收入
		C9—退出后农户家庭生活成本支出占比
		C10—农户宅基地退出净收益
		C11—村集体宅基地退出净收益
		C12—退出后村庄农地年均收益
		C13—退出后村集体人均二、三产业产值
		C14—退出后复垦耕地面积比例
	B4—社会韧性	C15—退出后村庄人均宅基地面积达标率
		C16—退出后农转非人口比例
		C17—退出后村民集中居住度
		C18—退出后农户居住房屋结构改善情况
		C19—退出后农户社保覆盖率
		C20—退出后非农就业机会增加程度
		C21—农户对退出政策满意程度
	B5—生态韧性	C22—退出后生活垃圾无害化处理率
		C23—退出后生活污水达标处理率
		C24—退出后集中居住区绿化率
		C25—退出后村容村貌改善程度

续表

一级指标	二级指标	三级指标
A2—退出政策结果	B6—基础设施韧性	C26—退出后人均农村硬化道路面积
		C27—退出后自来水入户率
		C28—退出后互联网入户率
		C29—退出后天然气入户率
		C30—退出后公共服务设施完善程度
	B7—乡村治理韧性	C31—退出后治安情况
		C32—退出后农户对社会服务获取满意程度
		C33—退出后村民自治组织参与村内公共事务的程度

二、农村宅基地退出绩效评价指标第一轮筛选

评价指标筛选是构建绩效评价体系的重要内容,通常是在初步选出的指标体系中,运用设定的原则与方法选出具有代表性的指标或进行指标整合。①本部分基于指标体系构建的原则,运用主客观相结合的指标筛选法,对初选的宅基地退出绩效评价指标进行第一轮筛选。

(一)绩效评价指标筛选的方法选择

通过对现有文献分析发现,关于绩效评价指标筛选的方法主要分为两类:一类是主观筛选法;另一类是客观筛选法。关于主观筛选法和客观筛选法的具体定义、方法以及各自的优缺点,详见表 4-5。

表 4-5 绩效评价指标筛选方法对比

类别	定义(特征)	具体方法	优点	缺点
主观筛选法	通过“背对背”的专家函询方式,经过数次意见征询与反馈,使专家意见逐渐趋于一致,最后确定出评价指标	德尔菲法、层次分析法、模糊综合评价法	能够充分体现专家的意见,符合现实基本情况	主观性明显,缺乏客观性

① 杨凡:《基于λ—灰相似关系粗糙集模型的评价指标筛选方法研究》,《南开大学学报(自然科学版)》2015 年第 6 期。

续表

类别	定义（特征）	具体方法	优点	缺点
客观筛选法	根据评价指标的客观数据差异，借助数理统计工具来筛选评价指标	最小均方差法、极大极小离差法、相关系数法、聚类分析法、主成分分析法、因子分析法、界值法、灰关联分析、灰色粗糙集	客观性明显，且不增加专家与参与者的抉择负担	需要大量的样本数据，易出现评价指标与其实际重要程度相互矛盾的情况

资料来源：根据相关文献整理。

结合农村宅基地退出本身的特点和实际运行状况来看，单一选择主观筛选法或客观筛选法，都难以保证筛选出的指标具有较好的代表性。因此本书决定采用主客观相结合的方法来筛选指标，这样既可以在主观上考虑评价指标的重要性，保证与实践状况相符，也可以在客观上尊重评价指标与实际数据之间的内在联系。具体来看，本书采用德尔菲法与界值法相结合的方式开展宅基地退出绩效评价指标第一轮筛选工作。其中，德尔菲法能反映专家偏好，保障评价指标与实践状况大致相符；界值法客观性明显，不易增加专家的选择负担，且能保障评价指标与实际数据之间的客观联系。

（二）第一轮指标筛选过程

德尔菲法是通过函询的方式将需要解决的问题传递给专家，并确保函询专家之间无横向联系。在收集整理专家意见后，将函询结果反馈给专家，并再次咨询专家的意见，如此经过多次意见征询，最终得到较为稳定一致的专家意见结果。德尔菲法汇集了专家的集体智慧，具有很好的权威性、有效性和代表性。根据德尔菲法的实施原则，本书设计了“宅基地退出的绩效评价指标筛选专家函询表（第一轮）”（详见附录二）。

第一，专家遴选结果。依据德尔菲法的方法要求，此次函询专家包括农村经济、土地管理等领域的专家以及熟谙农村宅基地制度和具有丰富农村实践工作经验的基层专家。现有研究关于函询专家数量的认识并没有统一的标准,有学者认为较为合适的专家数量为 10 人到 50 人①。本书函询专家具体信息见表 4-6。

表 4-6 第一轮函询专家基本信息

类 别		人数(位)	比例(%)
性别	男	12	70.59
	女	5	29.41
年龄	31 岁以下	4	23.53
	31—40 岁	4	23.53
	41—50 岁	7	41.18
	51—60 岁	1	5.88
	60 岁以上	1	5.88
最高学历	博士研究生	11	64.71
	硕士研究生	2	11.76
	本科	4	23.53
从事农村研究(或农村实践工作)的年限	5 年以下	5	29.41
	5—10 年	3	17.65
	11—15 年	5	29.41
	15 年以上	4	23.53

资料来源:根据专家问卷调查结果整理。

第二,专家积极性。专家积极性表示专家对评价指标筛选的关心程度,一般用专家积极性系数衡量。即 $C = \frac{m}{M}$,C 为专家积极性系数,m 为实际参与评价指标筛选的专家人数,M 为专家总数。在第一轮函询中,专家积极性系数为 1,即专家积极性为 100%(见表 4-7)。

表 4-7 第一轮函询专家积极性

发放问卷	回收问卷	有效问卷	有效率	积极性系数	积极性
17	17	17	100%	1	100%

资料来源:根据专家问卷调查结果整理。

① 曾照云、程安广:《德尔菲法在应用过程中的严谨性评估——基于信息管理视角》,《情报理论与实践》2016 年第 2 期。

第三,专家意见一致性。第一轮函询后,利用 SPSS 软件进行 Kendall W 协调系数检验。一级指标协调系数为 0.235,二级指标协调系数为 0.154,三级指标协调系数为 0.238,总体协调系数为 0.252,所有协调系数的 P 值均小于 0.050,具有统计学意义(见表 4-8)。

表 4-8　第一轮函询 Kendall W 协调系数检验结果

维度	Kendall W 系数	卡方值	自由度	显著性(P 值)
一级指标	0.235	4.000	1	0.046
二级指标	0.154	15.743	6	0.015
三级指标	0.238	129.636	32	0.000
总体	0.252	175.793	41	0.000

资料来源:根据专家问卷调查结果和 SPSS 分析结果整理。

第四,专家权威程度。专家权威程度表示专家对评价指标筛选的权威性。专家权威程度主要受专家对政策的熟悉程度和评价指标筛选的判断依据以及专家自身学术造诣的影响,一般用专家权威系数来进行衡量,即 $C_r = \frac{q_1 + q_2 + q_3}{3}$,$C_r$ 为专家权威系数,q_1 为专家对宅基地退出政策的熟悉程度,q_2 为专家对宅基地退出绩效评价指标筛选的判断依据,q_3 为专家自身的学术造诣。专家对宅基地退出政策熟悉程度共分为 5 个等级,分别为非常熟悉、比较熟悉、一般熟悉、不太熟悉和很不熟悉,对应赋值分别为 1、0.8、0.6、0.4 和 0.2。专家对宅基地退出绩效评价指标筛选的判断依据共分为理论分析、实践经验、同行了解和直觉感受,对应赋值分别为 1、0.8、0.6 和 0.4。专家自身的学术造诣主要从学历和从事农村研究(或农村实践工作)的年限来考察,其中学历分别为博士研究生、硕士研究生和本科,对应赋值分别为 1、0.8 和 0.6;从事农村研究(或农村实践工作)的年限分为 15 年以上、11—15 年、5—10 年和 5 年以下,对应赋值分别为 1、0.8、0.6 和 0.4。具体见表 4-9、表 4-10 和表 4-11。

表 4-9　第一轮函询专家熟悉程度

熟悉程度	专家人数（位）	赋值	q_1
非常熟悉	5	1	5
比较熟悉	8	0.8	6.4
一般熟悉	4	0.6	2.4
不太熟悉	0	0.4	0
很不熟悉	0	0.2	0
总和	17	—	0.8118

资料来源：根据专家问卷调查结果整理。

表 4-10　第一轮函询专家判断依据

主要判断依据	专家人数（位）	赋值	q_2
理论分析	4	1	4
实践经验	9	0.8	7.2
同行了解	3	0.6	1.8
直觉感受	1	0.4	0.4
总和	17	—	0.7882

资料来源：根据专家问卷调查结果整理。

表 4-11　第一轮函询专家自身学术造诣

学术造诣		专家人数（位）	赋值	q_3
最高学历	博士研究生	11	1	11
	硕士研究生	2	0.8	1.6
	本科	4	0.6	2.4
从事农村研究（或农村实践工作）的年限	5 年以下	5	0.4	2
	5—10 年	3	0.6	1.8
	11—15 年	5	0.8	4
	15 年以上	4	1	4
总和		34	—	0.7882

资料来源：根据专家问卷调查结果整理。

一般来说,只要专家权威程度大于 0.70,就说明专家在所属领域具有较高的权威性。① 在宅基地退出绩效评价指标筛选第一轮函询中,专家对宅基地退出政策熟悉程度均值为 0.8118,专家对宅基地退出绩效评价指标筛选判断系数均值为 0.7882,专家自身学术造诣系数为 0.7882,专家权威系数是三者的平均值,为 0.7961,因此可以认为此次函询专家具有较好的权威性。

第五,函询问卷的信度分析。信度是针对同一对象采用同样的方法重复测量所取得结果的一致性程度,反映测量结果的可靠性与稳定性。② 在操作过程中,一般可以用 Cronbach's α 系数来反映分析对象测量的信度。通常,Cronbach's α 系数在 0.8—0.9 表示信度非常好,在 0.7—0.8 表示信度较好,小于 0.6 就说明信度缺乏。③ 本书采用 SPSS 软件对第一轮专家函询问卷结果(见表 4-12)进行信度检验,发现第一轮专家函询问卷 Cronbach's α 系数为 0.898,表明第一轮专家函询问卷信度很好。

表 4-12 宅基地退出的绩效评价指标筛选专家打分结果(第一轮)

评价指标	分数值																
	E1	E2	E3	E4	E5	E6	E7	E8	E9	E10	E11	E12	E13	E14	E15	E16	E17
C1—退出政策资金来源渠道的多样性	5	5	4	4	4	5	4	4	5	4	3	4	3	4	5	3	4
C2—退出政策资金预算执行偏差率	5	3	5	2	4	4	5	3	5	5	4	4	4	3	3	4	2
C3—集中居住区住房建筑工程质量情况	5	3	5	4	5	5	5	4	5	3	5	5	4	3	5	3	5
C4—退出政策执行和谐程度	4	5	4	5	5	5	5	5	5	5	5	5	5	5	5	5	5

① Macdonald E.B., Ritchie K.A., Murray K.J., et al., "Requirements for Occupational Medicine Training in Europe: A Delphi Study", *Occupational and Environmental Medicine*, Vol.57, No.2, 2000, pp.98-105.

② 风笑天:《社会调查原理与方法(修订第二版)》,首都经济贸易大学出版社 2011 年版,第 88 页。

③ [美]艾尔·巴比:《社会研究方法》,李银河译,四川人民出版社 1987 年版,第 94 页。

续表

评价指标	分数值																
	E1	E2	E3	E4	E5	E6	E7	E8	E9	E10	E11	E12	E13	E14	E15	E16	E17
C5—村民自治组织在退出政策实施过程中的参与程度	4	5	5	5	5	5	4	5	5	5	5	5	5	5	5	5	5
C6—政策实施的透明程度	5	5	5	5	5	5	5	5	5	5	4	4	5	5	5	5	5
C7—农户对退出政策的知晓程度	4	5	4	5	5	5	5	5	5	5	4	5	5	5	5	5	5
C8—退出后农户家庭人均可支配收入	5	3	4	4	5	5	5	5	5	3	3	3	4	2	5	4	4
C9—退出后农户家庭生活成本支出占比	4	3	4	5	5	5	4	4	5	5	3	3	5	2	4	4	4
C10—农户宅基地退出净收益	5	4	4	5	5	5	5	5	5	4	5	5	5	4	5	5	5
C11—村集体宅基地退出净收益	5	4	5	5	5	5	5	4	5	2	4	4	5	4	4	4	3
C12—退出后村庄农地年均收益	4	3	3	3	5	5	5	5	5	4	3	3	5	3	3	3	2
C13—退出后村集体人均二三产业产值	4	2	4	3	4	2	4	3	5	4	4	3	5	2	3	3	2
C14—退出后新增耕地面积比例	5	3	4	5	5	4	4	3	5	4	4	3	3	4	4	5	4
C15—退出后村庄人均宅基地面积达标率	5	3	2	5	5	5	4	3	5	2	4	4	5	5	4	5	3
C16—退出后农转非人口比例	4	3	4	3	5	4	4	3	5	4	5	3	2	3	3	5	4
C17—退出后村民集中居住度	4	3	4	5	4	2	5	2	5	4	4	3	1	5	4	5	5
C18—退出后农户居住房屋结构改善情况	4	3	4	5	4	2	5	3	5	4	4	4	3	4	5	5	5
C19—退出后农户社保覆盖率	5	3	4	4	5	2	5	4	5	3	4	4	3	2	5	4	2

续表

评价指标	分数值																
	E1	E2	E3	E4	E5	E6	E7	E8	E9	E10	E11	E12	E13	E14	E15	E16	E17
C20—退出后非农就业机会增加程度	5	3	3	4	4	4	5	4	5	4	4	4	3	2	5	4	3
C21—农户对退出政策满意程度	5	5	4	5	5	5	5	5	5	5	5	5	5	5	5	5	5
C22—退出后生活垃圾无害化处理率	4	4	4	5	4	5	5	4	5	4	4	4	5	5	4	4	4
C23—退出后生活污水达标处理率	4	4	4	5	4	3	5	4	5	3	4	4	5	5	4	4	4
C24—退出后集中居住区绿化率	4	3	4	5	4	4	5	3	5	4	4	4	5	3	4	4	5
C25—退出后村容村貌改善程度	4	5	5	5	4	4	4	4	5	5	4	4	5	5	5	5	5
C26—退出后人均农村硬化道路面积	4	3	4	5	5	4	4	3	5	5	4	4	5	4	4	5	5
C27—退出后自来水入户率	4	3	5	5	5	4	5	3	5	5	4	4	5	3	4	5	5
C28—退出后互联网入户率	4	3	3	5	4	4	5	3	5	5	4	4	5	3	4	5	5
C29—退出后天然气入户率	4	3	3	5	5	4	5	3	5	5	4	4	5	3	3	5	5
C30—退出后公共服务设施完善程度	4	4	5	5	4	4	5	5	5	5	3	5	5	4	5	5	5
C31—退出后治安情况	4	3	5	5	5	4	5	4	5	5	3	5	5	3	5	5	5
C32—退出后农户对社会服务获取满意程度	5	3	5	4	5	4	5	3	5	5	3	5	5	3	5	5	5
C33—退出后村民自治组织参与村内公共事务的程度	5	4	3	4	5	3	5	3	5	5	3	5	5	3	5	5	4
B1—退出政策实施	5	5	3	5	5	5	5	5	5	4	5	5	5	4	5	4	5
B2—退出政策宣传	5	5	3	4	5	5	5	5	5	5	4	4	5	4	5	5	5
B3—经济韧性	5	5	5	5	5	5	5	5	5	3	4	5	5	4	5	5	5
B4—社会韧性	4	5	5	5	5	5	5	5	5	5	4	5	5	4	5	5	5
B5—生态韧性	5	5	5	4	5	5	4	5	5	4	4	4	5	4	4	5	5

续表

评价指标	分数值																
	E1	E2	E3	E4	E5	E6	E7	E8	E9	E10	E11	E12	E13	E14	E15	E16	E17
B6—基础设施韧性	4	5	3	5	5	5	4	4	5	5	4	5	5	3	4	4	5
B7—乡村治理韧性	4	5	5	5	5	5	4	4	5	5	4	4	5	3	4	4	4
A1—退出政策执行绩效	5	5	3	5	5	5	5	4	5	4	5	4	5	5	5	4	5
A2—退出政策结果绩效	5	5	5	5	5	5	5	5	5	4	5	5	5	5	5	5	5

资料来源：根据专家函询表调查结果整理所得。

（三）第一轮指标筛选结果

界值法指设定一定的评判标准以进一步确定要素或评价指标，通常由满分率、均值和变异系数作为评判标准。①② 其中，满分率指打满分专家的人数占打分专家总数的比例，均值指专家对某一指标打分的平均值，变异系数指专家对某一指标打分的标准差与均值之间的比值，反映的是专家打分的差异情况。本书利用界值法对第一轮专家函询结果进行分析，分别计算第一轮专家对农村宅基地退出绩效评价指标打分的满分率、均值、标准差和变异系数，统计结果见表 4-13。

表 4-13　第一轮指标筛选结果

指标类别	具体评价指标	满分率（%）	均值	标准差	变异系数
一级指标	A1—退出政策执行	70. 59	4. 65	0. 588	0. 126
	A2—退出政策结果	94. 12	4. 94	0. 235	0. 048

① 孙成江、赵新宇：《我国省级公共图书馆决策咨询服务能力评价研究》，《情报资料工作》2017 年第 1 期。

② 何宇、杨小丽：《精神障碍治疗可及性评估的德尔菲法研究》，《中国心理卫生杂志》2018 年第 6 期。

续表

指标类别	具体评价指标	满分率（%）	均值	标准差	变异系数
二级指标	B1—退出政策实施	76.47	4.71	0.570	0.121
	B2—退出政策宣传	70.59	4.65	0.588	0.126
	B3—经济韧性	82.35	4.76	0.546	0.115
	B4—社会韧性	82.35	4.82	0.381	0.079
	B5—生态韧性	58.82	4.59	0.492	0.107
	B6—基础设施韧性	52.94	4.41	0.691	0.157
	B7—乡村治理韧性	47.06	4.41	0.600	0.136
三级指标	C1—退出政策资金来源渠道的多样性	29.41*	4.12	0.676	0.164
	C2—退出政策资金预算执行偏差率	29.41*	3.82*	0.984	0.258*
	C3—集中居住区住房建筑工程质量情况	58.82	4.35	0.836	0.192
	C4—退出政策执行和谐程度	88.24	4.88	0.322	0.066
	C5—村民自治组织在退出政策实施过程中的参与程度	88.24	4.88	0.322	0.066
	C6—政策实施的透明程度	88.24	4.88	0.322	0.066
	C7—农户对退出政策的知晓程度	82.35	4.82	0.381	0.079
	C8—退出后农户家庭人均可支配收入	41.18	4.06	0.937	0.231
	C9—退出后农户家庭生活成本支出占比	35.29	4.06	0.872	0.215
	C10—农户宅基地退出净收益	76.47	4.76	0.424	0.089
	C11—村集体宅基地退出净收益	47.06	4.29	0.824	0.192
	C12—退出后村庄农地年均收益	35.29	3.76*	1.002	0.266*
	C13—退出后村集体人均二、三产业产值	11.76*	3.35*	0.967	0.289*
	C14—退出后复垦耕地面积比例	29.41*	4.06	0.725	0.179
	C15—退出后村庄人均宅基地面积达标率	47.06	4.06	1.056	0.260*
	C16—退出后农转非人口比例	23.53*	3.76*	0.876	0.233
	C17—退出后村民集中居住度	35.29	3.82*	1.200	0.314*
	C18—退出后农户居住房屋结构改善情况	35.29	4.06	0.872	0.215
	C19—退出后农户社保覆盖率	29.41*	3.76*	1.059	0.282*
	C20—退出后非农就业机会增加程度	23.53*	3.88*	0.832	0.214
	C21—农户对退出政策满意程度	94.12	4.94	0.235	0.048
	C22—退出后生活垃圾无害化处理率	35.29	4.35	0.478	0.110
	C23—退出后生活污水达标处理率	29.41*	4.18	0.617	0.148
	C24—退出后集中居住区绿化率	29.41*	4.12	0.676	0.164
	C25—退出后村容村貌改善程度	58.82	4.59	0.492	0.107
	C26—退出后人均农村硬化道路面积	41.18	4.29	0.666	0.155
	C27—退出后自来水入户率	52.94	4.35	0.762	0.175

续表

指标类别	具体评价指标	满分率（%）	均值	标准差	变异系数
三级指标	C28—退出后互联网入户率	41.18	4.18	0.785	0.188
	C29—退出后天然气入户率	47.06	4.18	0.856	0.205
	C30—退出后公共服务设施完善程度	64.71	4.59	0.600	0.131
	C31—退出后治安情况	64.71	4.47	0.776	0.174
	C32—退出后农户对社会服务获取满意程度	64.71	4.41	0.844	0.191
	C33—退出后村民自治组织参与村内公共事务的程度	52.94	4.24	0.876	0.207

资料来源：根据专家问卷调查结果整理；带“*”的数值为不符合界值法的数值；对于指标的重要程度赋值：非常必要（5分）、比较必要（4分）、一般（3分）、不太必要（2分），很不必要（1分）；变异系数=标准差/均值。

运用界值标准对农村宅基地退出绩效评价指标进行筛选，具体标准如下：

（1）满分率界值：指标的满分率界值=指标满分率均值-指标满分率标准差，只要运算结果大于指标的满分率界值，则该指标就符合标准。通过运算，指标的满分率均值为53.50%，标准差为22.26%，则指标的满分率界值为31.24%，即满分率大于31.24%的评价指标符合标准，不用被剔除。

（2）算术均数界值：指标的算术均数界值=指标算术均数的均值-指标算术均数的标准差，只要运算结果大于指标的算术均数界值，则该指标就符合标准。通过运算，指标算术均数的均值为4.34，标准差为0.39，则算术均数界值为3.95，即算术均数大于3.95的评价指标符合标准，不用被剔除。

（3）变异系数界值：指标的变异系数界值=指标变异系数的均值+指标变异系数的标准差，只要运算结果小于指标的变异系数界值，则该指标就符合标准。通过运算，指标变异系数的均值为0.164，标准差为0.069，则指标的变异系数界值为0.233，即变异系数小于0.233的评价指标符合标准，不用被剔除。

在上面三个界值标准中，如果某指标有两个及以上标准不符合，则会被直接剔除；如果某指标只有一个标准不符合，为了避免重要的农村宅基地退出绩效评价指标被剔除,需要通过专家讨论后再决定是否剔除。

基于第一轮专家函询和界值筛选结果,并综合专家修改意见,本书删除指标 7 项,修改指标 2 项,增加指标 2 项,具体结果如下:

(1)删除指标 7 项:“C2—退出政策资金预算执行偏差率、C12—退出后村庄农地年均收益、C13—退出后村集体人均二三产业产值、C16—退出后农转非人口比例、C17—退出后村民集中居住度、C19—退出后农户社保覆盖率、C20—退出后非农就业机会增加程度”。这 7 项指标有两个或两个以上不符合界值筛选要求,因此予以删除。

(2)修改指标 2 项:有专家认为“C9—退出后农户家庭生活成本支出占比”数据不易获取且表述不准确,建议修改为“退出后农户家庭生活成本支出可承受程度”,经认真探讨,予以采纳。有专家认为“C15—退出后村庄人均宅基地面积达标率”表述不准确,建议修改为“退出后农户宅基地面积超标比例变化情况”,经认真探讨,予以采纳。

(3)增加指标 2 项:有专家认为宅基地退出的绩效更多地体现在农村一二三产业融合发展情况,经认真探讨,增加指标“退出后农村一二三产业融合发展情况”;有专家认为退出农户生计就业情况是宅基地退出绩效的重要表现,经认真探讨,增加指标“退出农户就业情况”。

因此,本书得到第一轮指标筛选后的农村宅基地退出绩效评价指标体系,具体见表 4-14。

表 4-14　第一轮指标筛选后的农村宅基地退出绩效评价指标体系

一级指标	二级指标	三级指标
A1—退出政策执行	B1—退出政策实施	C1—退出政策资金来源渠道的多样性
		C2—集中居住区住房建筑工程质量情况
		C3—退出政策执行和谐程度
		C4—村民自治组织在退出政策实施过程中的参与程度
	B2—退出政策宣传	C5—政策实施的透明程度
		C6—农户对退出政策的知晓程度

续表

一级指标	二级指标	三级指标
A2—退出政策结果	B3—经济韧性	C7—退出后农户家庭人均可支配收入
		C8—退出后农户家庭生活成本支出可承受程度
		C9—农户宅基地退出净收益
		C10—村集体宅基地退出净收益
		C11—退出后农村一、二、三产业融合发展情况
		C12—退出后复垦耕地面积比例
	B4—社会韧性	C13—退出后农户宅基地面积超标比例变化情况
		C14—退出后农户居住房屋结构改善情况
		C15—退出农户就业变化情况
		C16—农户对退出政策满意程度
	B5—生态韧性	C17—退出后生活垃圾无害化处理率
		C18—退出后生活污水达标处理率
		C19—退出后集中居住区绿化率
		C20—退出后村容村貌改善程度
	B6—基础设施韧性	C21—退出后人均农村硬化道路面积
		C22—退出后自来水入户率
		C23—退出后互联网入户率
		C24—退出后天然气入户率
		C25—退出后公共服务设施完善程度
	B7—乡村治理韧性	C26—退出后治安情况
		C27—退出后农户对社会服务获取满意程度
		C28—退出后村民自治组织参与村内公共事务的程度

三、农村宅基地退出绩效评价指标第二轮筛选

在第一轮宅基地退出绩效评价指标筛选后，本书同样采用德尔菲法与界值法相结合的方式，展开了第二轮农村宅基地退出绩效评价指标筛选工作。

（一）第二轮指标筛选过程

根据德尔菲法的实施原则，将第一轮指标筛选结果反馈给各专家，同时设计了“宅基地退出的绩效评价指标筛选专家函询表（第二轮）”（详见附录二）。在第二轮函询中，共发放评价指标筛选专家函询表 17 份，回收有效专

家函询表 17 份,有效回收率为 100%,表明专家的积极性为 100%。同时,利用 SPSS 软件对回收的专家评分数据进行 Kendall W 协调系数检验,发现一级指标协调系数为 0.176,二级指标协调系数为 0.140,三级指标协调系数为 0.231,总体协调系数为 0.264,所有协调系数的 P 值均小于 0.100,具有统计学意义。此外,由于第二轮函询专家与第一轮函询专家相同,因此可以认为第二轮函询专家具有较好的权威性。最后,利用 SPSS 软件进行 Cronbach's α 系数检验,得出第二轮专家函询问卷信度系数为 0.881,表明第二轮专家函询问卷信度很好,数据具有较高的内在一致性,可靠性较强。在第二轮指标筛选过程中,专家的打分结果情况详见表 4-15。

表 4-15　宅基地退出的绩效评价指标筛选专家打分结果(第二轮)

评价指标	分数值																
	E1	E2	E3	E4	E5	E6	E7	E8	E9	E10	E11	E12	E13	E14	E15	E16	E17
C1—退出政策资金来源渠道的多样性	4	4	4	4	5	4	4	5	4	3	2	5	5	3	4	5	5
C2—集中居住区住房建筑工程质量情况	5	5	4	4	5	4	5	5	4	4	3	4	5	4	4	5	5
C3—退出政策执行和谐程度	5	5	5	5	5	5	5	5	5	4	3	5	5	4	5	5	5
C4—村民自治组织在退出政策实施过程中的参与程度	5	5	5	5	5	5	5	5	5	5	3	5	5	5	4	5	5
C5—政策实施的透明程度	5	5	5	5	5	5	5	5	5	5	5	5	5	3	5	5	5
C6—农户对退出政策的知晓程度	5	5	5	5	5	5	5	5	5	4	5	5	5	4	5	5	5
C7—退出后农户家庭人均可支配收入	5	4	4	4	3	4	5	4	3	2	3	4	5	4	3	5	3
C8—修改:退出后农户家庭生活成本支出可承受程度	4	5	4	5	3	4	5	4	5	4	3	5	5	4	5	3	4
C9—农户宅基地退出净收益	4	4	4	4	5	4	5	5	5	5	2	4	5	5	4	3	4

续表

评价指标	分数值																
	E1	E2	E3	E4	E5	E6	E7	E8	E9	E10	E11	E12	E13	E14	E15	E16	E17
C10—村集体宅基地退出净收益	4	5	4	4	5	4	5	5	4	5	3	4	5	5	4	3	4
C11—增加:退出后农村一二三产业融合发展情况	3	5	4	5	5	3	5	5	4	4	3	4	4	4	3	5	4
C12—退出后新增耕地面积比例	4	3	4	5	5	4	4	5	3	3	1	4	4	4	2	3	5
C13—修改:退出后农户宅基地面积超标比例变化情况	4	5	4	5	3	4	3	4	5	4	3	5	5	4	2	3	4
C14—退出后农户房屋结构改善情况	4	3	4	4	3	4	5	1	4	4	5	4	5	4	2	3	4
C15—增加:退出农户就业情况	5	5	5	4	4	3	5	1	3	3	5	4	5	3	4	5	4
C16—农户对退出政策满意程度	5	5	5	5	5	5	5	5	5	4	5	5	5	4	5	4	4
C17—退出后生活垃圾无害化处理率	4	5	4	4	4	4	5	5	3	4	4	4	5	5	2	5	3
C18—退出后生活污水达标处理率	4	5	4	4	4	4	5	5	3	4	4	4	5	5	3	5	3
C19—退出后集中居住区绿化率	4	4	4	4	4	4	5	5	3	4	3	4	5	5	3	5	3
C20—退出后村容村貌改善程度	4	5	5	5	4	4	5	5	5	4	4	5	5	5	5	5	4
C21—退出后人均农村硬化道路面积	4	5	4	5	4	4	5	3	5	4	3	4	4	5	4	3	3
C22—退出后自来水入户率	4	5	4	5	4	4	5	3	4	4	5	4	5	5	4	3	5
C23—退出后互联网入户率	4	4	4	5	4	3	5	3	4	3	5	3	5	5	4	3	4
C24—退出后天然气入户率	5	5	4	5	4	3	5	3	4	3	5	3	4	5	4	3	3
C25—退出后公共服务设施完善程度	4	4	5	5	4	3	5	5	5	4	5	4	5	5	5	5	3

续表

评价指标	分数值																
	E1	E2	E3	E4	E5	E6	E7	E8	E9	E10	E11	E12	E13	E14	E15	E16	E17
C26—退出后治安情况	5	5	4	5	4	3	5	5	4	4	3	4	4	5	5	5	4
C27—退出后农户对社会服务获取满意程度	5	4	4	5	4	3	5	3	3	4	3	3	4	5	4	3	3
C28—退出后村民自治组织参与村内公共事务的程度	4	5	4	4	5	3	5	5	5	4	3	5	4	4	4	3	3
B1—退出政策实施	5	5	5	5	5	5	5	5	5	4	3	5	5	3	4	5	5
B2—退出政策宣传	4	5	5	5	5	4	5	5	5	4	3	5	5	3	4	5	5
B3—经济韧性	5	4	5	5	5	4	5	5	5	5	3	5	5	5	4	5	5
B4—社会韧性	5	5	5	5	5	4	5	5	5	5	4	5	5	5	5	5	5
B5—生态韧性	5	4	5	5	5	4	5	5	4	4	4	4	4	5	3	5	5
B6—基础设施韧性	5	5	4	5	5	4	4	5	4	4	4	4	4	5	4	5	4
B7—乡村治理韧性	5	5	4	5	5	4	4	5	5	4	4	5	5	4	3	5	4
A1—退出政策执行绩效	5	5	4	5	5	5	5	5	5	5	5	5	5	3	4	5	5
A2—退出政策结果绩效	5	5	5	5	5	5	5	5	5	5	5	5	5	4	5	5	5

资料来源:根据专家函询表调查结果整理所得。

(二)第二轮指标筛选结果

在宅基地退出绩效评价指标第二轮筛选过程中,同样利用界值法对第二轮专家函询结果进行分析,具体的统计结果见表4-16。

表4-16　第二轮指标筛选结果

指标类别	具体评价指标	满分率(%)	均值	标准差	变异系数
一级指标	A1—退出政策执行	82. 35	4. 76	0. 546	0. 115
	A2—退出政策结果	94. 12	4. 94	0. 235	0. 048

续表

指标类别	具体评价指标	满分率（%）	均值	标准差	变异系数
二级指标	B1—退出政策实施	76.47	4.65	0.681	0.146
	B2—退出政策宣传	64.71	4.53	0.696	0.154
	B3—经济韧性	76.47	4.71	0.570	0.121
	B4—社会韧性	88.24	4.88	0.322	0.066
	B5—生态韧性	52.94	4.47	0.606	0.136
	B6—基础设施韧性	41.18	4.41	0.492	0.112
	B7—乡村治理韧性	52.94	4.47	0.606	0.136
三级指标	C1—退出政策资金来源渠道的多样性	35.29	4.12	0.832	0.202
	C2—集中居住区住房建筑工程质量情况	47.06	4.41	0.600	0.136
	C3—退出政策执行和谐程度	82.35	4.76	0.546	0.115
	C4—村民自治组织在退出政策实施过程中的参与程度	88.24	4.82	0.513	0.106
	C5—政策实施的透明程度	94.12	4.88	0.471	0.097
	C6—农户对退出政策的知晓程度	88.24	4.88	0.322	0.066
	C7—退出后农户家庭人均可支配收入	23.53*	3.82*	0.856	0.224*
	C8—退出后农户家庭生活成本支出可承受程度	41.18	4.24	0.730	0.172
	C9—农户宅基地退出净收益	41.18	4.24	0.807	0.190
	C10—村集体宅基地退出净收益	41.18	4.29	0.666	0.155
	C11—退出后农村一二三产业融合发展情况	35.29	4.12	0.758	0.184
	C12—退出后复垦耕地面积比例	23.53*	3.71*	1.072	0.289*
	C13—退出后农户宅基地面积超标比例变化情况	29.41	3.94*	0.872	0.221*
	C14—退出后农户房屋结构改善情况	17.65*	3.71*	1.015	0.274*
	C15—退出农户就业情况	41.18	4.00	1.085	0.271*
	C16—农户对退出政策满意程度	76.47	4.76	0.424	0.089
	C17—退出后生活垃圾无害化处理率	35.29	4.12	0.832	0.202
	C18—退出后生活污水达标处理率	35.29	4.18	0.706	0.169
	C19—退出后集中居住区绿化率	29.41	4.06	0.725	0.179
	C20—退出后村容村貌改善程度	64.71	4.65	0.478	0.103
	C21—退出后人均农村硬化道路面积	29.41	4.06	0.725	0.179
	C22—退出后自来水入户率	41.18	4.29	0.666	0.155

续表

指标类别	具体评价指标	满分率(%)	均值	标准差	变异系数
三级指标	C23—退出后互联网入户率	29.41	4.00	0.767	0.192
	C24—退出后天然气入户率	35.29	4.00	0.840	0.210
	C25—退出后公共服务设施完善程度	58.82	4.47	0.696	0.156
	C26—退出后治安情况	47.06	4.35	0.681	0.157
	C27—退出后农户对社会服务获取满意程度	23.53*	3.82*	0.785	0.205
	C28—退出后村民自治组织参与村内公共事务的程度	35.29	4.12	0.758	0.184

资料来源:根据专家问卷调查结果整理;带"＊"的数值为不符合界值法的数值;对于指标的重要程度赋值:非常必要(5分)、比较必要(4分)、一般(3分)、不太必要(2分),很不必要(1分);变异系数=标准差/均值。

运用界值标准对宅基地退出绩效评价指标进行第二轮筛选,具体标准如下:

(1)满分率界值:指标的满分率界值=指标满分率均值-指标满分率标准差,只要运算结果大于指标的满分率界值,则该指标就符合标准。通过运算,指标的满分率均值为51.35%,标准差为22.99%,则指标的满分率界值为28.36%,即满分率大于28.36%的评价指标符合标准,不用被剔除。

(2)算术均数界值:指标的算术均数界值=指标算术均数的均值-指标算术均数的标准差,只要运算结果大于指标的算术均数界值,则该指标就符合标准。通过运算,指标算术均数的均值为4.34,标准差为0.36,则算术均数界值为3.98,即算术均数大于3.98的评价指标符合标准,不用被剔除。

(3)变异系数界值:指标的变异系数界值=指标变异系数的均值+指标变异系数的标准差,只要运算结果小于指标的变异系数界值,则该指标就符合标准。通过运算,指标变异系数的均值为0.160,标准差为0.056,则指标的变异系数界值为0.216,即变异系数小于0.216的评价指标符合标准,不用被剔除。

在上面三个界值标准中，如果某指标有两个及以上标准不符合，则会被直接剔除；如果某指标只有一个标准不符合，为了避免重要的农村宅基地退出绩效评价指标被剔除，需要通过专家讨论后再决定是否剔除。

根据第二轮专家函询和界值筛选结果，并综合专家修改意见，本书删除指标3项，保留指标4项，具体结果如下：

（1）删除指标3项："C7—退出后农户家庭人均可支配收入"这项指标有两个或两个以上不符合界值筛选要求，予以删除。同时，有专家认为退出农户就业是农户宅基地退出行为的重要影响因素，如果作为农村宅基地退出绩效的评价指标，会存在互为因果的问题，经认真探讨，删除评价指标"C15—退出农户就业情况"。有专家认为考察农村地区的绿化率，是没有意义的，同时指标体系中已有村容村貌的指标，这实际上包含了绿化率指标的含义，经认真探讨，删除评价指标"C19—退出后集中居住区绿化率"。

（2）保留指标4项：尽管"C12—退出后复垦耕地面积比例"指标不符合界值筛选标准，但有专家认为退出的宅基地是否复垦为耕地是宅基地退出政策实施的重要目标，经认真探讨予以保留。尽管"C13—退出后农户宅基地面积超标比例变化情况"指标不符合界值筛选标准，但有专家认为农户宅基地面积达标状况是宅基地退出改革的目标之一，经认真探讨予以保留。尽管"C14—退出后农户住房改善情况"指标不符合界值筛选标准，但有专家认为农村宅基地退出需要考虑到农户住房保障情况，经认真探讨予以保留。尽管指标"C27—退出后农户对社会服务获取满意程度"不符合界值筛选标准，但有专家认为农户对社会公共服务评价是乡村治理的重要内容，并且宅基地制度改革是一个发动群众的工作，后续的制度改革离不开乡村治理的支撑，经认真探讨予以保留。

因此，本书得到第二轮指标筛选后的农村宅基地退出绩效评价指标体系，具体见表4-17。

表 4-17　第二轮指标筛选后的农村宅基地退出绩效评价指标体系

一级指标	二级指标	三级指标
A1—退出政策执行	B1—退出政策实施	C1—退出政策资金来源渠道的多样性
		C2—集中居住区住房建筑工程质量情况
		C3—退出政策执行和谐程度
		C4—村民自治组织在退出政策实施过程中的参与程度
	B2—退出政策宣传	C5—政策实施的透明程度
		C6—农户对退出政策的知晓程度
A2—退出政策结果	B3—经济韧性	C7—退出后农户家庭生活成本支出可承受程度
		C8—农户宅基地退出净收益
		C9—村集体宅基地退出净收益
		C10—退出后农村一二三产业融合发展情况
		C11—退出后复垦耕地面积比例
	B4—社会韧性	C12—退出后农户宅基地面积超标比例变化情况
		C13—退出后农户住房改善情况
		C14—农户对退出政策满意程度
	B5—生态韧性	C15—退出后生活垃圾无害化处理率
		C16—退出后生活污水达标处理率
		C17—退出后村容村貌改善程度
	B6—基础设施韧性	C18—退出后人均农村硬化道路面积
		C19—退出后自来水入户率
		C20—退出后互联网入户率
		C21—退出后天然气入户率
		C22—退出后公共服务设施完善程度
	B7—乡村治理韧性	C23—退出后治安情况
		C24—退出后农户对社会服务获取满意程度
		C25—退出后村民自治组织参与村内公共事务的程度

四、评价指标体系的信度与效度检验

信效度检验是设计指标评价体系的重要环节，只有通过信效度检验，才能确保指标体系的可信度与有效性。

（一）农村宅基地退出绩效评价指标体系的信度检验

信度也叫可靠度，表示分析对象的可靠与稳定，一般而言，分析对象的信度可用 Cronbach's α 系数来表示,它能够较好地展现出测量工具或测量量表内容的稳定、一致和可靠①。该系数的方法计算较为简单,并且检验效果很好,在信度分析中非常常用。一般认为,Cronbach's α 系数在 0.8—0.9 表示信度非常好,在 0.7—0.8 表示信度较好,小于 0.6 表示信度缺乏。② 本书基于第二轮专家函询问卷数据,采用 SPSS 软件进行信度检验,发现第二轮筛选得到的农村宅基地退出绩效评价体系中 25 个三级指标的 Cronbach's α 系数为 0.833,表明第二轮指标筛选后的农村宅基地退出绩效评价指标体系的信度很好,结果具有很好的可靠性。

(二)农村宅基地退出绩效评价指标体系的效度检验

效度也叫有效度,反映分析结果的有效与准确,即检测测量工具或测量量表内容是否能准确有效地反映出研究对象的真实程度。一般而言,效度分析有内容效度、准则效度和结构效度三种类型,其中内容效度也叫表面效度,是强调测量工具或测量量表内容是否真正符合研究者想法,进而能有效反映出目标对象的真实程度。③ 通常,内容效度检验是采取众多专家评价的方式来分析。农村宅基地退出绩效评价指标的筛选是基于德尔菲法来设计的,通过专家的经验和实践偏好对指标进行筛选确认,因此从内容效度上来看,本书认为第二轮指标筛选后的农村宅基地退出绩效评价指标体系具有较高的效度。

五、农村宅基地退出绩效评价指标及其内涵

通过前面两轮专家函询和信效度检验,本书认为第二轮指标筛选后的农村宅基地退出绩效评价指标体系可作为评价农村宅基地退出绩效的最终评价指标体系。从表 4-17 可知,农村宅基地退出绩效评价指标体系包括退出政

---

① 风笑天:《社会研究方法》,中国人民大学出版社 2013 年版,第 96 页。
② [美]艾尔·巴比:《社会研究方法》,李银河译,四川人民出版社 1987 年版,第 94 页。
③ 风笑天:《社会研究方法》,中国人民大学出版社 2013 年版,第 98 页。

策执行和退出政策结果 2 个一级指标,其中退出政策执行包括退出政策实施和退出政策宣传 2 个二级指标,退出政策结果围绕宅基地退出的经济、社会、生态、基础设施与乡村治理韧性设计了 5 个二级指标。每个二级指标又细化为若干三级指标,具体为退出政策资金来源渠道的多样性等 25 个三级指标。农村宅基地退出绩效评价指标的具体内涵解释如下:

(一)退出政策执行的评价指标及其内涵

退出政策执行主要考察的是退出政策宣传和退出政策实施过程中人、财、物等资源投入情况,以及由资源投入带来的直接产出和给利益群体带来的影响,反映农村宅基地退出过程中的绩效情况。根据农村宅基地退出绩效评价指标体系可知,退出政策执行一级指标中主要包括退出政策实施(B1)和退出政策宣传(B2)两项二级指标。

1. 退出政策实施(B1)

农村宅基地退出政策的实施主要包括退出政策资金来源渠道的多样性(C1)、集中居住区住房建筑工程质量情况(C2)、退出政策执行和谐程度(C3)和村民自治组织在退出政策实施过程中的参与程度(C4)四项指标。

(1)退出政策资金来源渠道的多样性(C1):该指标主要考察试点地区实施农村宅基地退出政策的资金来源情况,宅基地退出资金来源主要包括政府投资、市场主体(企业)投资和村集体(农户)集资等渠道。

该指标数值的计算公式为:退出政策资金来源渠道的多样性=试点区域有两种及以上的宅基地退出资金来源渠道的村庄数量/试点区域被调查的村庄总数

(2)集中居住区住房建筑工程质量情况(C2):在农村宅基地退出政策实施中,农村集中居住区工程建设质量如何,是否存在以次充好和工程建筑质量问题。

该指标数值的计算公式为:集中居住区住房建筑工程质量情况=试点区

域认为集中居住区住房建筑工程质量合格的退出农户数量/试点区域被调查的退出农户总数

(3)退出政策执行和谐程度(C3):在农村宅基地退出政策实施过程中,对农户退出意愿的尊重程度如何,是否存在强制农户退出的情况。

该指标数值的计算公式为:退出政策执行和谐程度=试点区域认为尊重农户退出意愿的退出农户数量/试点区域被调查的退出农户总数

(4)村民自治组织在退出政策实施过程中的参与程度(C4):考察村民议事会、村民理事会和村民监事会等村民自治组织在宅基地退出政策实施中的参与程度如何,例如村民自治组织是否参与制定宅基地退出补偿标准、集中居住区规划设计等事项。

该指标数值的计算公式为:村民自治组织在退出政策实施过程中的参与程度=试点区域认为村民自治组织参与程度较高的退出农户数量/试点区域被调查的退出农户总数

2. 退出政策宣传(B2)

农村宅基地退出政策的宣传主要包括政策实施的透明程度(C5)和农户对退出政策的知晓程度(C6)两项评价指标。

(1)政策实施的透明程度(C5):农村宅基地退出相关政策的信息是否公开,相关政策的透明程度如何。

该指标数值的计算公式为:政策实施的透明程度=试点区域认为政策实施的透明程度较高的退出农户数量/试点区域被调查的退出农户总数

(2)农户对退出政策的知晓程度(C6):农户对农村宅基地退出政策的了解程度如何。

该指标数值的计算公式为:农户对退出政策的知晓程度=试点区域认为自己了解宅基地退出政策的退出农户数量/试点区域被调查的退出农户总数

（二）退出政策结果的评价指标及其内涵

退出政策结果主要考察的是农村宅基地退出政策带给乡村系统的短期、中期和长期影响，具体可划分为经济、社会、生态、基础设施和乡村治理五个方面的绩效情况。由农村宅基地退出绩效评价指标体系可知，退出政策结果一级指标中包括经济韧性（B3）、社会韧性（B4）、生态韧性（B5）、基础设施韧性（B6）和乡村治理韧性（B7）五项二级指标。

1. 经济韧性（B3）

实施农村宅基地退出政策所带来的经济韧性主要体现在退出后农户家庭生活成本支出可承受程度（C7）、农户宅基地退出净收益（C8）、村集体宅基地退出净收益（C9）、退出后农村一二三产业融合发展情况（C10）和退出后复垦耕地面积比例（C11）等方面。

（1）退出后农户家庭生活成本支出可承受程度（C7）：考察退出农户生活成本支出（如水、电、气、物业管理费用等）的可承受程度如何。

该指标数值的计算公式为：退出后农户家庭生活成本支出可承受程度＝试点区域认为自己家庭能够承受退出后生活成本开支的退出农户数量/试点区域被调查的退出农户总数

（2）农户宅基地退出净收益（C8）：退出农户的宅基地退出净收益如何，其中农户宅基地退出净收益＝农户宅基地退出补偿总额－农户宅基地退出的直接成本支出（购置新房成本或者修建新房成本）。

该指标数值的计算公式为：农户宅基地退出净收益＝试点区域宅基地退出净收益大于0的退出农户数量/试点区域被调查的退出农户总数

（3）村集体宅基地退出净收益（C9）：村集体宅基地退出净收益如何，即村庄在实施宅基地退出政策后，村集体的发展资金增加或减少。

该指标数值的计算公式为：村集体宅基地退出净收益＝试点区域村集体宅基地退出净收益大于0的村庄数量/试点区域被调查的村庄总数

(4)退出后农村一二三产业融合发展情况(C10):实施农村宅基地退出政策后,试点区域一二三产业发展状况如何。

该指标数值的计算公式为:退出后农村一二三产业融合发展情况=试点区域认为产业融合发展较好的退出农户数量/试点区域被调查的退出农户总数

(5)退出后复垦耕地面积比例(C11):实施农村宅基地退出政策后,试点区域复垦耕地面积占该区域宅基地退出面积的比例状况。

该指标数值的计算公式为:退出后复垦耕地面积比例状况=试点区域宅基地退出面积完全复垦为耕地面积的村庄数量/试点区域被调查的村庄总数

2. 社会韧性(B4)

实施农村宅基地退出政策所带来的社会韧性主要体现在退出后农户宅基地面积超标比例变化情况(C12)、退出后农户住房改善情况(C13)和农户对退出政策满意程度(C14)。

(1)退出后农户宅基地面积超标比例变化情况(C12):实施农村宅基地退出政策后,整个区域宅基地面积超标的农户数量变化情况。

该指标数值的计算公式为:退出后农户宅基地面积超标比例变化情况=试点区域退出后宅基地面积超标农户全部符合标准的村庄数量/试点区域被调查的村庄总数

(2)退出后农户住房改善情况(C13):宅基地退出政策实施后,试点区域退出农户居住房屋结构改善的情况如何。

该指标数值的计算公式为:退出后农户住房改善情况=试点区域住房条件得到改善的退出农户数量/试点区域被调查的退出农户总数

(3)农户对退出政策满意程度(C14):满意度是体现社会韧性的重要指标,即退出农户对试点区域实施农村宅基地退出政策的满意程度。

该指标数值的计算公式为:农户对退出政策满意程度=试点区域对宅基地退出政策满意的退出农户数量/试点区域被调查的退出农户总数

3. 生态韧性（B5）

实施农村宅基地退出政策所带来的生态韧性主要体现在退出后生活垃圾无害化处理率（C15）、退出后生活污水达标处理率（C16）和退出后村容村貌改善程度（C17）。

（1）退出后生活垃圾无害化处理率（C15）：生活垃圾无害化处理是体现生态韧性治理的重要内容，该指标是考察宅基地退出政策实施后，试点区域生活垃圾无害化处理率的变化情况。

该指标数值的计算公式为：退出后生活垃圾无害化处理率＝试点区域垃圾无害化处理率在退出政策实施前的基础上增长到100%的村庄数量/试点区域被调查的村庄总数

（2）退出后生活污水达标处理率（C16）：实施农村宅基地退出政策后，试点区域生活污水达标处理率的变化情况。

该指标数值的计算公式为：退出后生活污水达标处理率＝试点区域生活污水达标处理率在退出政策实施前的基础上增长到100%的村庄数量/试点区域被调查的村庄总数

（3）退出后村容村貌改善程度（C17）：实施农村宅基地退出政策后，试点区域村容村貌改善程度，如相关基础设施和房屋建筑整体外观如何。

该指标数值的计算公式为：退出后村容村貌改善程度＝试点区域认为村容村貌得到改善的退出农户数量/试点区域被调查的退出农户总数

4. 基础设施韧性（B6）

实施农村宅基地退出政策所带来的基础设施韧性主要体现在退出后人均农村硬化道路面积（C18）、退出后自来水入户率（C19）、退出后互联网入户率（C20）、退出后天然气入户率（C21）和退出后公共服务设施完善程度（C22）。

（1）退出后人均农村硬化道路面积（C18）：实施农村宅基地退出政策后，试点区域人均硬化道路面积变化情况。参考国家建委颁布的《城市规划定额指标暂行规定》，城市道路广场用地定额为6—10平方米/人，因此本书用10

平方米/人作为人均农村硬化道路面积目标值。

该指标数值的计算公式为:退出后人均农村硬化道路面积=试点区域村集体人均农村硬化道路面积达到目标值的村庄数量/试点区域被调查的村庄总数

(2)退出后自来水入户率(C19):实施农村宅基地退出政策后,试点区域自来水入户率的变化情况。

该指标数值的计算公式为:退出后自来水入户率=试点区域自来水入户率在退出政策实施前的基础上增长到100%的村庄数量/试点区域被调查的村庄总数

(3)退出后互联网入户率(C20):实施农村宅基地退出政策后,试点区域互联网入户率的变化情况。

该指标数值的计算公式为:退出后互联网入户率=试点区域互联网入户率在退出政策实施前的基础上增长到100%的村庄数量/试点区域被调查的村庄总数

(4)退出后天然气入户率(C21):实施农村宅基地退出政策后,试点区域天然气入户率变化情况。

该指标数值的计算公式为:退出后天然气入户率=试点区域天然气入户率在退出政策实施前的基础上增长到100%的村庄数量/试点区域被调查的村庄总数

(5)退出后公共服务设施完善程度(C22):实施农村宅基地退出政策后,试点区域公共服务设施种类变化情况。公共服务设施主要包括行政办公设施(党群服务中心)、文体设施(运动广场、图书室、文化活动中心)、教育设施(幼儿园、小学)、医疗卫生设施(卫生室、医疗站)、社会福利设施(养老院)和商业服务设施(超市、便利店)六类。因此本书用六种类作为村庄公共服务设施种类数量目标值。

该指标数值的计算公式为:退出后公共服务设施完善程度=试点区域村庄公共服务设施种类达到目标值100%增长的村庄数量/试点区域被调查的

村庄总数

5. 乡村治理韧性(B7)

实施农村宅基地退出政策所带来的乡村治理韧性主要体现在退出后治安情况(C23)、退出后农户对社会服务获取满意程度(C24)和退出后村民自治组织参与村里公共事务的程度(C25)等方面。

(1)退出后治安情况(C23):实施农村宅基地退出政策后,试点区域治安程度如何。

该指标数值的计算公式为:退出后治安情况=试点区域认为治安状况较好的退出农户数量/试点区域被调查的退出农户总数

(2)退出后农户对社会服务获取满意程度(C24):实施农村宅基地退出政策后,试点区域退出农户对该区域社会服务获取的满意程度,如养老金缴纳查询、医疗保险报销、证明盖章和民政事宜等。

该指标数值的计算公式为:退出后农户对社会服务获取满意程度=试点区域对退出后社会服务获取满意的退出农户数量/试点区域被调查的退出农户总数

(3)退出后村民自治组织参与村内公共事务的程度(C25):实施农村宅基地退出政策后,试点区域村民自治组织(如村民议事会、理事会和监事会)参与村内公共事务的程度如何。

该指标数值的计算公式为:退出后村民自治组织参与村内公共事务的程度=试点区域认为退出后村民自治组织参与村内公共事务程度较高的退出农户数量/试点区域被调查的退出农户总数

第三节　宅基地退出绩效评价指标体系的权重设计

通过对现有权重设计方法进行比较,确定研究所需的权重方法。在此基础上,计算得到农村宅基地退出绩效评价指标的最终权重。

一、指标体系权重的计算方法选择

指标权重设计是宅基地退出绩效评价指标体系构建不可或缺的部分。当前,学界对指标权重计算的方法众多,大致分为两类:主观赋权法和客观赋权法,具体见表 4-18。

表 4-18　指标权重确定方法对比

种类	含义	具体代表方法	优势	不足
主观赋权法	通过对所属领域的专家学者进行函询或咨询,基于专家对指标的评价得到指标的权重	层次分析法、德尔菲法、环比打分法等	能充分体现专家的意见与看法,指标权重符合现实基本情况	主观认知明显,客观性不足
客观赋权法	通过数理方法运算,根据指标数据值的本身特征得到指标的权重	熵值法、变异系数法、主成分分析、均方差法等	客观性较强,能体现指标数据本身属性与特点	过于依赖实际数据,易出现指标的权重与指标的实际状况相互矛盾的情况

资料来源:根据相关文献整理。

由于宅基地退出绩效评价表现为多准则、多因素的综合评价,既要客观反映出各指标的重要程度,又要表现出退出政策的目标需求。结合宅基地退出本身的特点和实际运行状况,单一选择主观赋权法或客观赋权法,都难以保证指标权重具有代表性与精准性,进而易导致绩效评价结果出现偏差。因此,本书决定采用主观赋权法(德尔菲法)与客观赋权法(变异系数法)相结合的方法来确定指标权重,这样既可以在主观上考虑对评价指标的重要性,保证与实践状况相符,也可以在客观上尊重评价指标与实际数据之间的关系。

二、农村宅基地退出绩效评价指标的权重

本书采用主观赋权法(德尔菲法)与客观赋权法(变异系数法)相结合的方法来确定农村宅基地退出绩效评价指标权重。

(一)主观赋权法(德尔菲法)

德尔菲法是由专家根据自己的判断对评价指标进行赋权打分,专家之间无相互联系,进而计算出各评价指标的得分值。具体计算方式如下:

首先,设定专家 i 对指标 j 的评分为 S_i ,则该指标 j 的专家总得分为 T_j ,见式(4-1)。

$$T_j = \sum_{i}^{n} S_i \quad (n = 17) \tag{4-1}$$

其次,将所有指标的总得分加总,得到所有指标的总得分 P ,见式(4-2)。

$$P = \sum_{j}^{m} T_j \quad (m = 25) \tag{4-2}$$

最后,指标的主观权重等于该指标的总得分占所有指标总得分的比例,见式(4-3)。

$$W_j = \frac{T_j}{P} \tag{4-3}$$

在上述公式中, W_j 为指标 j 的主观权重。

(二)客观赋权法(变异系数法)

客观赋权采用变异系数法进行分析。该方法可以消除各指标的量纲影响,进而对指标的重要程度进行客观分析。其计算公式见式(4-4)。

$$C_j = \frac{\sigma_j}{M_j} \tag{4-4}$$

其中, C_j 为指标 j 的变异系数值, σ_j 为指标 j 的评分标准差, M_j 为指标 j

的得分均值。

然后,将所有指标的变异系数值加总,得到所有指标的总变异系数值,见式(4-5)。

$$V = \sum_{j}^{m} C_j \quad (m = 25) \tag{4-5}$$

最后,客观权重等于该指标的变异系数值除以所有指标的总变异系数值,见式(4-6)。

$$G_j = \frac{C_j}{V} \tag{4-6}$$

其中, G_j 为指标 j 的客观权重。

(三)主客观赋权法

在前面两种方法的基础上,得到评价指标 j 的最终权重为 $V_j = \alpha W_j + \beta G_j$,其中 α 和 β 的值均为0.5。

通过运用前面的计算方法,并基于第二轮评价指标筛选的专家打分结果,本书得到了农村宅基地退出绩效评价指标的最终权重值,见表4-19。

表4-19　农村宅基地退出绩效评价三级指标权重

一级指标	二级指标	三级指标	主观权重	客观权重	最终权重
A1—退出政策执行	B1—退出政策实施	C1—退出政策资金来源渠道的多样性	0.0385	0.0480	0.0433
		C2—集中居住区住房建筑工程质量情况	0.0413	0.0323	0.0368
		C3—退出政策执行和谐程度	0.0446	0.0272	0.0359
		C4—村民自治组织在退出政策实施过程中的参与程度	0.0451	0.0253	0.0352
	B2—退出政策宣传	C5—政策实施的透明程度	0.0457	0.0229	0.0343
		C6—农户对退出政策的知晓程度	0.0457	0.0157	0.0307

续表

一级指标	二级指标	三级指标	主观权重	客观权重	最终权重
A2—退出政策结果	B3—经济韧性	C7—退出后农户家庭生活成本支出可承受程度	0.0396	0.0410	0.0403
		C8—农户宅基地退出净收益	0.0396	0.0453	0.0424
		C9—村集体宅基地退出净收益	0.0401	0.0368	0.0384
		C10—退出后农村一二三产业融合发展情况	0.0385	0.0438	0.0412
		C11—退出后复垦耕地面积比例	0.0347	0.0687	0.0517
	B4—社会韧性	C12—退出后农户宅基地面积超标比例变化情况	0.0368	0.0526	0.0447
		C13—退出后农户住房改善情况	0.0347	0.0651	0.0499
		C14—农户对退出政策满意程度	0.0446	0.0212	0.0329
	B5—生态韧性	C15—退出后生活垃圾无害化处理率	0.0385	0.0480	0.0432
		C16—退出后生活污水达标处理率	0.0390	0.0402	0.0396
		C17—退出后村容村貌改善程度	0.0435	0.0244	0.0339
	B6—基础设施韧性	C18—退出后人均农村硬化道路面积	0.0379	0.0425	0.0402
		C19—退出后自来水入户率	0.0401	0.0368	0.0384
		C20—退出后互联网入户率	0.0374	0.0456	0.0415
		C21—退出后天然气入户率	0.0374	0.0499	0.0437
		C22—退出后公共服务设施完善程度	0.0418	0.0370	0.0394
	B7—乡村治理韧性	C23—退出后治安情况	0.0407	0.0372	0.0390
		C24—退出后农户对社会服务获取满意程度	0.0357	0.0488	0.0423
		C25—退出后村民自治组织参与村内公共事务的程度	0.0385	0.0437	0.0411

资料来源：根据专家问卷调查结果整理。

第五章　实证分析：典型试点区域宅基地退出的绩效评价

对典型试点区域农村宅基地退出绩效进行实证评价分析，既是验证宅基地退出绩效评价指标体系的需要，也是优化宅基地退出路径的重要依据。在前文构建的宅基地退出绩效评价指标体系基础上，本章节通过选择科学合理的绩效评价方法，实证测算了典型试点区域宅基地退出绩效水平，并从典型试点区域宅基地退出绩效评价结果反思中，提炼出农村宅基地退出的绩效经验与绩效问题。

第一节　宅基地退出绩效评价的方法

在评价典型试点区域农村宅基地退出绩效之前，本书先分析现有绩效评价方法的优缺点，并根据农村宅基地退出的特征，选择适合宅基地退出绩效评价的方法。在此基础上，根据选择的评价方法确定出农村宅基地退出评价指标的目标值，并明确宅基地退出绩效评价等级的划分标准。

一、农村宅基地退出绩效评价方法选择

现有绩效评价方法已经发展得较为成熟和完善，常用的绩效评价方法主要有模糊综合评价法、综合指数法、主成分分析法、TOPSIS 法、数据包络分析法和随机前沿分析法等，各方法的优缺点见表 5-1。

表 5-1　现有的主要绩效评价方法对比

类别	定义	优点	缺点
模糊综合评价法	基于模糊数学的隶属度原理，对研究目标或研究对象的一种定量且综合的评价方法	该方法能够很好地处理模糊性强且难以量化的研究对象，得出的结果明了清楚	只考虑主要因素的作用而忽视了次要因素，评价结果不够全面；指标数较多时，权向量 W 与模糊矩阵 R 不匹配，易造成评判失败；评价主观性较为明显
综合指数法	将不同性质、不同单位的各种实测指标值，通过指数变换、加权得出综合指数，从而实现用单一统计指标定量地反映多个指标综合变动水平的评价方法	该方法运算过程简便；层次逻辑性与系统性明显；适用于多因素、多目标的复杂对象	对评价指标的目标标准具有一定的依赖性，且目标标准设定缺乏统一的准则
主成分分析法	通过变量变换将多个变量化为少数综合变量的一种多元分析方法，各综合变量彼此不相关，进而实现变量间关系的简化和对事件的评价分析	从根本上消除指标信息重叠问题以及之间的相关影响，减少指标选择的工作量；根据方差大小进行主成分选择，有助于减少计算工作量	计算过程较为烦琐，对样本量要求较高，同时由于只是反映原始变量间的先行关系，若变量间为非线性关系会影响结果偏差
TOPSIS 法	通过运算得到研究对象的最优值与最差值，找出研究对象与最优值和最差值的距离，进而对研究对象进行排序评价的一种方法	适合对具有多种对象的事物进行评价；客观性较强，避免了评价的主观性	研究对象的最优值和最差值的确定存在一定困难；必须要两个以上的研究对象才能进行分析
数据包络分析法	是一种基于相对效率概念，主要用于评价具有相同类型的多投入、多产出的决策单元是否技术有效的非参数统计方法	适合对多投入和多产出的事物进行评价；权重设定不受主观干扰；可进行每种资源的投入产出效率分析、比较分析和敏感性分析	容易受到数据异常值或极值干扰；决策单元的确定缺乏统一的标准
随机前沿分析法	是在生产前沿面随机的基础上，将随机误差考虑进去，设定生产前沿的具体函数形式，采用统计学方法对前沿生产函数进行估计，以测量效率的一种常用方法	通过增强函数形式的灵活性，使效率前沿更符合项目的实际情况，有利于提高测量结果的准确性	需要事前就假设生产函数或成本函数的具体形式，而假设的函数具体形式存在偏差则会显著影响效率测量结果

资料来源：根据相关文献整理。

由表5-1可知,现有主要的绩效评价方法各有优劣,并不存在一个完美的绩效评价方法。因此,需要根据研究对象的实际状况与属性特征来选择最适合的评价方法。

农村宅基地退出绩效评价涉及维度较多、架构指标数量较大,所涉及的指标中包含定量和定性两类指标,并且各类指标的测度方式存在差异。可见,农村宅基地退出绩效评价属于多因素、多目标和多层次的综合评价。综合指数法是在评价指标体系确定的基础上,运用科学方法对评价指标数值进行标准化,然后把标准化的指标数值与其目标值进行比较,进而基于指标权重计算得到绩效评价总分值的一种评价方法。① 该方法可以将定性分析与定量分析相结合,层次逻辑性与系统性较强,适用于多因素、多目标与多层次的复杂评价决策。同时,该方法得出的评价结果既能较为准确合理地描述被评价对象,又可再加工剖析,得到更深层次的价值信息。

因此,本书采用综合指数法来评价农村宅基地退出综合绩效。具体来看,主要包括评价指标标准化处理、综合绩效评价模型构建等具体环节。

(一)评价指标的标准化处理

在多层次、多因素和多目标的综合评价中,为避免不同层次评价指标的量纲影响,在农村宅基地退出绩效评价之前,需要对评价指标属性值进行标准化处理,使各评价指标可以无量纲地反映出各属性值差异,使其具有数据可比性。数据标准化处理的方法如下:

对于正向指标,即数值越大,绩效越好,其指标标准化分值=指标实际数值/指标目标值。

① 郑春东、和金生、陈通:《企业技术创新能力评价研究》,《中国软科学》1999年第10期。

对于负向指标，即数值越小，绩效越好，其指标标准化分值 = 指标目标值/指标实际数值。

（二）综合绩效评价模型构建

本书基于综合指数法构建农村宅基地退出绩效评价模型，将宅基地退出绩效评价指标权重与宅基地退出绩效评价指标的标准化值相乘进行计算，则可得到综合绩效评价分值，具体的公式如式（5-1）所示。

$$M = \sum_{j=1}^{n} E_j Y_j \quad (n = 25) \tag{5-1}$$

其中，M 为综合绩效评价分值，E_j 为指标 j 权重值，Y_j 为指标 j 标准化分值，n 为指标数量。

二、农村宅基地退出绩效评价指标的目标值确定

为了科学合理地确定宅基地退出绩效评价指标的目标值，本书通过查询相关文献资料、咨询专家意见、总结前期实地调研结果和参考前面部分得出的农村宅基地退出绩效目标，综合确定出宅基地退出绩效评价指标的目标参考值，详见表 5-2。例如，对于退出政策资金来源渠道的多样性（C1）指标来说，调查发现，农村宅基地退出资金来源渠道主要有政府、企业、村集体（村民）三种。为了可持续地开展农村宅基地退出工作和更好地盘活利用宅基地资源，所有试点地区实施宅基地退出改革都不应依靠单一的资金来源，应是政府、企业、村集体（村民）多方投入的结果。因此，本书将评价指标“C1—退出政策资金来源渠道的多样性”的目标值设为 100%的村庄有 2 种及以上宅基地退出资金来源渠道。

表 5-2　农村宅基地退出绩效评价指标的目标值

一级指标	二级指标	三级指标	参考依据	目标值	调研对象
A1—退出政策执行	B1—退出政策实施	C1—退出政策资金来源渠道的多样性	资金来源渠道主要包括政府、企业、村集体(村民)3 种,应实现百分之百的村庄有 2 种及以上宅基地退出资金来源渠道	100%	村集体
		C2—集中居住区住房建筑工程质量情况	应实现百分之百的退出农户认为建筑工程质量合格	100%	退出农户
		C3—退出政策执行和谐程度	应实现百分之百的退出农户认为政策执行充分尊重农民的退地意愿	100%	退出农户
		C4—村民自治组织在退出政策实施过程中的参与程度	应实现百分之百的退出农户认为村民自治组织在政策执行中的参与度较高	100%	退出农户
	B2—退出政策宣传	C5—政策实施的透明程度	应实现百分之百的退出农户认为政策实施的透明程度较高	100%	退出农户
		C6—农户对退出政策的知晓程度	应实现百分之百的退出农户认为自己了解退出政策	100%	退出农户
A2—退出政策结果	B3—经济韧性	C7—退出后农户家庭生活成本支出可承受程度	应实现百分之百的退出农户认为自己能够承受生活成本支出	100%	退出农户
		C8—农户宅基地退出净收益	应实现百分之百的退出农户宅基地退出净收益大于 0	100%	退出农户
		C9—村集体宅基地退出净收益	应实现百分之百的村集体退出净收益大于 0	100%	村集体
		C10—退出后农村一二三产业融合发展情况	应实现百分之百的退出农户认为产业融合发展较好	100%	退出农户
		C11—退出后复垦耕地面积比例	应实现百分之百的村集体宅基地退出面积百分之百复垦为耕地面积	100%	村集体

续表

一级指标	二级指标	三级指标	参考依据	目标值	调研对象
A2—退出政策结果	B4—社会韧性	C12—退出后农户宅基地面积超标比例变化情况	应实现百分之百的村集体宅基地面积超标农户比例百分之百的减少，即没有超标农户	100%	村集体
		C13—退出后农户住房改善情况	应实现百分之百的退出农户住房条件得到改善	100%	退出农户
		C14—农户对退出政策满意程度	应实现百分之百的退出农户认为满意	100%	退出农户
	B5—生态韧性	C15—退出后生活垃圾无害化处理率	应实现百分之百的村集体垃圾无害化处理率从政策实施前基础上增长到百分之百	100%	村集体
		C16—退出后生活污水达标处理率	应实现百分之百的村集体污水达标处理率从政策实施前基础上增长到百分之百	100%	村集体
		C17—退出后村容村貌改善程度	应实现百分之百的退出农户认为村容村貌改善	100%	退出农户
	B6—基础设施韧性	C18—退出后人均农村硬化道路面积	参考国家建委颁布的《城市规划定额指标暂行规定》，城市道路广场用地定额为6—10平方米/人，因此采用10平方米/人这一标准，设定的目标值为应实现百分之百的村集体人均农村硬化道路面积到目标值百分之百的增长	100%	村集体
		C19—退出后自来水入户率	应实现百分之百的村集体自来水入户率在政策实施前的基础上增长到百分之百	100%	村集体
		C20—退出后互联网入户率	应实现百分之百的村集体互联网入户率在政策实施前的基础上增长到百分之百	100%	村集体
		C21—退出后天然气入户率	应实现百分之百的村集体天然气入户率在政策实施前的基础上增长到百分之百	100%	村集体
		C22—退出后公共服务设施完善程度	公共服务设施包括行政办公设施（党群服务中心）、文体设施（运动广场、图书室、文化活动中心）、教育设施（幼儿园、小学）、医疗卫生设施（卫生室、医疗站）、社会福利设施（养老院）、商业服务设施（超市、便利店）六种。应实现所有的村庄公共服务设施种类齐全	100%	村集体

续表

一级指标	二级指标	三级指标	参考依据	目标值	调研对象
A2—退出政策结果	B7—乡村治理韧性	C23—退出后治安情况	应实现百分之百的退出农户认为治安情况较好	100%	退出农户
		C24—退出后农户对社会服务获取满意程度	应实现百分之百的退出农户认为满意	100%	退出农户
		C25—退出后村民自治组织参与村内公共事务的程度	应实现百分之百的退出农户认为参与度较高	100%	退出农户

从农村宅基地退出绩效评价指标的目标值来看，所有的评价指标均属于正向评价指标，也就是说农村宅基地退出绩效评价指标的数值越大，则表明其绩效水平越高。因此，在利用综合指数法对农村宅基地退出绩效评价指标标准化处理时，均是通过将评价指标实际数值除以评价指标目标值，计算得到宅基地退出绩效评价指标标准化值。

三、农村宅基地退出绩效评价等级的划分标准

由于计算所得的农村宅基地退出绩效综合分数值通常不符合人们判断“优”与“差”的习惯，因此需要将指标的标准化值和综合指数值转化为等级值，即建立宅基地退出绩效评价等级与评价指标标准化值的概念关联。在公共部门绩效考核中，常见的绩效等级划分方法有强迫分配法、绝对标杆法、综合交错法这三种，其中强迫分配法是将绩效评价结果强迫分为若干个绩效等级，并规定考核对象在每个绩效等级中所占的百分比；绝对标杆法是提前规定出每个绩效等级的绩效分数段，根据预设的绩效分数段来划分绩效等级；综合交错法则是综合运用这两种方法划分绩效等级。①

不同类型的绩效评价决定着不同的绩效等级划分方法。本书仅仅是选取

① 胡八一：《高绩效革命　提升公共部门绩效的钥匙》，中国致公出版社 2010 年版，第 194—196 页。

了典型试点区域开展农村宅基地退出绩效评价工作,不适宜根据所有评价对象的绩效评价结果强制划分绩效等级,因此选择绝对标杆法作为绩效等级的划分方法。由于所有的宅基地退出绩效评价指标标准化值均属于无量纲数值,本书参考邹君等①、陈萍等②、龙鑫等③、杨玉蓉等④、冯琰玮等⑤学者的相关研究,采用等间距分级法将宅基地退出绩效评价分值划分为5个绩效评价等级。同时,考虑到宅基地退出绩效等级划分的理想性与超前性要求,将宅基地退出绩效评价分值与其等级关系作出概念关联。例如,当宅基地退出绩效评价分值介于0.8至1时,则可以判断农村宅基地退出改革的绩效等级为"优",具体见表5-3。

表5-3　农村宅基地退出绩效评价等级划分标准

等级	优	良	一般	较差	差
绩效评价分值	[1,0.8]	(0.8,0.6]	(0.6,0.4]	(0.4,0.2]	(0.2,0]

第二节　数据来源与样本区域概况

在确定宅基地退出绩效评价方法的基础上,本书选择全国典型试点区域的样本村进行实地调研,通过问卷调查方式收集宅基地退出绩效评价所需的基础数据。同时,为了更好地理解农村宅基地退出绩效状况,本部分简要介绍了典型试点地区样本区域的概况。

---

① 邹君、刘兰芳、田亚平等:《地表水资源的脆弱性及其评价初探》,《资源科学》2007年第1期。

② 陈萍、王兴玲、陈晓玲:《鄱阳湖生态经济区土壤侵蚀脆弱性评价》,《武汉大学学报(信息科学版)》2012年第6期。

③ 龙鑫、甄霖、邸苏闯:《泾河流域农业旱灾风险综合评估研究》,《资源科学》2012年第11期。

④ 杨玉蓉、张青山、邹君:《基于村级尺度的农村水贫困评价——以常德澧县梅家港村为例》,《生态经济》2013年第7期。

⑤ 冯琰玮、甄江红、马晨阳:《内蒙古生态承载力评价及生态安全格局优化》,《地理研究》2021年第4期。

一、数据来源

为了保证样本数据的有效性和代表性，本书采用分层与随机抽样相结合的方式来确定调查区域。首先，依据地形地貌、地区人均 GDP、农民人均可支配收入等标准，重点选取浙江省义乌市、江西省余江区和四川省泸县，使样本具有很好的区域代表性；其次，在所选取的每个试点县（市、区）中，按照距离各试点县（市、区）中心远近的原则，随机选取 3 个乡镇，共 9 个乡镇；最后，在所选的每个乡镇中随机抽样 3 个村，共 27 个村。根据前面最终确定的农村宅基地退出绩效评价指标，本书设计了“典型试点区域宅基地退出绩效评价调查问卷（村庄部分）”和“典型试点区域宅基地退出绩效评价调查问卷（农户部分）”。

2020 年 1 月—2020 年 11 月，以样本区域退出农户和村集体作为调研对象，每个村随机发放农户调查问卷 30—50 份，村集体调查问卷 1 份。其中农户部分问卷调查采用入户访问的方式，调查人员根据问卷设计的问题面对面向被调查农户提问并填写问卷，最终得到 1001 份有效农户调查问卷。村集体问卷调查采用面对面访谈形式，调查人员根据问卷内容向负责宅基地退出工作的村干部进行访谈并填写问卷，得到 27 份有效问卷，详见表 5-4。

表 5-4　样本区域问卷调查的具体信息

<table>
<tr><th>试点区域</th><th>调研镇</th><th>调研村</th><th>调研镇距离县级中心的距离</th><th>调研日期</th><th>有效农户问卷数量（份）</th><th>有效村庄问卷数量（份）</th></tr>
<tr><td rowspan="9">四川省泸县</td><td rowspan="3">玉蟾街道</td><td>玉蟾村</td><td rowspan="3">0.9 千米</td><td rowspan="9">2020 年 1 月</td><td rowspan="9">353</td><td rowspan="9">9</td></tr>
<tr><td>黄金村</td></tr>
<tr><td>白龙塔村</td></tr>
<tr><td rowspan="3">嘉明镇</td><td>狮子村</td><td rowspan="3">12.5 千米</td></tr>
<tr><td>复兴村</td></tr>
<tr><td>葛林湾村</td></tr>
<tr><td rowspan="3">方洞镇</td><td>增湾村</td><td rowspan="3">13.9 千米</td></tr>
<tr><td>董湾村</td></tr>
<tr><td>石牌坊村</td></tr>
</table>

续表

试点区域	调研镇	调研村	调研镇距离县级中心的距离	调研日期	有效农户问卷数量(份)	有效村庄问卷数量(份)
江西省余江区	平定乡	蓝田村	13 千米	2020 年 8 月	328	9
		洪万村				
		石艾村				
	潢溪镇	渡口村	24 千米			
		大林村				
		逢叶村				
	锦江镇	范家村	31 千米			
		石港村				
		乐泉村				
浙江省义乌市	福田街道	田畈村	1 千米	2020 年 11 月	320	9
		楼西塘村				
		湖塘新村				
	北苑街道	游览亭村	5 千米			
		柳一村				
		青溪村				
	赤岸镇	晓丰村	15 千米			
		杨盆村				
		青坑村				

资料来源:根据实地调查情况整理。

为避免实地调查中的信息偏差和主观误解,本书参考相关学者的做法①,采取具体控制措施来保证问卷调查的质量。第一,在正式调查前,本书进行了预调查,以纠正问卷中不准确的问题和表述。第二,所有调查人员在实地调查前都接受了系统培训,以确保他们能够充分而又准确地向被调查人员提供调查问卷中的信息。一方面,调查人员在参加典型试点区域调研前,充分参与了预调研环节,对调研问卷较为熟悉,能够充分地向被调查群体表述调查问卷的内容。另一方面,在全国东部、中部和西部地区典型试点区域入户调查前,通

① Plott C.R., Zeiler K., "The Willingness to Pay-Willingness to Accept Gap, the 'Endowment Effect', Subject Misconceptions, and Experimental Procedures for Eliciting Valuations", *American Economic Review*, Vol.95, No.3, 2005, pp.530-545.

过座谈会的形式向当地政府部门了解当地具体的宅基地退出做法，并对调查人员的提问方式进行了培训，确保其能够统一准确地向被调查群体反映调查问卷的信息。第三，在问卷调查前，会告知被调查人员，问卷调查的相关信息仅用于科学研究，不会给他们带来任何负面影响，以减少被调查人员不真实回答问题所带来的信息误差。第四，针对农户的问卷调查是在当地政府人员和村干部不在场的情况下进行的，避免政府人员和村干部给农户带来心理干扰。

综合来看，通过前面确定的实地调研方式和相应的控制措施，尽可能地保证了本书收集的问卷数据具有很好的信度与效度。

二、样本区域概况

根据浙江省义乌市、江西省余江区和四川省泸县 27 个样本村的调研数据，本书主要从样本村庄的相关信息出发，对样本村庄情况进行简要介绍，具体见表 5-5。

表 5-5　27 个样本村庄的概况

具体情况	极大值	极小值	均值
2019 年村庄人均集体经济收入（万元）	2. 46	0	0. 12
村庄到县城（区、市）中心的距离（千米）	40. 00	3. 10	13. 18
2019 年村民人均可支配收入（万元）	8. 00	0. 50	1. 97
村庄实施宅基地退出的资金投入总额（万元）	60000. 00	70. 00	7809. 18
村庄已用于村庄基础设施建设和农户退出补偿的资金总额（万元）	57000. 00	42. 00	6834. 93
政府投入资金占村庄宅基地退出总资金的比例（%）	100	0	62. 45
村庄农户参与宅基地退出的数量（户）	1009	67	307. 26
村庄退出宅基地的总面积（亩）	400	22	90. 60

资料来源：根据实地调查整理。

由表 5-5 可以看出,在人均集体收入上,2019 年 27 个村人均集体收入的均值为 0. 12 万元,这说明样本地区整体上集体经济较为薄弱。人均集体经济收入最高值为 2. 46 万元,为义乌市福田街道湖塘新村,村庄产业主要是相框生产和房屋出租;人均集体经济收入最低值为 0 万元,为江西省余江区平定乡洪万村和潢溪镇大林村,这两个村属于传统农区,村集体经济水平较为落后,村庄发展与运行主要依靠政府转移支付。从村庄到县城(区、市)中心的距离上,平均距离为 13. 18 千米,距离最远为 40 千米,最近为 3. 10 千米,村庄分布呈现出“中心—边缘”的特征。在人均可支配收入上,2019 年 27 个村人均可支配收入的平均值为 1. 97 万元,其中浙江省义乌市福田街道田畈村人均可支配收入最高,为 8 万元;江西省余江区平定乡石艾村人均可支配收入最低,为 0. 50 万元,这说明各村庄在村民收入上的差异较大。

在村庄实施宅基地退出的资金投入总额方面,27 个村推行宅基地提出改革的资金投入总额平均为 7809. 18 万元;其中浙江省义乌市北苑街道柳一村的资金投入总额最高,为 6 亿元,江西省余江区锦江镇乐泉村的资金投入总额最低,为 70 万元,可见样本村庄在宅基地退出改革资金投入上的差异较大,呈现出“分化”态势。在村庄用于村庄基础设施建设和农户退出补偿的资金总额上,27 个村平均投入 6834. 93 万元,其中浙江省义乌市北苑街道柳一村投入最高,为 5. 70 亿元,江西省余江区平定乡石艾村投入最低,为 42 万元。在政府投入资金占村庄宅基地退出总资金的比例上,27 个村政府投入资金占村庄宅基地退出总资金的平均占比为 62. 45%;其中四川省泸县 9 个村完全属于政府投入资金,占比为 100%,浙江省义乌市田畈村、楼西塘村、湖塘新村和柳一村则完全属于村民自筹,政府投入资金占比为 0。在参与宅基地退出的农户数量方面,27 个村平均退出农户数为 307. 26 户;其中浙江省义乌市北苑街道青溪村退出农户数量最多,为 1009 户,属于整村退出;四川省泸县嘉明镇狮子村退出农户数量最少,为 67 户,属于部分农户退出。在退出宅基地的总面积上,27 个村平均退出宅基地的总面积为 90. 60 亩;其中浙江省义乌市北苑街道青溪村退出的宅基地面积最多，为 400 亩，江西省余江区锦江镇乐泉村退出的宅基地面积最少，为 22 亩。总体来看，样本村庄相关信息基本上反映了全国东部、中部、西部地区典型试点区域的村庄状况。

第三节　典型试点区域宅基地退出绩效评价的过程

根据前文确定的农村宅基地退出绩效评价方法，本部分基于样本区域的调查数据，实证评价全国典型试点区域农村宅基地退出绩效状况，最终得到典型试点区域宅基地退出绩效评价的综合分值和不同维度的绩效分值。

一、农村宅基地退出绩效评价指标的标准化处理

对于问卷收集的基础数据，参照上文设定的宅基地退出绩效评价指标目标值，将样本区域的评价指标数据进行标准化处理。例如，对于评价指标"C1—退出政策资金来源渠道的多样性"来说，27 个样本村中有 13 个村采用了政府投资和村民自筹 2 种方式来筹集宅基地退出的资金，剩下的 14 个样本村仅采用了村民自筹或政府投资单一方式。根据表 5-2 设定的目标值标准，27 个村庄中仅有 13 个村庄达到了目标值，即 13/27 = 0. 4815，因此样本区域评价指标"C1—退出政策资金来源渠道的多样性"的标准化值为 0. 4815。对于评价指标"C2—集中居住区住房建筑工程质量情况"来说，27 个样本村的 1001 户农户中有 848 户农户认为集中居住区住房建筑工程质量合格，根据表 5-2 设定的目标值标准，样本区域评价指标"C2—集中居住区住房建筑工程质量情况"的标准化值为 0. 8472，即 848/1001 = 0. 8472。样本区域宅基地退出绩效评价各项指标的标准化值见表 5-6。

表 5-6　样本区域农村宅基地退出绩效评价指标的标准化处理

一级指标	二级指标	三级指标	指标具体值	标准化值
A1—退出政策执行	B1—退出政策实施	C1—退出政策资金来源渠道的多样性	资金来源渠道主要包括政府、企业、村集体(村民)3种。27个样本村中有13个采用政府投资和村民自筹2种资金渠道,其余14个村仅有村民自筹或政府投资单一的资金渠道	0.4815
		C2—集中居住区住房建筑工程质量情况	27个样本村的1001户农户中有848户农户认为集中居住区住房建筑工程质量合格	0.8472
		C3—退出政策执行和谐程度(对农户退出意愿的尊重程度)	27个样本村的1001户农户中有836户农户认为政策执行充分尊重农民的退地意愿	0.8352
		C4—村民自治组织在退出政策实施过程中的参与程度	27个样本村的1001户农户中有674户农户认为村民自治组织在政策执行中的参与度较高	0.6733
	B2—退出政策宣传	C5—政策实施的透明程度	27个样本村的1001户农户中有771户农户认为政策实施的透明程度较高	0.7702
		C6—农户对退出政策的知晓程度	27个样本村的1001户农户中有846户农户认为自己了解退出政策	0.8452
A2—退出政策结果	B3—经济韧性	C7—退出后农户家庭生活成本支出可承受程度	27个样本村的1001户农户中有550户农户认为自己能够承受生活成本支出	0.5495
		C8—农户宅基地退出净收益	27个样本村的1001户农户中有311户农户认为自己宅基地退出净收益大于0	0.3107
		C9—村集体宅基地退出净收益	27个样本村中有23个村退出净收益大于0	0.8519
		C10—退出后农村一二三产业融合发展情况	27个样本村的1001户农户中有227户农户认为产业融合发展较好	0.2268
		C11—退出后复垦耕地面积比例	27个样本村中有6个村实现宅基地退出面积100%地转化为新增耕地面积	0.2222
	B4—社会韧性	C12—退出后农户宅基地面积超标比例变化情况	27个样本村中有12个村实现宅基地面积超标农户比例100%的减少	0.4444
		C13—退出后农户住房改善情况	27个样本村的1001户农户中有704户农户认为自己住房条件得到改善	0.7033
		C14—农户对退出政策满意程度	27个样本村的1001户农户中有819户农户认为满意	0.8182

续表

一级指标	二级指标	三级指标	指标具体值	标准化值
A2—退出政策结果	B5—生态韧性	C15—退出后生活垃圾无害化处理率	27个样本村中有22个村实现垃圾无害化处理率100%的增长	0.8148
		C16—退出后生活污水达标处理率	27个样本村中有17个村实现污水达标处理率100%的增长	0.6296
		C17—退出后村容村貌改善程度	27个样本村的1001户农户中有945户农户认为村容村貌改善	0.9441
	B6—基础设施韧性	C18—退出后人均农村硬化道路面积或长度	27个样本村中有20个村实现人均硬化道路面积到目标值100%的增长	0.7407
		C19—退出后自来水入户率	27个样本村中有10个村实现自来水入户率100%的增长	0.3704
		C20—退出后互联网入户率	27个样本村中有21个村实现互联网入户率100%的增长	0.7778
		C21—退出后天然气入户率	27个样本村中有10个村实现天然气入户率100%的增长	0.3704
		C22—退出后公共服务设施完善程度	27个样本村中有14个村实现村庄公共服务设施100%的增长	0.5185
A2—退出政策结果	B7—乡村治理韧性	C23—退出后治安情况	27个样本村的1001户农户中有924户农户认为治安情况较好	0.9231
		C24—退出后农户对社会服务获取满意程度	27个样本村的1001户农户中有851户农户认为满意	0.8501
		C25—退出后村民自治组织参与村内公共事务的程度	27个样本村的1001户农户中有511户农户认为参与度较高	0.5105

资料来源：根据实地调查整理。

由表5-6可以看出，样本区域宅基地退出绩效评价指标的标准化值可以反映该评价指标的绩效状况。例如，27个样本村中有22个村实现宅基地退出后生活垃圾无害化处理率100%的增长，其指标的标准化值为0.8148，根据表5-3设定的绩效评价等级划分标准，这表示评价指标“C15—退出后生活垃圾无害化处理率”处于“优”的绩效评价等级。样本区域 1001 户退出农户中有 227 户农户认为农村产业融合发展较好,其指标的标准化值为 0. 2268,这表示评价指标“C10—退出后农村一二三产业融合发展情况”处于“较差”的绩效评价等级。

二、农村宅基地退出绩效评价的综合分值计算

根据农村宅基地退出绩效评价模型,将评价指标权重值与样本区域评价指标的标准化处理值相乘并求和,可得到全国典型试点区域宅基地退出绩效评价综合分值。本书通过对典型试点区域 27 个样本村的宅基地退出综合绩效进行计算,得到其综合绩效分值为 0. 6268。根据评价结果等级划分标准,全国典型试点区域宅基地退出综合绩效评价等级为“良”,这说明全国典型试点地区宅基地退出改革基本实现政策预期目标。其中,退出政策执行绩效分值为 0. 7312,绩效等级评价为“良”,退出政策结果绩效分值为 0. 5980,绩效等级评价为“一般”,这表明典型试点区域农村宅基地退出政策执行绩效要优于退出政策结果绩效。

在农村宅基地退出政策执行绩效中,退出政策实施绩效分值为 0. 6991,退出政策宣传绩效分值为 0. 8056。在农村宅基地退出政策结果绩效中,经济韧性的绩效分值为 0. 4152,社会韧性的绩效分值为 0. 6422,生态韧性的绩效分值为 0. 7895,基础设施韧性的绩效分值为 0. 5556,乡村治理韧性的绩效分值为 0. 7594(见图 5-1)。

从典型试点区域宅基地退出绩效评价二级指标的评价等级来看,退出政策宣传位于前列,绩效评价等级为“优”;其次为生态韧性、乡村治理韧性、退出政策实施和社会韧性,绩效评价等级均为“良”;最后为基础设施韧性和经济韧性,绩效评价等级为“一般”。

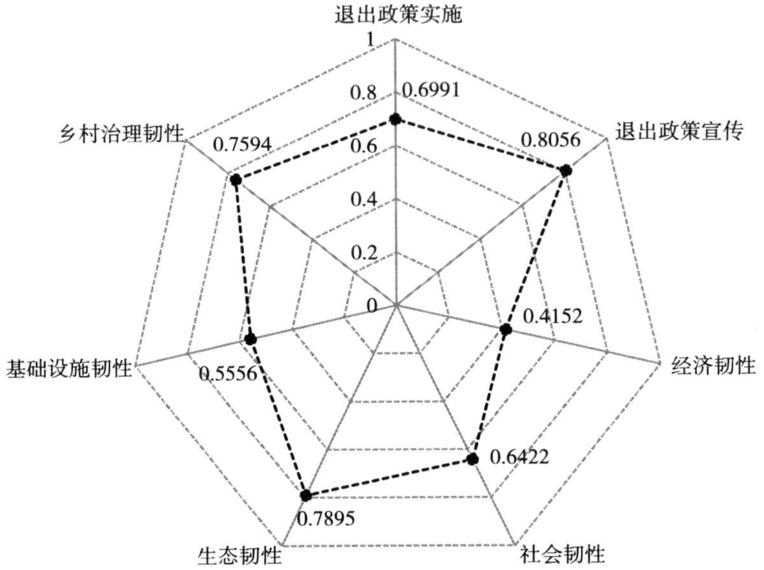

图 5-1　典型试点区域二级指标绩效得分

资料来源:根据计算结果整理。

第四节　典型试点区域宅基地退出绩效评价结果分析

为把握典型试点区域农村宅基地退出绩效背后的原因,本部分对典型试点区域宅基地退出政策执行绩效和政策结果绩效进行分析。

一、典型试点区域农村宅基地退出政策执行绩效分析

典型试点区域宅基地退出政策执行绩效的分值为 0.7312,处于"良"的绩效评价等级。由于宅基地退出政策执行主要包括退出政策实施和退出政策宣传两大维度,因此主要从这两个维度来剖析农村宅基地退出政策执行绩效。

(一)退出政策实施

从绩效评价结果来看,典型试点区域农村宅基地退出政策实施的绩效分值为 0.6991,处于“良”的绩效评价等级。退出政策实施主要包括退出政策资金来源渠道的多样性、集中居住区住房建筑工程质量情况、退出政策执行和谐程度(对农户退出意愿的尊重程度)和村民自治组织在退出政策实施过程中的参与程度这 4 个方面。在被调查的 1001 户农户中,有 84.72%的农户认为新村住房建筑工程质量合格,有 83.52%的农户认为政府和村集体在执行宅基地退出政策中充分尊重了他们的退地意愿,有 67.33%的农户认为村民自治组织在政策执行中的参与度较高。这表明典型试点地区在宅基地退出政策实施过程中坚持了农户自愿和不让农民利益受损的基本原则,同时以农户为主体,保障其参与权和话语权。此外,在被调查的 27 个村中,有 13 个村庄采用政府投资和村民自筹相结合的方式来获取宅基地退出改革所需资金,剩下的 14 个村庄属于村民自筹或政府投资单一方式。政府投资主要包括收储村庄整理出的节余建设用地指标和给予的新村建设资金,村民自筹则包括村庄乡贤与能人捐资、村民协商后自发自筹、村民建房择位竞价费、宅基地超占有偿使用费、宅基地资格权有偿调剂费以及村民利用宅基地使用权到银行抵押贷款等。

(二)退出政策宣传

从绩效评价结果来看,典型试点区域农村宅基地退出政策宣传的绩效分值为 0.8056,处于“优”的绩效评价等级。退出政策宣传主要包含政策实施的透明程度(退出政策的信息公开程度)和农户对退出政策的了解程度这 2 项评价指标。实际上,宅基地作为农户安身立命之本,在退出过程中必须要得到农户的支持和同意。同时,农村宅基地退出属于一项新的制度安排,必须通过不断宣传和保障信息公开透明,为后续宅基地退出政策的实施奠定基础。根据实地调查,样本地区充分利用村民大会、村民代表大会、宣传标语、新闻电视等各种手段与方式,大力宣传农村宅基地退出政策,保证了农村宅基地退出相关信息的透明度。在被调查的农户中,有77.02%的农户认为农村宅基地退出政策实施的透明度较高,有84.52%的农户认为自己比较了解农村宅基地退出政策,可见,样本区域宅基地退出政策宣传效果较好。

二、典型试点区域农村宅基地退出政策结果绩效分析

典型试点区域农村宅基地退出政策结果绩效的分数为0.5980,处于"一般"的绩效评价等级。对于农村宅基地退出政策结果绩效,主要体现在宅基地退出所带来的经济韧性、社会韧性、生态韧性、基础设施韧性和乡村治理韧性方面的变化。

(一)经济韧性

在典型试点区域农村宅基地退出政策结果绩效中,经济韧性的绩效分值为0.4152,处于"一般"的绩效评价等级。经济韧性主要由退出农户家庭生活成本支出可承受程度、农户宅基地退出净收益、村集体宅基地退出净收益、退出后农村一二三产业融合发展情况和退出后复垦耕地面积比例这5项评价指标来体现。在样本区域,大多数农户退出后便进入集中居住区和新村聚居点,其居住生活方式发生了较大改变。但这种集中居住方式在带来生活便利的同时,也增加了退出农户的生活支出成本,如水、电、气以及物业支出。在被访问的农户中,有54.95%的退出农户认为自己能够承受增加的生活成本支出,仅有31.07%的农户认为自己宅基地退出净收益大于0,可见农户对宅基地退出过程中的直接收益和间接支出情况不太满意。在实施农村宅基地退出改革后,大部分村庄的二三产业没有得到相应提升,仅有22.68%的农户认为农村一二三产业融合发展情况较好,这主要是因为样本村庄未能利用退出的宅基地发展乡村产业。同时,在宅基地退出过程中,村集体收益与退出农户收益不

平衡,宅基地退出收益分配体系不够完善。从农村宅基地退出给村庄带来的变化来看,27 个样本村中有 23 个村的村集体在宅基地退出中的净收益为正,平均净收益约为 974.25 万元,但从上文可知,只有少部分农户在宅基地退出过程中收益为正。此外,大多数村庄退出的宅基地均用于村庄基础设施建设和村庄未来分户建房使用,退出的宅基地并未完全复垦为耕地,27 个样本村中仅有 6 个村实现宅基地退出面积 100%复垦为耕地面积。

(二)社会韧性

在典型试点区域农村宅基地退出政策结果绩效中,社会韧性的绩效分值为 0.6422,处于"良"的绩效评价等级。社会韧性主要包括退出后农户宅基地面积超标比例变化情况、退出后农户住房改善情况和农户对退出政策满意程度。首先,样本地区制定的宅基地退出政策有效解决了宅基地违法超占、"一户多宅"等历史遗留问题。在被调查的 27 个样本村中,平均实现宅基地面积超标农户的比例减少 86.07%,并且有 12 个村完全消除了宅基地面积超标的现象。实际上,调查的样本地区均坚持"一户一宅、面积核定"原则,要求多占超占宅基地的农户必须退出多占超占的土地或缴纳宅基地有偿使用费,这在一定程度上保障了农村宅基地取得与分配的公平,维护了社会的公平正义。其次,样本地区的村集体利用宅基地退出获得的收益,修建集中居住区、新村聚居点和实施旧村改造,有效保障了农户的住房需求和改善了农户住房条件,有 70.33%的被调查农户认为自己住房条件得到改善。正是由于农户的住房需求和住房条件得到改善,有 81.82%的被调查农户对宅基地退出政策的满意度较高。

(三)生态韧性

在典型试点区域农村宅基地退出政策结果绩效中,生态韧性的绩效分值为 0.7895,处于"良"的绩效评价等级。实施农村宅基地退出政策所带来的生态韧性主要体现在退出后生活垃圾无害化处理率、退出后生活污水达标处理率和退出后村容村貌改善程度这3个方面。在垃圾无害化处理上,27个村平均实现垃圾无害化处理率94.38%的增长,其中有22个村实现垃圾无害化处理率100%的增长;在生活污水达标处理上,27个村平均实现污水达标处理率83.07%的增长,其中有17个村实现污水达标处理率100%的增长。同时有94.41%的退出农户认为退出政策实施后所在村庄的村容村貌得到改善,这说明样本地区在实施宅基地退出政策后,村庄的生态韧性得到极大提升。这是因为样本试点地区将宅基地退出改革与农村人居环境整治、美丽乡村建设等其他改革政策相结合,在改革过程中大力改善村庄居住环境,显化宅基地退出所带来的生态韧性,同时也促进了农户生产与生活方式生态化。

(四)基础设施韧性

在典型试点区域农村宅基地退出政策结果绩效中,基础设施韧性的绩效分值为0.5556,处于"一般"的绩效评价等级。农村宅基地退出政策所带来的基础设施韧性主要体现在退出后人均农村硬化道路面积、退出后自来水入户率、退出后互联网入户率、退出后天然气入户率和退出后公共服务设施完善程度这5个方面。样本区域在实施宅基地退出改革过程中,往往以宅基地退出改革为推手,大力提升村庄基础设施建设和完善公共服务设施配套,这有效改善了村庄的基础设施条件,增强了村庄发展的韧性。实地调查数据显示,27个样本村实施农村宅基地退出政策后,有20个村实现人均硬化道路面积到目标值100%的增长,10个村实现自来水入户率100%的增长,有21个村实现互联网入户率100%的增长,有10个村实现天然气入户率100%的增长,有14个村实现村庄公共服务设施100%的增长。

(五)乡村治理韧性

在典型试点区域农村宅基地退出政策结果绩效中,乡村治理韧性的绩效分值为 0.7594,处于“良”的绩效评价等级。农村宅基地退出政策所带来的乡村治理韧性主要体现在退出后治安情况、退出后农户对社会服务获取满意程度和退出后村民自治组织参与村里公共事务的程度这 3 个方面。从绩效结果来看,农村宅基地退出后村庄治安和村庄社会服务供给的绩效较高,但村民自治组织参与村里公共事务的绩效不高。在样本村庄被访问的退出农户中,有 92.31%的农户认为退出后村庄治安情况较好,有 85.01%的农户对村庄社会服务获取感到满意,但仅有 51.05%的农户认为退出后村民自治组织参与村里公共事务的程度较高。

第五节　典型试点区域宅基地退出的绩效反思

从前面的分析情况来看,全国典型试点地区农村宅基地退出改革能够基本实现退出政策的绩效目标,但也仍有较大的提升空间。本部分通过进一步反思典型试点区域宅基地退出绩效水平,既总结宅基地退出改革的绩效经验,也剖析其存在的绩效问题。

一、典型试点区域农村宅基地退出改革绩效经验总结

整体来看,试点区域在宅基地退出改革过程中探索出了众多值得复制和可推广的做法,为下一步全面推行农村宅基地退出政策提供了经验参考。

(一)注重充分尊重农户的宅基地退出意愿

长期以来,宅基地作为农户安身立命之所,其重要性不言而喻。因此,在宅基地退出政策执行过程中,稍有不慎便可能引发农户的不满,进而影响宅基地退出政策的顺利实施。从典型试点区域农村宅基地退出绩效评价结果来看,在宅基地退出过程中农户对退出政策和实施过程都较为满意,并且原来很

多并不认可宅基地退出政策的农户也因宅基地退出改革带来的效益而改变了想法。究其原因，样本区域在宅基地退出过程中充分认识到农村宅基地所承担的居住保障功能，坚持农民利益不受损的政策底线，充分尊重农户的宅基地退出意愿，而不是“一刀切”地强制性推动宅基地退出改革。典型试点区域农村宅基地退出的实践表明，在宅基地退出过程中，以农户的切身利益为核心，充分尊重农户的退出意愿，能够有效提高农村宅基地退出绩效水平。

（二）注重加强宅基地退出政策宣传

对于一项新的公共政策来说，如果政策宣传工作不到位，在实际执行过程中很可能会遭到政策目标群体的反对，进而导致政策失败。农村宅基地退出作为一项新的政策设计，在试点改革初期必然会受到众多参与主体的质疑和不理解，尤其是农户受“祖屋”“祖宅”和“命根子”等传统观念影响，对宅基地退出政策存在较大的误解。然而，调研发现典型试点区域参与宅基地退出的农户数量较多，宅基地退出改革的推行总体上较为顺利。细究原因，这与前期较好的政策宣传有着密切联系。实地调查发现，试点区域采用丰富多样的政策宣传方式，注重宣传手段的灵活性和有效性，提升了各级干部和农户对宅基地退出政策的认识，为宅基地退出改革创造了良好的舆论氛围。典型试点区域农村宅基地退出的实践证明，开展农村宅基地退出工作需要掌握正确的方式方法，其中注重加强宅基地退出政策宣传能够有效提升宅基地退出绩效。

（三）注重保障农户获取与占有宅基地的公平

保障宅基地获取和占有公平是农村宅基地退出改革的重要起点。由于早期宅基地管理制度存在不足以及相关监管力度不够，部分农户低成本超占多占宅基地，严重破坏宅基地管理制度的公平性。典型试点区域在农村宅基地退出改革过程中，将其他宅基地管理制度与宅基地退出相结合，着重解决了宅基地利用“入无门槛、退无出路”的两难困境。具体来看，试点区域均在改革之初就明确了农村宅基地的面积标准,坚持“一户一宅,面积核定”的基本原则,要求凡是超占多占宅基地的农户必须一律退出或缴纳宅基地有偿使用费,这些要求基本保证了农户公平获取和占有宅基地。同时,在宅基地确权登记过程中,对农户合法占用的宅基地和超标违规占用的宅基地进行区分,较好地处理了农村宅基地的历史遗留问题,为宅基地退出改革营造了良好的环境。典型试点区域农村宅基地退出的实践证明,在宅基地退出过程中,注重保障农户获取与占有宅基地的公平,有效处理宅基地历史遗留问题,能够显著提升农村宅基地退出绩效。

(四)注重健全乡村治理体系和提升乡村治理能力

乡村有其独特的运行逻辑,自治、法治、德治均发挥着重要作用。典型试点区域在农村宅基地退出过程中,坚持村民自治,保障农户的主体地位,不断健全乡村治理体系和提升乡村治理能力。这使宅基地退出改革的意义超越了宅基地本身,有利于形成乡村治理的新形态。试点区域在宅基地退出改革中,积极推动村民事务理事会、土地民主管理小组等村民自治组织深入参与宅基地退出的各项事宜,并倡导和鼓励村庄的乡贤、能人共同参与宅基地退出改革,借助其权威性和示范性作用,有效地激发出村民参与宅基地退出改革的内生动力,较好地化解了宅基地退出过程中的矛盾纠纷,进而节省宅基地退出试点改革的实施成本。典型试点区域农村宅基地退出实践表明,注重健全乡村治理体系和提升乡村治理能力,不断提升乡村的善治水平,有利于提高农村宅基地退出绩效。

(五)注重与其他相关改革联动推进

农村宅基地退出政策的顺利实施,离不开其他相关改革的配合与支持。典型试点区域将宅基地退出与新农村建设、美丽乡村建设、农村人居环境整治、土地整理、城乡建设用地增减挂钩等改单结合,整合各方面的要素、资源和资金，在推动宅基地退出改革顺利实施的同时，进一步改善农村人居环境、基础设施和公共服务配套。这不仅提升了宅基地退出改革的正效应，也消除了农户对宅基地退出政策的误解，增加了农户参与宅基地退出项目的积极性，进而形成了较好的示范效应。典型试点区域农村宅基地退出实践表明，以系统性思维联动推进农村宅基地退出与其他相关改革，充分发挥政策的“叠加”与“合力”效应，能够有效提升农村宅基地退出绩效。

二、典型试点区域农村宅基地退出改革绩效问题剖析

尽管典型试点区域宅基地退出改革具有许多值得总结和提炼的经验价值，但从绩效评价结果来看，也存在需要解决和完善的绩效问题，主要包括需要积极拓宽农村宅基地退出的资金来源渠道、需要充分利用退出的宅基地发展乡村产业、需要建立合理的宅基地退出利益分配机制和需要充分考虑退出农户的可持续生计保障。

（一）需要积极拓宽宅基地退出的资金来源渠道

在公共政策试点过程中，常常存在通过堆积资源打造“示范点”却无法推广的现象。① 实际上，宅基地退出资金筹集渠道的多样性决定了试点区域农村宅基地退出改革模式能否可持续推进和普遍推广。从典型试点区域宅基地退出改革状况来看，大部分村庄比较依赖政府资金投入。在宅基地退出改革前期，试点区域政府通常需要投入巨额的资金用于收储宅基地退出转化而来的建设用地指标，这实际上给地方政府带来了较大的财政压力。同时，这种过于依赖政府资金投入、退出资金来源渠道单一的改革模式不仅容易引起地方政府财政发生风险，而且容易导致建设用地指标的市场真实价值不能得到完全体现，村集体和退出农户无法分享建设用地指标的增值收益，进而形成地方

① 李云新、袁洋：《项目制运行过程中“示范”断裂现象及其解释》，《华中科技大学学报（社会科学版）》2015 年第 5 期。

政府“与民争利”的局面。这容易引发退出农户的不满，降低宅基地退出改革的综合绩效。典型试点区域农村宅基地退出改革实践表明，需要积极拓宽宅基地退出的资金来源渠道，降低对政府投入资金的依赖，才能提高农村宅基地退出的综合绩效。

（二）需要充分利用退出的宅基地发展乡村产业

农村宅基地不仅具有住房保障功能，也能够作为资源要素推动乡村产业发展。同时，农户退出宅基地后，需要产业发展来满足退地群体长远的生计问题。然而，典型试点区域大多数村庄并没有充分利用退出的宅基地积极发展乡村产业。实践调查结果表明，样本区域要么将复垦产生的建设用地指标用来改善基础设施或者作为农户未来建房的储备用地，要么将节余的建设用地指标挂钩交易到城镇地区，并未有效利用退出的土地为乡村一二三产业融合发展提供土地要素保障。典型试点区域农村宅基地退出改革实践表明，要充分利用退出的宅基地资源发展乡村产业，坚持本村土地留在本村使用，推动一二三产业融合发展，才能可持续且有效地增强村庄的发展韧性，最终提升宅基地退出改革的综合绩效。

（三）需要建立合理的宅基地退出利益分配机制

一项新的制度改革必然涉及参与主体利益的重新分配和调整，良好的制度设计就必须建立合理的利益分配机制。在宅基地退出改革中，中央政府对退出农户的利益诉求在于保障农户利益不受损和增加农户财产性收入。然而，在典型试点区域宅基地退出改革过程中，村集体退出净收益明显增加，农户的退出净收益明显减少，甚至出现农户退出净收益为负的现象，宅基地退出收益分配机制严重不合理。实际上，试点区域给予农户的退出补偿并不能有效弥补退出农户所承担的新房建设成本或新房购置成本，大多数退出农户需要动用家庭储蓄资金或通过银行借贷的方式来购买或修建新房，这就导致农户的宅基地退出净收益明显下降,甚至为负。与此同时,村庄则以集体的名义大量占有建设用地指标收益和政府投入资金,影响了宅基地退出综合绩效的提升。典型试点区域农村宅基地退出改革实践表明,要建立合理的宅基地退出利益分配机制,确保农户在宅基地退出过程中利益不受损,才能进一步提高农村宅基地退出的绩效。

（四）需要充分考虑退出农户的可持续生计保障

宅基地不仅承担着农户的房屋居住功能,也具有重要的生计保障属性,如庭院经济和辅助生产。因此,农村宅基地退出改革不仅要保障退出农户“有居、宜居”,也要关注退出农户的生计问题。典型试点区域大部分村庄在宅基地退出改革中,侧重农户住房条件改善,并未考虑农户的可持续生计保障,存在“重安居、轻生计”的问题。具体表现在以下两个方面:一是退出农户进入到集中居住区和新村聚居点居住后,其居住生活方式与原有的生产方式不匹配,降低了农户对生活成本支出增加的可承受度,如集中居住区水、电、气、物业管理等生活成本支出带来的经济压力。二是在原有生计模式不变的条件,宅基地退出使农户失去“庭院经济”收入,退出农户的家庭收入降低。典型试点区域农村宅基地退出改革实践表明,要坚持农户“安居”与“生计”并重,综合考虑农户的生产生活需求和长远的生计状况,要以多元化的渠道和方式增加农户在宅基地退出改革中的收益,消除农户退地后生活成本增加的顾虑,才能有效提高农村宅基地退出的绩效。

第六章 比较透析:典型试点区域宅基地退出的绩效比较

不同区域的宅基地退出需求和条件不同,探索的宅基地退出模式也各不相同。为了更全面地掌握现有宅基地退出的绩效情况,在前文分析典型试点区域农村宅基地退出整体绩效基础上,本章将分别测算和比较不同区域农村宅基地退出绩效和不同农村宅基地退出模式的绩效,并运用障碍度模型识别影响农村宅基地退出绩效的障碍因子,为后续农村宅基地退出路径优化提供依据。

第一节 典型试点区域宅基地退出绩效的区域比较

如前文所述,本书将浙江省义乌市、江西省余江区和四川省泸县作为宅基地制度改革试点区域的典型代表,同时这三地也分别地处东部、中部和西部地区,在一定程度上代表了各自区域特征。本书在分别计算三地农村宅基地退出综合绩效结果和对绩效结果进行剖析的基础上,运用障碍因子诊断模型,甄别影响这些区域农村宅基地退出绩效的主要障碍因子。

一、东部典型试点区域宅基地退出绩效及其影响因素

位于东部地区的义乌市地方经济相对发达，城镇化水平较高，人地矛盾问题突出，在宅基地制度改革过程中探索出"义乌智慧"的做法，具有典型性和代表性。因此，本书基于义乌市样本区域调研数据资料，分析东部地区典型试点区域宅基地退出绩效及其影响因素。

（一）义乌市样本区域概况

在样本选择方面，本书按照距离义乌市政府中心远近的原则，先随机选取3个乡镇（街道），然后在所选每个乡镇（街道）中随机抽样3个村，共选取了9个样本村，其中义乌市样本村庄的基本情况见表6-1。据调研了解，9个样本村宅基地退出改革资金平均投入21677万元，其中，政府投资部分占4%左右；2019年9个样本村农户共3041户，参加宅基地退出改革的比重达95%，基本做到全覆盖。

表6-1　东部地区典型试点区域义乌市样本村庄信息

序号	村庄	用于村庄建设和退出补偿的资金总额（万元）	2019年村民人均可支配收入（万元）	到县城（区、市）中心距离（千米）
1	浙江省义乌市福田街道田畈村	19920	4	6.6
2	浙江省义乌市福田街道楼西塘村	37220	8	5.8
3	浙江省义乌市福田街道湖塘新村	2000	6	5.8
4	浙江省义乌市北苑街道游览亭村	8400	2	5.2
5	浙江省义乌市北苑街道青溪村	12600	2	4.3
6	浙江省义乌市北苑街道柳一村	57000	5	4.7

续表

序号	村庄	用于村庄建设和退出补偿的资金总额(万元)	2019 年村民人均可支配收入(万元)	到县城(区、市)中心距离(千米)
7	浙江省义乌市赤岸镇晓丰村	16000	1	18.9
8	浙江省义乌市赤岸镇杨盆村	12694	1	19.0
9	浙江省义乌市赤岸镇青坑村	7994	1	19.1

资料来源:根据实地调查数据整理。

(二)义乌市农村宅基地退出绩效评价结果分析

根据上一章节确定的宅基地退出绩效评价方法,将义乌市调研获取的原始数据进行标准化处理(见表 6-2)。

表 6-2　义乌市宅基地退出绩效评价指标的标准化处理

一级指标	二级指标	三级指标	指标具体值	标准化值
A1—退出政策执行绩效	B1—退出政策实施	C1—退出政策资金来源渠道的多样性	资金来源渠道主要包括政府、企业、村集体(村民)3 种。9 个样本村资金主要来源政府投资和村民自筹。其中属于政府投资和村民自筹 2 种方式的村有 5 个,其余 4 村属于村民自筹	0.5556
		C2—集中居住区住房建筑工程质量情况	9 个样本村中有 263 户农户认为集中居住区住房建筑工程质量合格	0.8219
		C3—退出政策执行和谐程度(对农户退出意愿的尊重程度)	9 个样本村中有 243 户农户认为政策执行充分尊重农民的退地意愿	0.7594
		C4—村民自治组织在退出政策实施过程中的参与程度	9 个样本村中有 231 户农户认为村民自治组织在政策执行中的参与度较高	0.7219
	B2—退出政策宣传	C5—政策实施的透明程度(即相关退出政策的信息公开程度)	9 个样本村中有 252 户农户认为政策实施的透明程度较高	0.7875
		C6—农户对退出政策的知晓程度	9 个样本村中有 285 户农户认为自己了解退出政策	0.8906

续表

一级指标	二级指标	三级指标	指标具体值	标准化值
A2—退出政策结果绩效	B3—经济韧性	C7—退出后农户家庭生活成本支出可承受程度	9个样本村中有244户农户认为自己能够承受生活成本支出	0.7625
		C8—农户宅基地退出净收益	9个样本村中有168户农户认为自己宅基地退出净收益大于0	0.5250
		C9—村集体宅基地退出净收益	9个样本村平均净收益为2362.9万元,其中有7个村净收益大于0	0.7778
		C10—退出后农村一二三产业融合发展情况	9个样本村中有108户农户认为产业发展较好	0.3375
		C11—退出后复垦耕地面积比例	9个样本村平均实现20.68%的宅基地退出面积转化为新增耕地面积,其中9个样本中只有1个村实现宅基地退出面积100%地转化为新增耕地面积	0.2068
	B4—社会韧性	C12—退出后农户宅基地面积超标比例变化情况	9个样本村平均实现宅基地面积超标农户比例100%的减少	1.0000
		C13—退出后农户住房改善情况	9个样本村中有284户农户自己住房条件得到改善	0.8875
		C14—农户对退出政策满意程度	9个样本村中有242户农户认为满意	0.7563
	B5—生态韧性	C15—退出后生活垃圾无害化处理率	9个样本村平均实现垃圾无害化处理率100%的增长	1.0000
		C16—退出后生活污水达标处理率	9个样本村平均实现污水达标处理率100%的增长	1.0000
		C17—退出后村容村貌改善程度	9个样本村中有308户农户认为村容村貌改善	0.9625
	B6—基础设施韧性	C18—退出后人均农村硬化道路面积(或长度)	人均硬化道路面积目标值为10平方米。9个样本村平均实现人均农村硬化道路面积到目标值249.96%的增长,其中9个村全部实现人均硬化道路面积到目标值100%的增长	1.0000
		C19—退出后自来水入户率	9个样本村平均实现自来水入户率100%的增长	1.0000
		C20—退出后互联网入户率	9个样本村平均实现互联网入户率100%的增长	1.0000
		C21—退出后天然气入户率	9个样本村平均实现天然气入户率100%的增长	1.0000

续表

一级指标	二级指标	三级指标	指标具体值	标准化值
A2—退出政策结果绩效	B6—基础设施韧性	C22—退出后公共服务设施完善程度	9个样本村平均实现村域公共服务设施覆盖率94.44%的增长,其中9个样本中8个村实现村域公共服务设施覆盖率100%的增长	0.9444
		C23—退出后治安情况	9个样本村中有293户农户认为治安情况较好	0.9156
	B7—乡村治理韧性	C24—退出后农户对社会服务获取满意程度	9个样本村中有275户农户认为满意	0.8594
		C25—退出后村民自治组织参与村内公共事务的程度	9个样本村中有191户农户认为参与度较高	0.5969

资料来源:根据实地调查整理。

在此基础上,结合前文计算得到的农村宅基地退出绩效评价指标体系权重值,运用综合指数法将指标权重与标准化值相乘求和,计算得到东部地区典型试点区域义乌市的农村宅基地退出绩效评价综合分值为0.7958,其中二级评价指标分值如图6-1所示。

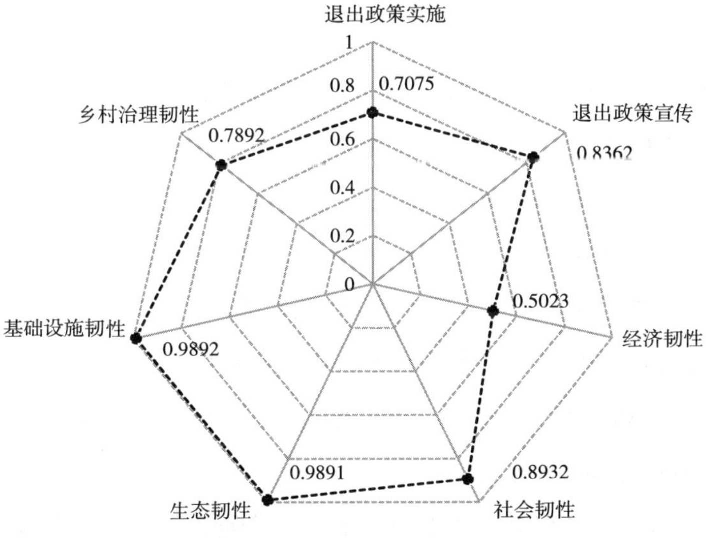

图6-1　东部地区典型试点区域义乌市二级指标绩效得分

资料来源:根据计算结果整理。

根据义乌市农村宅基地退出绩效评价结果,义乌市农村宅基地退出绩效评价综合分值为0.7958,属于“良”的绩效评价等级。与此同时,在7个二级指标中,有4个二级指标绩效为“优”,2个二级指标绩效为“良”,仅有1个二级指标绩效为“一般(中)”。这说明以义乌市为典型代表的东部地区农村宅基地退出改革较好地实现了宅基地退出改革试点的预期目标,乡村韧性得到显著提升。

1. 义乌市农村宅基地退出政策执行绩效良好

在政策实施方面,由于“集中居住区住房建筑工程质量情况”和“退出政策执行和谐程度(对农户退出意愿的尊重程度)”两个指标绩效为“优”,大大提高了政策执行力度。通过调研可知,农户之所以普遍对住房工程质量比较满意,主要是采用了他们认可的方式进行建造。高层住宅由村集体采用规范程序遴选有实力的开发商进行开发建设,而低层住宅则采用统规统建方式建设。不仅如此,在选择建房形态、确定退出补偿金额等方面,也会征求农户意见,尊重大多数人的选择,因此,75.94%的农户认为自己的意愿得到尊重。在政策宣传方面,义乌市宅基地退出政策的宣传工作开展较好,信息公开程度很高,宣传的精准化与有效性较强,保障了农民对改革政策的知情权。改革以来,义乌市利用村内宣讲、入户宣传、新闻媒体和网络宣传等各种途径,宣传改革试点政策220余场次。在调研中,有78.75%的农户认为义乌市农村宅基地退出政策透明度较高,基本做到信息公开;有89.06%的农户认为自己了解与知晓宅基地退出政策。

2. 义乌市农村宅基地退出政策结果绩效优秀

从构成结果绩效的“五个韧性”来看,“社会韧性”“生态韧性”“基础设施韧性”绩效得分均在“优”的水平,“乡村治理韧性”绩效结果为“良”,只有“经济韧性”绩效得分为“一般”。

首先,从绩效为“优”的二级指标来看,“社会韧性”方面,调研发现义乌市通过此次改革解决了住房困难户5010户,治理改造危房户29635户,退地农户住房条件改善明显。“生态韧性”和“基础设施韧性”为“优”,则是因为义乌市将农村宅基地退出改革试点与城乡新社区集聚、美丽乡村建设相结合,以高标准推进基础设施建设,完善公共服务配套、提升农村居住环境条件,使宅基地退出带来的生态韧性和基础设施韧性高度显化。

其次,从绩效为“良”的二级指标来看,“乡村治理韧性”中,由于确定了村集体组织的改革主体地位,村庄更新改造规划与实施细则、土地收益分配方案纳入村民自主决策,农户的知情权和监督权获得更高程度的保障,同时也提升了农户参与村集体公共事务的积极性,在一定程度上保障了义乌市宅基地退出过程中拥有较高的乡村治理能力。

最后,“经济韧性”绩效是农村宅基地退出政策结果绩效的短板,这似乎与义乌市经济发展水平不相符,但从经济韧性的角度来看,又具有合理性。由于义乌市经济发展水平高,农户收入水平也较高,退出后农户的生活水平基本不会受到影响,生计模式也早已与“进城”相适应,这是经济韧性好的表现。然而,这种经济收入存在不可持续性或高风险性,在调研中发现,对退出后宅基地的利用都以商铺出租为主,在村庄层面几乎没有发展产业的规划,从而导致经济韧性表现一般。

3. 义乌市农村宅基地退出政策综合绩效障碍因子诊断

为进一步厘清影响义乌市宅基地退出绩效结果的障碍,本书采用障碍度模型分别计算了三级指标的障碍度,以揭示义乌农村宅基地退出绩效的影响因素。

障碍度模型是一种判断子系统或指标对于总系统或总效应阻碍程度的手段,作为一种衡量区域生态安全的重要方法,已经在诸多领域获得广泛应用①②,尤其

① 徐少癸、左逸帆、章牧:《基于模糊物元模型的中国旅游生态安全评价及障碍因子诊断研究》,《地理科学》2021 年第 1 期。

② 邹秀清、谢美辉、肖泽干等:《基于熵权——TOPSIS 法的乡村发展评价及障碍因子诊断》,《中国农业资源与区划》2021 年第 10 期。

是绩效评价方面①②。障碍度模型采用“指标偏离度”“因子贡献度”“障碍度”三个指标进行分析评价③,其中,“指标偏离度”是指标实际值与最优目标值之间的差距,即绩效评价指标每个实际指标值与农村宅基地退出绩效评价目标值之间的差距,通常用指标标准化值与1的差表示;“因子贡献度”指单个指标对宅基地退出绩效的影响程度或是贡献程度,通常用指标权重表示;“障碍度”则指单个指标对农村宅基地退出绩效阻碍程度,其代表了指标的负面影响程度。障碍度的计算模型一般可表示为式(6-1)的形式。

$$O_i = \frac{I_i W_i}{\sum_{i=1}^{m} I_i W_i} \tag{6-1}$$

式中,O_i 表示第 i 个指标的障碍度,I_i 表示第 i 个指标的偏离度,W_i 为第 i 个指标的权重以代替指标的因子贡献度。其中指标偏离度 I_i 的计算方法见式(6-2)。

$$I_i = 1 - X_i' \tag{6-2}$$

式中,X_i' 表示第 i 个指标的标准化值。考虑到指标数量较多,为更有效地把握主要障碍因子,仅取障碍度排名前五的指标,计算结果见表6-3。

表6-3 东部地区典型试点区域农村宅基地退出绩效评价因子障碍度

排序	障碍因子	障碍度(%)
1	C11—退出后复垦耕地面积比例	20.08
2	C10—退出后农村一二三产业融合发展情况	13.34
3	C8—农户宅基地退出净收益	9.87

① 陈曼、甘臣林、梅昀等:《农户生计视角下农地流转绩效评价及障碍因子诊断——基于武汉城市圈典型农户调查》,《资源科学》2019年第8期。

② 余亮亮、蔡银莺:《基于农户满意度的耕地保护经济补偿政策绩效评价及障碍因子诊断》,《自然资源学报》2015年第7期。

③ 李彩惠、霍海鹰、李雅洁等:《基于突变级数模型的城市低碳竞争力评价及障碍因子诊断分析》,《资源科学》2015年第7期。

续表

排序	障碍因子	障碍度(%)
4	C1—退出政策资金来源渠道的多样性	9.40
5	C25—退出后村民自治组织参与村内公共事务的程度	8.12

资料来源:根据实地调查数据计算整理。

从5个障碍因子所属二级指标来看,C11、C10和C8均为“经济韧性”,与前文分析呼应,可以揭示“经济韧性”成为短板的原因。除此以外,C1为“退出政策实施”,C25为“乡村治理韧性”,也是影响以义乌市为典型代表的东部地区农村宅基地退出绩效的重要因素。障碍因子对绩效的影响分析如下:

“C11—退出后复垦耕地面积比例”是影响义乌市农村宅基地退出综合绩效的最大障碍因子,障碍度达20.08%,这说明退出后的宅基地复垦比例不如预期。由于义乌市城镇化发展水平高,部分村庄实际上已经慢慢融入城镇地区,二三产业发展需求旺盛,对建设用地的需求大而对农用地的需求相对较少,因此在宅基地退出改革过程中实际复垦的比例低。

“C10—退出后农村一二三产业融合发展情况”是排第二位的障碍因子,障碍度为13.34%。大力发展乡村产业是实现乡村振兴的重中之重,也是实现乡村可持续发展的基础。农村建设用地不足是限制乡村产业发展的重要掣肘之一。义乌市农村集体经济同样也存在薄弱的问题,遗憾的是,村集体并未将宅基地退出释放出的建设用地指标很好地用于产业发展。在调研的9个样本村中,仅有33.75%的农户认为退出后村里二三产业发展较好。事实上,作为东部地区经济发达的强市,商品经济发达,外来人口较多,有较大的租房需求(包括产业用房需求),多数村集体通过修建门面房来收取房租以获得租金收益,产业形态较为单一。在访谈中,当被问到“村里是否有发展其他产业的计划时”,有村民认为“没有必要,收收房租就比以前经济状况改善很多了”,由此可以看出,退出的宅基地为产业发展提供了土地支撑,但村集体和农户发展产业的动力不足。

"C8—农户宅基地退出净收益",是排第三位的障碍因子,障碍度为9.87%。义乌市退出农户,尤其是城镇规划红线内的退出农户可以置换5倍于农户本身合法宅基地占地面积的住房建筑面积。以义乌市福田街道田畈村为例,该村实施宅基地退出改革后,平均每户分得5套住房(每套住房面积130平方米左右),最多的农户分到11套,最少分到3套。农户获得的补偿金额不足以支付上述房款,因此农户大多需要贷款才能补上差额。根据本书对该指标的内涵解释来看,义乌市农户普遍由于宅基地退出补偿总额不足以支付农户宅基地退出的购置新房成本,所以他们普遍在宅基地退出过程中净收益是小于0的。

"C1—退出政策资金来源渠道的多样性",是排第四位的障碍因子,障碍度为9.40%。在探索宅基地退出改革中,"钱从哪里来"是一个至关重要的问题。资金来源渠道多元化有利于缓解地方政府的财政压力,尤其是通过市场化运作筹集资金来构建一个常态化的运作机制,才能够推动宅基地退出的可持续性。义乌市宅基地退出改革的资金来源主要是政府投资和村民自筹。其中,通过"集地券"和村民自筹2种方式筹集资金的村有5个,其余4村完全通过村民自筹获得资金,包括宅基地投标选位费、宅基地资格权有偿调剂费以及村民利用宅基地到银行抵押获得的贷款。可以看出,义乌市对农户动员是较为充分的,但对市场资源的引入与其经济发达程度相比显得较为单一。

"C25—退出后村民自治组织参与村内公共事务的程度",是排第五位的障碍因子,障碍度为8.12%。这一结果意味着,村民参与村内公共事务的程度还有待提高。一方面,由于村民将自己多余的房屋出租,导致出现"本村人懒得管,外村人没资格管"的局面。另一方面,长期以来村民"自我意识强、集体意识薄弱"的特点,影响村民在集体组织中的行为。在调研中,有59.69%的农户认为退出后村民和村民自治组织参与村里公共事务的程度较高,这说明通过宅基地退出能够使村民和村集体自治能力得到锻炼,为更多参与公共事务打下良好基础,但是距离形成自治水平高的格局还有一定差距。

二、中部地区典型试点区域宅基地退出绩效及其影响因素

江西省余江区是位于中部地区的传统农区,建设用地扩张与耕地保护的矛盾突出,在宅基地退出改革探索中形成了“余江样板”,是中部地区的典型试点区域。因此,本书在余江区选定样本区域,分析中部地区典型试点区域宅基地退出绩效及其影响因素。

(一)余江区样本区域概况

在样本选择方面,本书按照距离余江区政府中心远近的原则,先随机选取3个乡镇(街道),然后在所选每个乡镇(街道)中随机抽样3个村,其中余江区样本村庄基本情况见表6-4。据调研显示,9个样本村宅基地退出改革资金平均投入493万元,其中,政府投资部分约占78.38%;2019年9个村农户共5470户,参加宅基地退出改革的比重接近70%。

表6-4　中部地区典型试点区域余江区样本村庄信息

序号	村庄	用于村庄建设和退出补偿的资金总额(万元)	2019年村民人均可支配收入(万元)	到县城(区、市)中心距离(千米)
1	江西省余江区平定乡蓝田村	900	1.6	4.8
2	江西省余江区平定乡洪万村	995	0.8	8.2
3	江西省余江区平定乡石艾村	42	0.5	5.8
4	江西省余江区潢溪镇渡口村	583	1.2	20.0
5	江西省余江区潢溪镇大林村	102	1.8	14.8
6	江西省余江区潢溪镇逢叶村	356	1.4	15.6

续表

序号	村庄	用于村庄建设和退出补偿的资金总额(万元)	2019年村民人均可支配收入(万元)	到县城(区、市)中心距离(千米)
7	江西省余江区锦江镇范家村	363	1.3	20.7
8	江西省余江区锦江镇石港村	12694	1	19.0
9	江西省余江区锦江镇乐泉村	7994	1	19.1

资料来源:根据实地调查数据整理。

(二)余江区农村宅基地退出的绩效评价结果分析

同样地,根据前文确定的宅基地退出绩效评价方法,将余江区调研获取的原始评价指标数据进行标准化处理(见表6-5)。

表6-5 余江区宅基地退出绩效评价指标的标准化处理

一级指标	二级指标	三级指标	指标具体值	标准化值
A1—退出政策执行绩效	B1—退出政策实施	C1—退出政策资金来源渠道的多样性	资金来源渠道主要包括政府、企业、村集体(村民)3种。余江区9个样本村资金主要来源都是政府投资和村民自筹	0.0000
		C2—集中居住区住房建筑工程质量情况	余江区9个样本村中有292户农户认为集中居住区住房建筑工程质量合格	0.8902
		C3—退出政策执行和谐程度(对农户退出意愿的尊重程度)	余江区9个样本村中有278户农户认为政策执行充分尊重农民的退地意愿	0.8476
		C4—村民自治组织在退出政策实施过程中的参与程度	余江区9个样本村中有286户农户认为村民自治组织在政策执行中的参与度较高	0.8720
	B2—退出政策宣传	C5—政策实施的透明程度(即相关退出政策的信息公开程度)	余江区9个样本村中有269户农户认为政策实施的透明程度较高	0.8201
		C6—农户对退出政策的知晓程度	余江区9个样本村中有286户农户认为自己了解退出政策	0.8720

续表

一级指标	二级指标	三级指标	指标具体值	标准化值
A2—退出政策结果绩效	B3—经济韧性	C7—退出后农户家庭生活成本支出可承受程度	余江区 9 个样本村中有 167 户农户认为自己能够承受生活成本支出	0.5091
		C8—农户宅基地退出净收益	余江区 9 个样本村中有 68 户农户宅基地退出净收益大于 0	0.2073
		C9—村集体宅基地退出净收益	余江区 9 个样本村平均净收益为 29.04 万元,其中有 8 个村净收益大于 0	0.8889
		C10—退出后农村一二三产业融合发展情况	余江区 9 个样本村中有 51 户农户认为产业发展较好	0.1555
		C11—退出后复垦耕地面积比例	余江区 9 个样本村平均实现 31.39%的宅基地退出面积转化为新增耕地面积,没有 1 个村实现宅基地退出面积 100%地转化为新增耕地面积	0.3139
	B4—社会韧性	C12—退出后农户宅基地面积超标比例变化情况	余江区 9 个样本村平均实现宅基地面积超标农户比例 84.53%的减少,其中 2 个村实现宅基地面积超标农户比例 100%的减少	0.8453
		C13—退出后农户住房改善情况	余江区 9 个样本村中有 131 户农户住房条件得到改善	0.3994
		C14—农户对退出政策满意程度	余江区 9 个样本村中有 286 户农户认为满意	0.8720
	B5—生态韧性	C15—退出后生活垃圾无害化处理率	余江区 9 个样本村平均实现垃圾无害化处理率 100%的增长	1.0000
		C16—退出后生活污水达标处理率	余江区 9 个样本村平均实现污水达标处理率 82.22%的增长,其中有 6 个村实现污水达标处理率 100%的增长	0.8222
		C17—退出后村容村貌改善程度	余江区 9 个样本村中有 313 户农户认为村容村貌改善	0.9543

续表

一级指标	二级指标	三级指标	指标具体值	标准化值
A2—退出政策结果绩效	B6—基础设施韧性	C18—退出后人均农村硬化道路面积（或长度）	人均硬化道路面积目标值为10平方米。余江区9个样本村平均实现人均农村硬化道路面积到目标值227.95%的增长，其中有5个村实现人均硬化道路面积到目标值100%的增长	1.0000
		C19—退出后自来水入户率	余江区9个样本村平均实现自来水入户率21.19%的增长，其中有1个村实现自来水入户率100%的增长	0.2119
		C20—退出后互联网入户率	余江区9个样本村平均实现互联网入户率84.13%的增长，其中有7个村实现互联网入户率100%的增长	0.8413
		C21—退出后天然气入户率	余江区9个样本村平均实现天然气入户率0增长	0.0000
		C22—退出后公共服务设施完善程度	余江区9个样本村平均实现村庄公共服务设施覆盖率73.15%的增长，其中有3个村实现村庄公共服务设施覆盖率100%的增长	0.7315
	B7—乡村治理韧性	C23—退出后治安情况	余江区9个样本村中有312户农户认为治安情况较好	0.9512
		C24—退出后农户对社会服务获取满意程度	余江区9个样本村中有303户农户认为满意	0.9238
		C25—退出后村民自治组织参与村内公共事务的程度	余江区9个样本村中有199户农户认为参与度较高	0.6067

资料来源：根据实地调查整理。

结合宅基地退出绩效评价指标体系的权重值，运用综合指数法进行计算，得到中部地区典型试点区域余江区的农村宅基地退出绩效评价分值为0.6427，其中宅基地退出二级绩效评价指标分值见图6-2。

从以上绩效评价结果来看，余江区农村宅基地退出绩效评价综合分值为0.6427，等级评价属于“良”。在7个二级指标中，4个二级指标绩效为“优”，1个二级指标绩效为“良”，2个二级指标绩效为“一般（中）”。可见，中部地区江西省余江区农村宅基地退出改革，在一定水平上实现了宅基地退出政策的绩效目标。

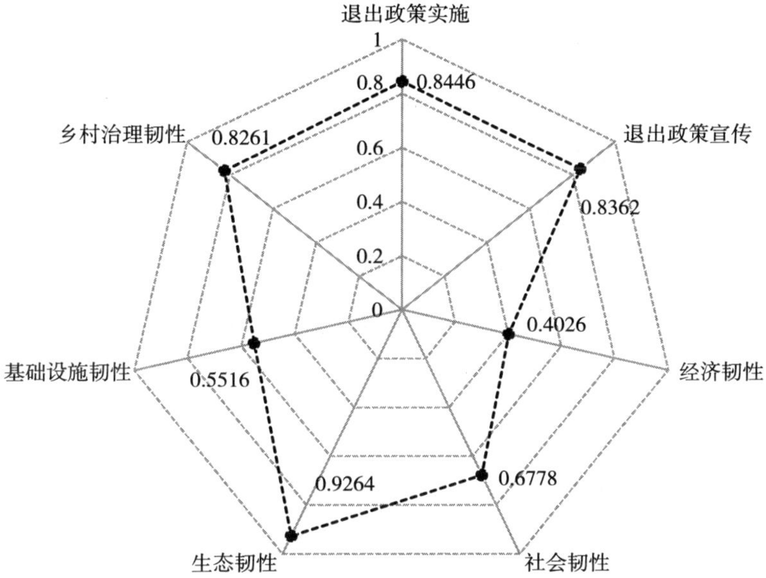

图 6-2　中部地区典型试点区域余江区二级指标绩效得分

资料来源:根据计算结果整理。

1. 余江区农村宅基地退出政策执行绩效良好

在政策实施方面,余江区最大的亮点就是在实施农村宅基地退出政策过程中充分做到了农户自愿退出的基本原则,退出政策执行的和谐度较高,农户参与感较强。据调研可知,有 84.76%的农户认为农村宅基地退出政策执行充分尊重了自己的意愿,87.20%的农户认为村民和村民自治组织在退出政策执行中的参与度较高。事实上,这与余江区大力推行的以村民理事会为主体实施宅基地退出改革相关,无论是宅基地退出补偿方式与标准,还是新村规划与建设,群众民主推荐与协商产生的村民理事会都起着主导与关键作用,村民自治组织在宅基地退出改革中的话语权较强。当然,这也与余江区高度重视政策宣传紧密相关,既注重保持政策透明,也关注实现农户全知晓。余江先后14 次召开全区 4 级干部大会进行动员宣传部署,充分利用微信、短信、报纸、电视、标语、横幅、宣传栏、宣传单、宣传队等进行全方位立体式宣传。同时由村民总结出的“宅基地不是祖业，是集体资产”“一户只能一宅，建新必须拆旧”“多占宅基地，多交人民币”“宅改显公平，干部是带头人”等宣传标语在余江区广泛传播，表现出高度的灵活性和针对性。在调查中，有 82.01%的农户认为退出政策实施的透明程度较高，相关信息较为公开，有 87.20%的农户认为自己了解农村宅基地退出政策。

2. 余江区农村宅基地退出政策结果绩效良好

从构成结果绩效的“五个韧性”来看，“生态韧性”“乡村治理韧性”绩效得分均在“优”的水平，“社会韧性”绩效得分在“良”的水平，“经济韧性”“基础设施韧性”绩效得分为“一般”水平。

首先，从绩效为“优”的来看，“生态韧性”方面，垃圾无害化处理、污水达标处理以及村容村貌改善程度分别实现了 100%、82.22%和 95.43%的增长，取得这一绩效主要是因为余江区将宅基地退出改革与新农村建设有机结合起来，既有资金投入保证，又能腾退出足够空间，再加上余江区农村原本集中居住程度就比较高，改善程度非常明显。在“乡村治理韧性”方面，95.12%的农户认为治安情况较好，92.38%的农户对退出后社会服务获取感到满意，60.67%的农户认为退出后村民和村民自治组织参与村里公共事务的程度较高。这主要是由于余江区在推动宅基地退出过程中始终坚持村民自治，以村民理事会为主体实施农村宅基地退出改革，广泛吸引村集体中的乡贤能人积极参与到宅基地退出改革中，形成了余江区实施宅基地制度改革的显著特色。

其次，从绩效为“良”的来看，“社会韧性”方面，宅基地退出制度改革有效缓解了宅基地面积超标问题，但农户住房条件改善不明显。据调研了解，余江区依据“一户一宅、面积核定”的原则，坚持“一把尺子量到底”，对凡是多占超占宅基地的农户，明确要求必须一律退出多占超占的土地或缴纳宅基地有偿使用费，9 个样本村平均实现宅基地面积超标农户比例 84.53%的减少，这一原则的统一坚持在一定程度上保障了宅基地取得与分配的公平，而通过宅基地制度改革与新农村建设有机结合,实施大量修路、绿化等项目,居住环境有很大改善,使 87.20%的农户对余江区农村宅基地退出改革表示满意。但是,由于余江区农户宅基地退出大多属于房屋附属设施退出和一户多宅的退出,大多数农户的住房条件没有发生实质性变化,因此,仅有 39.94%的农户认为自己住房条件得到改善。

最后,从绩效为“一般”的来看,“经济韧性”和“基础设施韧性”绩效是导致绩效不高的两个重要方面。“经韧性性”方面,推动宅基地退出在一定程度上改善了村集体经济薄弱的局面(调研村平均净收益为 29.04 万元),但对农户就业和收入改善程度相对有限,多数农户的居住和生活模式基本维持原状,导致经济韧性没有得到有效提高。“基础设施韧性”方面,由于余江区宅基地退出中主要以面积超标部分和房屋附属设施为主,村集体宅基地退出净收益不足以支撑进行更多的基础设施建设,因此,村庄没有足够的财力推动大规模基础设施建设,调研样本村中自来水入户率实现 21.19%的增长,天然气入户率为 0,导致宅基地退出后基础设施韧性仍较弱。

3. 余江区农村宅基地退出政策综合绩效障碍因子诊断

为进一步厘清影响余江区农村宅基地退出绩效结果的障碍因子,同样采用障碍度模型分别计算三级指标的障碍度,分析余江区农村宅基地退出绩效的影响因素,计算结果见表 6-6。

表 6-6　中部地区典型试点区域农村宅基地退出绩效评价因子障碍度

排序	障碍因子	障碍度(%)
1	C21—退出后天然气入户率	12.23
2	C1—退出政策资金来源渠道的多样性	12.09
3	C11—退出后复垦耕地面积比例	9.93
4	C10—退出后农村一二三产业融合发展情况	9.71
5	C8—农户宅基地退出净收益	9.41

资料来源:根据实地调查数据计算整理。

从5个障碍因子所属二级指标来看，C21为“基础设施韧性”，C1为“退出政策实施”，C11、C10和C8均为“经济韧性”，障碍因子对绩效的影响分析如下：

“C21—退出后天然气入户率”是影响余江区农村宅基地退出综合绩效的重要障碍因子，障碍度达12.23%。中西部地区农村基础设施欠账较多，以往多集中在道路、电网等方面进行建设，对农村来说是最紧要、最急需解决的问题。随着乡村振兴战略的提出，农村基础设施提升中开始对天然气入户进行规划部署。余江区农村虽然居住比较集中，但由于没有进行新区建设，加上可用于基础设施建设的资金并不宽裕，所以在宅基地退出过程中没有能解决天然气入户问题。这与当前农村生活方式现代化、绿色化要求相比，还有一定差距。

“C1—退出政策资金来源渠道的多样性”也是影响余江区农村宅基地退出综合绩效的重要障碍因子，障碍度为12.09%。从调研中可知，余江区宅基地退出资金来源渠道以政府为主，村民捐款为辅。政府资金来源主要依靠新农村建设资金，在宅基地退出验收后，村集体可以获得每个聚居点（50户）30万元的资金，主要用于退出补偿、宅基地拆迁、新村建设等事项。村民自发筹集资金是通过乡贤与能人捐资、村民自发捐款以及建房择位竞价费、宅基地超占有偿使用费等，资金规模比较有限。调研中，受访者表示“由于退出时政府资金还没到位，只有通过自筹部分经费来支付退出拆房屋附属设施的花费”。宅基地退出执行是需要资金投入才能顺利推行的，除了要补偿给农户的资金外，实施宅基地退出同样需要资金支持。余江区作为传统农区的典型代表，区位优势不明显，政府财政力量有限，市场化程度不高，势必对资金来源渠道多样性产生影响，由此对宅基地退出绩效提升形成一定阻碍。

“C11—退出后复垦耕地面积比例”是排第三位的障碍因子，障碍度为9.93%。调研了解到，余江区宅基地退出主要以超标多占面积和房屋附属设施为主，分布零散且复垦成本较高，难以成规模地加以利用，复垦后收益不高。

同时,余江区在宅基地制度改革前面临的主要问题是没有多余指标新审批宅基地,所以多数村集体都是将退出宅基地留存用于村庄未来建设和分户建房使用,也在一定程度上导致余江区宅基地退出面积复垦为耕地的面积比例较小。

"C10—退出后农村一二三产业融合发展情况",是排第四位的障碍因子,障碍度为9.71%。由前述可知,余江区宅基地退出地块比较细碎而且分布零散难以用来发展产业,而且劳动力外出务工较多导致农村"空心化"程度相对比较严重,"缺人缺空间"的情况下,想要利用腾退出的宅基地发展产业是比较困难的,因此导致宅基地退出后一二三产业融合发展情况并未有明显提升。

"C8—农户宅基地退出净收益",是排第五位的障碍因子,障碍度为9.41%。在宅基地退出中部地区如盖新房、室内装修等支出造成退出农户资金压力增大,一定程度上降低了农户宅基地退出净收益。受宅基地退出资金不足影响,余江区实施的宅基地退出针对超占、多占的主要采用无偿退出,只有少数"一户一宅"情况退出宅基地,才会进行适当补偿。因此,对于余江区大多数属于超占多占退出宅基地的农户,既没有因宅基地退出而获得可观的宅基地退出补偿金,也没有因"建新拆旧"搬进新居而支出装修费用,属于基本持平,宅基地退出收益变化不大。

三、西部地区典型试点区域宅基地退出绩效及其影响因素

位于西部地区的泸县经济相对落后,人口外流现象突出,但在此次宅基地制度改革过程中取得了较好的成效,形成了"泸县经验",具有典型性和代表性。因此,本书选取四川省泸县的样本区域,分析西部地区典型试点区域宅基地退出绩效及其影响因素。

（一）泸县样本区域概况

在样本选择方面，本书按照距离泸县政府中心远近的原则，先随机选取3个乡镇（街道），然后在所选每个乡镇（街道）中随机抽样3个村，其中泸县样本村庄的基本情况详见表6-7。据调研了解，泸县9个样本村宅基地退出改革资金平均投入1258万元，其中，政府投资部分约100%；2019年9个村农户共8635户，参加宅基地退出改革的比重不到20%。

表6-7 西部地区典型试点区域泸县样本村庄信息

序号	村庄	用于村庄建设和退出补偿的资金总额（万元）	2019年村民人均可支配收入（万元）	到县城（区、市）中心距离（千米）
1	泸县玉蟾街道黄金村	593	1.1	6.5
2	泸县玉蟾街道白龙塔村	628	1.9	3.8
3	泸县玉蟾街道玉蟾村	1511	1.1	3.1
4	泸县嘉明镇狮子村	200	1.0	11.9
5	泸县嘉明镇葛林湾村	433	1.1	11.3
6	泸县嘉明镇复兴村	1286	1.0	10.2
7	泸县方洞镇董湾村	643	1.7	15.4
8	泸县方洞镇曾湾村	926	1.6	18.3
9	泸县方洞镇石牌坊村	324	1.6	14.9

资料来源：根据实地调查数据整理。

（二）泸县农村宅基地退出的绩效评价结果分析

根据前文确定的宅基地退出绩效评价方法，将泸县调研获取的评价指标原始数据进行标准化处理（见表6-8）。

表 6-8　泸县宅基地退出绩效评价指标的标准化处理

一级指标	二级指标	三级指标	指标具体值	标准化值
A1—退出政策执行绩效	B1—退出政策实施	C1—退出政策资金来源渠道的多样性	资金来源渠道主要包括政府、企业、村集体(村民)3 种。泸县 9 个样本村资金主要来源均属于政府收储村里的建设用地指标	0.0000
		C2—集中居住区住房建筑工程质量情况	泸县 9 个样本村中有 293 户农户认为集中居住区住房建筑工程质量合格	0.8300
		C3—退出政策执行和谐程度(对农户退出意愿的尊重程度)	泸县 9 个样本村中有 315 户农户认为政策执行充分尊重农民的退地意愿	0.8924
		C4—村民自治组织在退出政策实施过程中的参与程度	泸县 9 个样本村中有 157 户农户认为村民自治组织在政策执行中的参与度较高	0.4448
	B2—退出政策宣传	C5—政策实施的透明程度(即相关退出政策的信息公开程度)	泸县 9 个样本村中有 250 户农户认为政策实施的透明程度较高	0.7082
		C6—农户对退出政策的知晓程度	泸县 9 个样本村中有 275 户农户认为自己了解退出政策	0.7790
A2—退出政策结果绩效	B3—经济韧性	C7—退出后农户家庭生活成本支出可承受程度	泸县 9 个样本村中有 139 户农户认为自己能够承受生活成本支出	0.3938
		C8—农户宅基地退出净收益	泸县 9 个样本村中有 75 户农户宅基地退出净收益大于 0	0.2125
		C9—村集体宅基地退出净收益	泸县 9 个样本村平均净收益为 530.79 万元,其中 8 个村净收益大于 0	0.8889
		C10—退出后农村一二三产业融合发展情况	泸县 9 个样本村中有 68 户农户认为产业发展较好	0.1926
		C11—退出后复垦耕地面积比例	泸县 9 个样本村平均实现 96.48%的宅基地退出面积转化为新增耕地面积,其中有 5 个村实现宅基地退出面积 100%地转化为新增耕地面积	0.9648
	B4—社会韧性	C12—退出后农户宅基地面积超标比例变化情况	泸县 9 个样本村平均实现宅基地面积超标农户比例 73.67%的减少,其中有 1 个村实现宅基地面积超标农户比例 100%的减少	0.7367
		C13—退出后农户住房改善情况	泸县 9 个样本村中有 289 户农户住房条件得到改善	0.8187
		C14—农户对退出政策满意程度	泸县 9 个样本村中有 291 户农户认为满意	0.8244

续表

一级指标	二级指标	三级指标	指标具体值	标准化值
A2—退出政策结果绩效	B5—生态韧性	C15—退出后生活垃圾无害化处理率	泸县9个样本村平均实现垃圾无害化处理率83.15%的增长,其中有4个村实现垃圾无害化处理率100%的增长	0.8315
		C16—退出后生活污水达标处理率	泸县9个样本村平均实现污水达标处理率66.98%的增长,其中有2个村实现污水达标处理率100%的增长	0.6698
		C17—退出后村容村貌改善程度	泸县9个样本村中有324户农户认为村容村貌改善	0.9178
	B6—基础设施韧性	C18—退出后人均农村硬化道路面积(或长度)	人均硬化道路面积目标值为10平方米。泸县9个样本村平均实现人均农村硬化道路面积到目标值239.64%的增长,其中有6个村实现人均硬化道路面积到目标值100%的增长	1.0000
		C19—退出后自来水入户率	泸县9个样本村平均实现自来水入户率59.56%的增长,其中没有村庄实现自来水入户率100%的增长	0.5956
		C20—退出后互联网入户率	泸县9个样本村平均实现互联网入户率88.26%的增长,其中有5个村实现互联网入户率100%的增长	0.8826
		C21—退出后天然气入户率	泸县9个样本村平均实现天然气入户率79.60%的增长,其中有1个村实现天然气入户率100%的增长	0.7960
		C22—退出后公共服务设施完善程度	泸县9个样本村平均实现村庄公共服务设施覆盖率65.56%的增长,其中有3个村实现村庄公共服务设施覆盖率100%的增长	0.6556
	B7—乡村治理韧性	C23—退出后治安情况	泸县9个样本村中有319户农户认为治安情况较好	0.9037
		C24—退出后农户对社会服务获取满意程度	泸县9个样本村中有273户农户认为满意	0.7734
		C25—退出后村民自治组织参与村内公共事务的程度	泸县9个样本村中有121户农户认为参与度较高	0.3428

资料来源:根据实地调查整理。

结合宅基地退出绩效评价指标体系的权重值,运用综合指数法进行计算,得到西部地区典型试点区域泸县的宅基地退出绩效评价分值为 0.6787，其中二级指标分值见图 6-3。

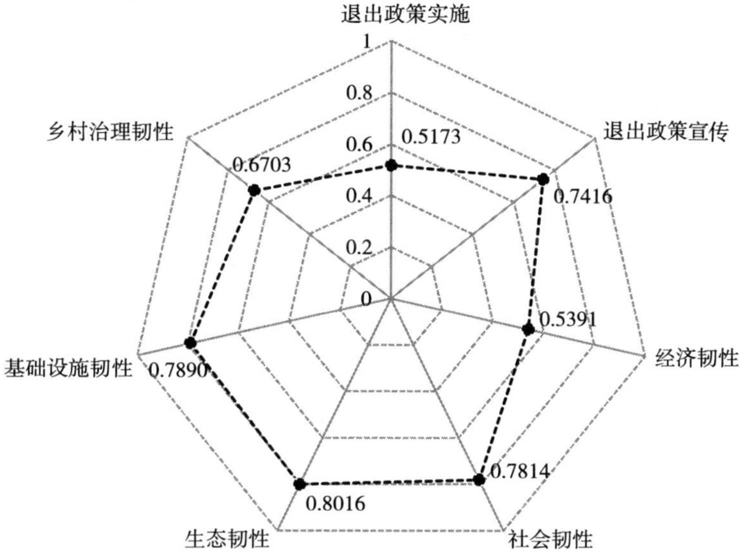

图 6-3　西部地区典型试点区域泸县二级指标绩效得分

资料来源：根据计算结果整理。

从以上绩效评价结果可知，泸县农村宅基地退出绩效评价综合值为 0.6787，等级评价属于“良”。在 7 个二级指标中，1 个二级指标绩效为“优”，4 个二级指标绩效为“良”，2 个二级指标绩效为“一般（中）”。可见，西部地区典型试点区域四川省泸县农村宅基地退出综合绩效较好，基本达到改革预期。

1. 泸县农村宅基地退出政策执行绩效一般

在政策实施方面，泸县的农村宅基地退出改革主要是在政府主导下推进实施的，容易出现村民和村民自治组织在退出政策执行中参与度不高的问题，表现为相关标准制定往往没有充分考虑农户意见与实际需求，退出农户在一定程度上只能被动地接受。在政策宣传方面，调研结果显示 70.82%的农户认为退出政策实施的透明程度较高，77.90%的农户认为自己了解农村宅基地退出政策，这说明泸县宅基地退出政策的宣传工作成效显著，宣传有效性较为理想。

2. 泸县农村宅基地退出政策结果绩效为良好

从构成结果绩效的“五个韧性”来看，“生态韧性”绩效得分为“优”的水平，“社会韧性”“基础设施韧性”“乡村治理韧性”绩效得分均为“良”的水平，“经济韧性”绩效得分为“一般”水平。

首先，从绩效为“优”的来看，“生态韧性”方面，泸县通过新居建设改善农村居住环境，提升了村容村貌，促进了农户生产生活方式生态化。据调研了解，泸县在宅改后生活污水处理、垃圾无害化处理分别实现66.98%、83.15%的增长，91.78%的农户认为退出后村容村貌得到较大改善。

其次，从绩效为“良”的来看，“社会韧性”方面，泸县将城乡建设用地增减挂钩机制与宅基地退出政策相结合，有力地推动村集体将退出的宅基地复垦为耕地，并将其转化为建设用地指标获取收益，用于修建集中居住区，改善退出农户住房条件，完善村庄公共服务设施，从而使农户对宅基地退出政策十分满意。据调研可知，81.87%的农户认为退出后自己的住房条件得到改善，82.44%的泸县农户对宅基地退出政策感到满意。“基础设施韧性”方面，泸县借助宅基地退出改革将农户适度集中，利用结余建设用地指标交易收入改善道路、水、电、气、网等基础设施配套，提升了居住条件与生活环境。“乡村治理韧性”方面，在调查的农户中，有90.37%的农户认为退出后村庄治安状况较好，有77.34%的退出农户对社会服务获取感到满意，但仅有34.28%的农户认为退出后村民和村民自治组织参与村里公共事务的程度较高。

最后，从绩效为“一般”的来看，“经济韧性”是泸县宅基地退出改革的绩效“短板”，突出地表现为农户退出后生活成本高，净收益不高以及产业发展不足。调研发现，仅有39.38%的退出农户认为能够承受退出后的生活成本支出，仅有21.25%的退出农户认为宅基地退出净收益为正，并且仅有19.26%的农户认为退出后村里产业发展较好。村集体则通过改革获得了较高收益，9个样本村平均村集体净收益为530.79万元，基本实现了村集体在宅基地退出改革中收益为正的目标。

3. 泸县农村宅基地退出政策综合绩效障碍因子诊断

为进一步厘清影响泸县农村宅基地退出绩效结果的障碍因子,同样采用障碍度模型分别计算了三级指标的障碍度,分析了泸县农村宅基地退出绩效的影响因素,计算结果如表 6-9 所示。

表 6-9　西部地区典型试点区域农村宅基地退出绩效评价因子障碍度

排序	障碍因子	障碍度(%)
1	C1—退出政策资金来源渠道的多样性	13.45
2	C10—退出后农村一二三产业融合发展情况	10.80
3	C8—农户宅基地退出净收益	10.39
4	C25—退出后村民自治组织参与村内公共事务的程度	8.41
5	C7—退出后农户家庭生活成本支出可承受程度	7.60

资料来源:根据实地调查数据计算整理。

从 5 个障碍因子所属二级指标来看,C1 为"退出政策实施",C10、C8、C7 均为"经济韧性",C25 为"乡村治理韧性",障碍因子对绩效的影响分析如下:

"C1—退出政策资金来源渠道的多样性"是影响泸县农村宅基地退出综合绩效的最大障碍因子,障碍度达 13.45%。泸县将农村宅基地退出与城乡建设用地增减挂钩机制结合,将结余建设用地指标收益作为支持宅基地退出的资金来源渠道,而且是唯一渠道,导致退出资金来源渠道较为单一。同时,在运行过程中的资金垫付全部由政府财政承担,财政压力较大,由此影响宅基地退出绩效。

"C10—退出后农村一二三产业融合发展情况"是排第二位的障碍因子,障碍度为 10.80%。虽然泸县通过新建聚居区释放出相当规模的农村建设用地指标,但在推动农村产业发展方面还有所欠缺。泸县将部分复垦耕地通过增减挂钩政策获得指标收益来支付宅基地退出改革的所需资金,以缓解财政压力。调研了解到,泸县成交过一宗以每亩 25 万元的价格流转县外(县外市内)、面积达 8126 亩的土地,其中政府以 12 万元每亩的价格支付给集体经济组织,用来收储宅基地制度改革过程中的结余建设用地指标。此外,由于泸县区位优势不明显，腾退的农村建设用地难以吸引到有实力的市场主体发展产业，导致产业发展不理想。

“C8—农户宅基地退出净收益”是排第三位的障碍因子，障碍度为10.39%。泸县退出农户虽然通过宅基地退出住进新居，居住条件和村容村貌都有很大改善，但也还是要支出诸如装修、房款补差等。调研了解到，泸县对村内“一户多宅”和超占面积的农户进行货币补偿，补偿标准为砖混100元/平方米、砖瓦80元/平方米、土坯60元/平方米、其他附属设施20元/平方米；对村内一户一宅退出农户进行货币补偿，补偿标准为砖混450元/平方米、砖瓦380元/平方米、土坯300元/平方米、其他附属设施20元/平方米。但是，通过走访农户发现，补偿金额并不能完全覆盖新房建设费用，宅基地退出后较高的新房建设、装修等支出使农户在宅基地退出中的净收益并不理想。

“C25—退出后村民自治组织参与村内公共事务的程度”是排第四位的障碍因子，障碍度为8.41%。由于泸县农村宅基地退出改革以村集体（政府）主导，农户的参与程度较低，话语权较小，没有合理畅通的利益诉求表达渠道。一方面由于村里主要是老人和儿童，另一方面由于政策由集体或政府主导，因此泸县宅基地制度改革过后农户对村里公共事务参与度并没有提高。

“C7—退出后农户家庭生活成本支出可承受程度”是排第五位的障碍因子，障碍度为7.60%。泸县农村宅基地退出改革以实现安居与居住条件改善为主，而对其未来长远生计缺乏保障。农户退出后进入集中居住区，生产和生活方式发生较大改变，增加了水、电、气以及清洁卫生、物业等必要生活支出成本，调研中仅有39.38%的退出农户认为能够承受退出后的生活成本支出。

四、东部、中部、西部地区典型试点区域宅基地退出的绩效比较

综合东部、中部、西部地区农村宅基地退出绩效分值（见表6-10）来看，绩效结果均处于“良”的水平，但从分值来看东部地区义乌市最优，西部地区泸县次之，中部地区余江区排名第三。总体来看，三个地区均较好地实现了宅基地退

出政策的预期目标,如村集体经济均得到不同程度的壮大,义乌市通过赋予村集体资产,以资产收益壮大村集体;泸县则通过实施土地增减挂钩项目获得较为可观的村集体收益。此外,乡村治理韧性有所提升,特别是余江区通过组织和动员农户参与宅基地退出改革,激活了乡村治理细胞,为提升乡村治理能力进行了有益探索。同时,东部、中部、西部地区宅基地退出绩效也都有进一步提升的空间:东部地区义乌市宅基地退出改革注重宅基地的资产收益,但需要注意提升经济韧性和社会韧性;中部地区余江区宅基地退出改革注重村民自治,以村民理事会为主体实施农村宅基地退出,但需要提高基础设施韧性、经济韧性和社会韧性;西部地区泸县应该注重完善政策实施过程,提高经济韧性和乡村治理韧性。

表 6-10　东部、中部、西部地区典型试点区域农村宅基地退出的绩效分值

类　别		义乌市	余江区	泸县
综合绩效		0.7958	0.6427	0.6787
一级指标				
	退出政策执行绩效	0.7462	0.6882	0.5847
	退出政策结果绩效	0.8095	0.6302	0.7046
二级指标				
	退出政策实施绩效	0.7075	0.6210	0.5173
	退出政策宣传绩效	0.8362	0.8446	0.7416
	经济韧性绩效	0.5023	0.4026	0.5391
	社会韧性绩效	0.8932	0.6778	0.7814
	生态韧性绩效	0.9891	0.9264	0.8016
	基础设施韧性绩效	0.9892	0.5516	0.7890
	乡村治理韧性绩效	0.7892	0.8261	0.6703

资料来源:根据实地调查数据计算整理。

从义乌市、余江区和泸县三地计算所得的绩效分值来看,义乌市不仅分值最高,而且与"优"非常接近,余江和泸县的分值则只比"一般"略高一些。具体来看:首先,三个区域均存在资金来源渠道单一的问题。在退出政策实施过程中,除义乌市在该指标中为"良"的水平,其余两个地区绩效结果均为"差",其中泸县资金渠道单一问题排在其绩效障碍因子的第一位。资金来源渠道单一，可能会引发宅基地退出改革可持续性问题。其次，产业融合发展、提高农户退出收益以及退出土地复垦是三地经济韧性绩效提升都要关切的核心问题。无论是发达地区，还是欠发达地区，培育乡村产业和促进产业融合，会直接影响经济韧性乃至宅基地退出结果绩效，应当作为试点区域政府在推行宅基地退出改革时必须认真思考和亟待解决的问题。最后，中部、西部地区生态韧性高而基础设施欠账多。中部、西部地区通过集中居住有效改善了村容村貌，也在一定程度上改善了基础设施水平。但与东部地区相比，乡村基础设施“短板”仍然存在。比如，在义乌市天然气入户基本成为基础设施的标准化配置，但在余江区和泸县还有很大的努力空间。

相较于中部、西部地区而言，东部地区的农村宅基地退出改革更容易获得良好的绩效结果。

第一，从政府层面来看，东部地区由于经济发展水平较高，地方财政实力较强，在推进宅基地退出改革过程中的经费使用能够得到充足保障，补偿资金标准制定时也能够给予适当补贴，整体上来说形成一种相对宽松的改革氛围。余江区和泸县地处中部、西部传统农区，政府财力本就比较紧张，无法将充裕的资金投入改革中，所以余江区将宅基地改革与新农村建设相结合充分整合资金来推动改革，泸县则更多地依赖土地增减挂钩政策取得的收益来支撑宅基地退出改革的资金需求。此外，东部地区的地方政府还能够利用金融业发达的优势解决“钱从哪里来”的问题，如义乌市政府为地方金融机构背书支持金融产品创新，使退出农户可以通过宅基地使用权抵押获得贷款来弥补资金不足的问题。

第二，从市场层面来看，东部地区更具备引入市场机制的条件为宅基地退出改革注入强大动力。以义乌市创新“集地券”为例，实际上是城乡建设用地增减挂钩制度的新形态，具有较高的市场化程度。这背后的根本原因是东部地区的土地资源比中部、西部地区更稀缺，市场愿意为获得土地资源付出代价，甚至付出更高的代价。中部、西部地区的情况则截然相反，土地资源稀缺程度不如东部地区，土地价值自然也比不过东部地区。以泸县为例，虽然通过宅基地退出复垦耕地面积比较多,但是通过增减挂钩政策出去的指标却不多,政府前期整理复垦宅基地的成本短期内难以收回,无法形成资金链条的"闭环",给本就吃紧的地方政府财力带来更大压力。应该说,土地级差地租效应在东部、中部、西部表现得极为明显,导致市场机制发挥的作用不同。即使在义乌市内,也同样存在级差地租,例如在城镇规划红线范围内的宅基地获得的赔付比红线范围外的多,离市中心越近的农户,获得的赔付越多。

第三,从农户层面来看,东部地区农户思想观念相对先进,对政策理解程度优于中部、西部地区的农户。由于受市场经济的影响更多,东部地区的农户对"金融""贷款"等字眼不仅不感到陌生,还愿意利用贷款做杠杆实现资产的增值。但是,在中部、西部地区调研中,当询问农户"是否愿意将宅基地抵押获得贷款时",多数人回答"不愿意,我宁愿不创业,也不能把房子抵押了"。观念和认知的不同,也是导致东部、中部、西部地区宅基地退出难易程度不同的重要原因。

总的来说,通过比较东部、中部、西部地区农村宅基地退出绩效评价结果,分析影响绩效结果障碍因子后,不难看出,东部地区更容易推动宅基地退出改革,而且政府主要起引导、监管作用,市场机制能够起到较大作用。中部、西部地区则面临更加复杂的环境,经济发展水平有限导致政府财力不足,同时由于市场力量相对薄弱,政府又不得不承担起宅基地退出的主导作用。综合东部、中部、西部地区经济社会发展水平、市场机制成熟程度以及农户认知等多因素来看,市场经济较为发达的地区或农户思想更加认同市场经济的地方,可以借鉴义乌市的做法;反之,经济发展水平相对欠缺、市场机制不完善的地方可以考虑泸县或余江区的做法。

第二节　典型试点区域宅基地退出绩效的模式比较

试点区域宅基地退出模式,整体可以划分为资产置换模式、指标置换模式和货币补偿模式这三种。本部分将分别计算这三种模式的农村宅基地退出绩效结果,并进一步比较分析不同农村宅基地退出模式的绩效表现。

一、资产置换模式宅基地退出的绩效及其影响因素

(一)资产置换模式样本村概况

根据资产置换模式的定义,本书调研的 27 个样本村中有 9 个村可以划入该模式。这 9 个村都是将宅基地退出后按照一定比例置换成城市住房、商铺等,同时农户的户口也从农村转为城镇。在该模式下,退出农户的居住条件与农村基础设施能够得到较大改善和提升,农户和村集体都能获得城市发展和土地增值所带来的收益,详见表 6-11。据调研了解,9 个样本村宅基地退出改革资金平均投入 21677 万元,其中,政府投资部分约占 4%;2019 年 9 个村农户共 3041 户,参加宅基地退出改革的比重达 95%,基本做到全覆盖。

表 6-11　资产置换模式的样本村庄信息

<table>
<tr><th>模式类型</th><th>退出安置方式</th><th>样本村信息</th></tr>
<tr><td rowspan="9">资产置换模式</td><td rowspan="9">对原宅基地上的农房残值进行市场价格补偿(由市场评估公司评估农房残值),同时村集体经济组织成员集中安置到建制镇规划红线范围内的中心镇高层公寓(土地性质为国有出让)、统规自建低层楼房以及高低搭配,村集体经济组织成员按家庭户籍人口数量,兼顾未婚青年和独生子女家庭等进行分配</td><td>浙江省义乌市福田街道田畈村</td></tr>
<tr><td>浙江省义乌市福田街道楼西塘村</td></tr>
<tr><td>浙江省义乌市福田街道湖塘新村</td></tr>
<tr><td>浙江省义乌市北苑街道游览亭村</td></tr>
<tr><td>浙江省义乌市北苑街道青溪村</td></tr>
<tr><td>浙江省义乌市北苑街道柳一村</td></tr>
<tr><td>浙江省义乌市赤岸镇晓丰村</td></tr>
<tr><td>浙江省义乌市赤岸镇杨盆村</td></tr>
<tr><td>浙江省义乌市赤岸镇青坑村</td></tr>
</table>

资料来源:根据实地调查情况整理。

(二)资产置换模式农村宅基地退出绩效评价结果分析

按前文确定的宅基地退出绩效评价方法,将资产置换模式的宅基地退出绩效评价指标原始数据进行标准化处理(见表 6-12)。

表 6-12　资产置换模式宅基地退出绩效评价指标的标准化处理

一级指标	二级指标	三级指标	指标具体值	标准化值
A1—退出政策执行绩效	B1—退出政策实施	C1—退出政策资金来源渠道的多样性	资金来源渠道主要包括政府、企业、村集体(村民)3 种。9 个样本村资金主要来自政府投资和村民自筹。其中属于政府投资和村民自筹 2 种方式的村有 5 个,其余 4 村属于村民自筹	0.5556
		C2—集中居住区住房建筑工程质量情况	9 个样本村中有 263 户农户认为集中居住区住房建筑工程质量合格	0.8219
		C3—退出政策执行和谐程度(对农户退出意愿的尊重程度)	9 个样本村中有 243 户农户认为政策执行充分尊重农民的退地意愿	0.7594
		C4—村民自治组织在退出政策实施过程中的参与程度	9 个样本村中有 231 户农户认为村民自治组织在政策执行中的参与度较高	0.7219
	B2—退出政策宣传	C5—政策实施的透明程度(即相关退出政策的信息公开程度)	9 个样本村中有 252 户农户认为政策实施的透明程度较高	0.7875
		C6—农户对退出政策的知晓程度	9 个样本村中有 285 户农户认为自己了解退出政策	0.8906
A2—退出政策结果绩效	B3—经济韧性	C7—退出后农户家庭生活成本支出可承受程度	9 个样本村中有 244 户农户认为自己能够承受生活成本支出	0.7625
		C8—农户宅基地退出净收益	9 个样本村中有 168 户农户宅基地退出净收益大于 0	0.5250
		C9—村集体宅基地退出净收益	9 个样本村平均净收益为 2362.9 万元,其中有 7 个村净收益大于 0	0.7778
		C10—退出后农村一二三产业融合发展情况	9 个样本村中有 108 户农户认为产业发展较好	0.3375
		C11—退出后复垦耕地面积比例	9 个样本村平均实现 20.68%的宅基地退出面积转化为新增耕地面积,其中 9 个样本中只有 1 个村实现宅基地退出面积 100%地转化为新增耕地面积	0.2068
	B4—社会韧性	C12—退出后农户宅基地面积超标比例变化情况	9 个样本村平均实现宅基地面积超标农户比例 100%的减少	1.0000
		C13—退出后农户住房改善情况	9 个样本村中有 284 户农户住房条件得到改善	0.8875
		C14—农户对退出政策满意程度	9 个样本村中有 242 户农户认为满意	0.7563

续表

一级指标	二级指标	三级指标	指标具体值	标准化值
A2—退出政策结果绩效	B5—生态韧性	C15—退出后生活垃圾无害化处理率	9个样本村平均实现垃圾无害化处理率100%的增长	1.0000
		C16—退出后生活污水达标处理率	9个样本村平均实现污水达标处理率100%的增长	1.0000
		C17—退出后村容村貌改善程度	9个样本村中有308户农户认为村容村貌改善	0.9625
	B6—基础设施韧性	C18—退出后人均农村硬化道路面积(或长度)	人均硬化道路面积目标值为10平方米。9个样本村平均实现人均农村硬化道路面积到目标值249.96%的增长,其中9个村全部实现人均硬化道路面积到目标值100%的增长	1.0000
		C19—退出后自来水入户率	9个样本村平均实现自来水入户率100%的增长	1.0000
		C20—退出后互联网入户率	9个样本村平均实现互联网入户率100%的增长	1.0000
		C21—退出后天然气入户率	9个样本村平均实现天然气入户率100%的增长	1.0000
		C22—退出后公共服务设施完善程度	9个样本村平均实现村庄公共服务设施覆盖率94.44%的增长,其中9个样本中8个村实现村庄公共服务设施覆盖率100%的增长	0.9444
	B7—乡村治理韧性	C23—退出后治安情况	9个样本村中有293户农户认为治安情况较好	0.9156
		C24—退出后农户对社会服务获取满意程度	9个样本村中有275户农户认为满意	0.8594
		C25—退出后村民自治组织参与村内公共事务的程度	9个样本村中有191户农户认为参与度较高	0.5969

资料来源:根据实地调查整理。

结合评价指标体系的权重值,运用综合指数法进行计算,可得到资产置换模式农村宅基地退出绩效分值,其中二级指标分值见图6-4。

资产置换模式农村宅基地退出绩效评价综合分值为0.7958,等级评价虽属于“良”,但已非常接近优。该模式能够最大化地彰显宅基地资产价值,将

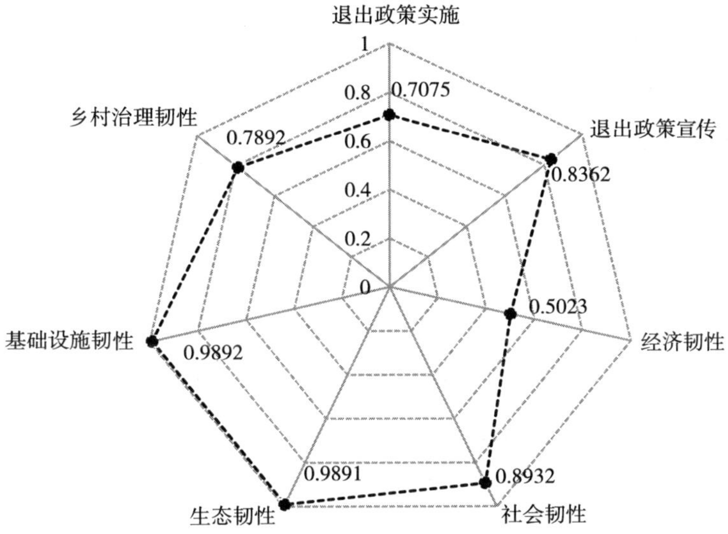

图 6-4　资产置换模式二级指标绩效得分

资料来源:根据计算结果整理。

农户手中“沉睡资产”转变为可交易与可流通的“显性资产”,也能增加村集体收入,改善村庄环境,提供建设用地指标,是一个能够让地方政府、村集体和农户三方“共赢”的模式。

1. 宅基地财产性功能彰显,提升宅基地退出政策执行绩效

在资产置换模式 9 个村中,有 82.19%的农户认为新居建筑质量是合格的。该模式最重要的就是将农户宅基地置换成房屋,因而房屋建筑质量会备受关注。调研发现,资产置换模式的村庄主要通过统规自建或遴选开发商来完成新居建设,这两种方式都能够对工程质量做到较好把控,农户能够“放心”。同时,在建设新居时,农户及村民自治组织在选择新居建设方式、开发商等方面时参与度高,能够充分表达自己意见。例如,有 75.94%的农户认为村集体在退出政策执行过程中充分尊重了农民的退地意愿,有 72.19%的农户觉得村民自治组织在退出政策执行中的参与度较高。此外,由于该模式实施区域多为经济发达地区，资产价值溢价高，村民生活方式、思维模式相对开放和灵活，村民普遍关注政策的公开性和透明度，倒逼村集体在执行宅基地退出政策时注重程序透明。

2. 宅基地置换资产模式保障资产收益，提升乡村韧性

由于该模式较好地建立起宅基地与资产之间的转换系数，提升了村集体和农户的收益水平，提高了乡村韧性发展的能力。从村集体方面来说，资产置换模式对增加村集体收入有明显作用，村集体通过参与退出改革也获得了集体用房（包括商铺），依靠租金等收入获得较为丰厚的村集体经济收益，有效地改善了村集体经济相对薄弱的状况，调研的 9 个样本村平均净收益为 2362.9 万元。村集体将宅基地制度改革收入又再次投入到村庄生态环境、基础设施以及村容村貌的改善中，这样就形成了“壮大集体经济—提升村庄建设水平”的良性循环。从村民方面来说，资产置换模式不仅没有对农户生活成本造成影响，还会不断提升农户的财产性收入，宅基地退出收益较为可观。9 个样本村中，76.25%的农户认为自己能够承受生活成本支出，52.50%的农户表示自己宅基地退出净收益是大于 0 的。通过资产置换，退出农户可以在保持住宅等资产不断增值的基础上，获取较好的房屋租金收入。调研发现，多数农户对房屋出租的收入预期较为乐观。应该说，资产置换模式在没有增加退出农户生活成本的基础上，做到了农户宅基地退出后净收益实质性增加。此外，通过宅基地退出改革，村民自治组织与农户之间形成了较为良性的互动关系，共同构建了新的乡村基层治理格局。

3. 资产置换模式宅基地退出政策综合绩效障碍因子诊断

为进一步厘清影响资产置换模式宅基地退出绩效结果的障碍因子，同样采用障碍度模型分别计算三级指标的障碍度，分析资产置换模式宅基地退出绩效的影响因素，计算结果如表 6-13 所示。

表 6-13　资产置换模式农村宅基地退出绩效评价因子障碍度

排序	障碍因子	障碍度(%)
1	C11—退出后复垦耕地面积比例	20. 09
2	C10—退出后农村一二三产业融合发展情况	13. 33
3	C8—农户宅基地退出净收益	9. 87
4	C1—退出政策资金来源渠道的多样性	9. 40
5	C25—退出后村民自治组织参与村内公共事务的程度	8. 11

资料来源:根据实地调查数据计算整理。

从 5 个障碍因子所属二级指标来看,C11、C10 和 C8 障碍因子均属于“经济韧性”。“C11—退出后复垦耕地面积比例”是影响资产置换模式农村宅基地退出综合绩效的最大障碍因子,障碍度达 20. 09%。资产置换模式更加强调宅基地资产功能的强化,所以对退出宅基地复垦为耕地的积极性并不高。“C10—退出后农村一二三产业融合发展情况”是排第二位的障碍因子,障碍度为 13. 33%。资产置换模式未注重对村集体的产业发展关注,因此,尽管村民和村集体通过出租房屋可获得稳定的财产性收入,但却会阻碍进一步提高农户的财产性收入,而且还会带来收入来源单一的潜在风险,降低宅基地退出绩效。“C8—农户宅基地退出净收益”,是排第三位的障碍因子,障碍度为 9. 87%。虽然通过资产置换,退出农户可以保持住宅等资产不断增值。但是在宅基地置换成商品房过程中,农户还是要投入一定的资金成本,其中包括多出部分的建设资金补差、宅基地竞位费以及房屋装修费用等。此外,资产置换模式还存在一个较大风险,即置换后住房资产可交易性强,农户往往具有明显的变现冲动和“高消费、低投入”消费偏好,以致可能出现置换的资产被“挥霍一空”的极端情形。

“C1—退出政策资金来源渠道的多样性”属于“退出政策实施”维度,是排第四位的障碍因子,障碍度为 9. 40%。资产置换模式下宅基地退出所需要的资金投入以村民为主,政府投入相对有限。虽然调研了解到该模式在运行中始终尝试尽量拓宽资金渠道,但所取得的成效有限,尤其在吸纳企业资金方面比较欠缺，仍受到资金来源渠道狭窄的影响。

“C25—退出后村民自治组织参与村内公共事务的程度”属于“乡村治理韧性”维度，是排第五位的障碍因子，障碍度为8.11%。该模式下村民自治组织通过宅基地退出改革重新赋能，增强了对村里公共事务的引导掌控能力，有效提升了基层组织的动员能力；农户则通过参与宅基地退出改革，增强了参与集体行动的议事能力和参与意愿。但是，资产置换模式下村集体凝聚力没有得到强化，这也阻碍了宅基地退出绩效的提升。

二、指标置换模式宅基地退出的绩效及其影响因素

（一）指标置换模式样本村概况

结合指标置换模式的界定，本书调研的27个样本村中有6个村可以划入该模式。这6个村均是通过将腾退的宅基地退回给村集体，统一进行复垦，将退出的宅基地复垦后形成的指标置换成新的宅基地指标，实现宅基地指标“以一换一”，农户在新宅基地指标上进行自建房或购买村集体统一建造的新村公寓，且原宅基地上农房残值补偿可以基本抵扣新村公寓房款或自建房成本，这一模式可以显著提升农村居住集中度。据调研了解，6个样本村宅基地退出改革资金平均投入1360万元，其中，政府投资部分为100%；2019年6个村总户数为5137户，参加宅基地退出改革的比重为25%左右。

表6-14 指标置换模式的样本村庄信息

模式类型	退出安置方式	样本村信息
指标置换	对原宅基地上的农房残值进行补偿（统一补偿标准），同时退出农户以建设成本价取得由村集体统规统建的新村公寓，一户只能购买一套住房（土地性质为集体所有）	四川省泸县玉蟾街道玉蟾村
		四川省泸县玉蟾街道黄金村
		四川省泸县玉蟾街道白龙塔村
		四川省泸县嘉明镇葛林湾村
		四川省泸县嘉明镇复兴村
		四川省泸县方洞镇曾湾村

资料来源：根据实地调查情况整理。

（二）指标置换模式农村宅基地退出绩效评价结果分析

根据宅基地退出绩效评价方法，将指标置换模式的评价指标原始数据进行标准化处理（见表6-15）。

表6-15　指标置换模式宅基地退出绩效评价指标的标准化处理

一级指标	二级指标	三级指标	指标具体值	标准化值
A1—退出政策执行绩效	B1—退出政策实施	C1—退出政策资金来源渠道的多样性	资金来源渠道主要包括政府、企业、村集体（村民）3种。6个样本村资金主要来源于政府投资	0.0000
		C2—集中居住区住房建筑工程质量情况	6个样本村中有180户农户认为集中居住区住房建筑工程质量合格	0.7930
		C3—退出政策执行和谐程度（对农户退出意愿的尊重程度）	6个样本村中有201户农户认为政策执行充分尊重农民的退地意愿	0.8855
		C4—村民自治组织在退出政策实施过程中的参与程度	6个样本村中有104户农户认为村民自治组织在政策执行中的参与度较高	0.4582
	B2—退出政策宣传	C5—政策实施的透明程度（即相关退出政策的信息公开程度）	6个样本村中有160户农户认为政策实施的透明程度较高	0.7049
		C6—农户对退出政策的知晓程度	6个样本村中有176户农户认为自己了解退出政策	0.7753
A2—退出政策结果绩效	B3—经济韧性	C7—退出后农户家庭生活成本支出可承受程度	6个样本村中有94户农户认为自己能够承受生活成本支出	0.4141
		C8—农户宅基地退出净收益	6个样本村中有42户农户宅基地退出净收益大于0	0.1850
		C9—村集体宅基地退出净收益	6个样本村平均净收益为705.10万元，其中有5个村净收益大于0	0.8333
		C10—退出后农村一二三产业融合发展情况	6个样本村中有42户农户认为产业发展较好	0.1850
		C11—退出后复垦耕地面积比例	6个样本村平均实现94.75%的宅基地退出面积转化为新增耕地面积，其中6个样本中有3个村实现宅基地退出面积100%地转化为新增耕地面积	0.9475

续表

一级指标	二级指标	三级指标	指标具体值	标准化值
A2—退出政策结果绩效	B4—社会韧性	C12—退出后农户宅基地面积超标比例变化情况	6个样本村平均实现宅基地面积超标农户比例72.67%的减少，6个村都未实现宅基地面积超标农户比例100%的减少	0.7267
		C13—退出后农户住房改善情况	6个样本村中有186户农户住房条件得到改善	0.8194
		C14—农户对退出政策满意程度	6个样本村中有180户农户认为满意	0.7930
	B5—生态韧性	C15—退出后生活垃圾无害化处理率	6个样本村平均实现垃圾无害化处理率83.33%的增长，其中有4个村实现垃圾无害化处理率100%的增长	0.8333
		C16—退出后生活污水达标处理率	6个样本村平均实现污水达标处理率61.07%的增长，其中有2个村实现污水达标处理率100%的增长	0.6107
		C17—退出后村容村貌改善程度	6个样本村中有204户农户认为村容村貌改善	0.8987
	B6—基础设施韧性	C18—退出后人均农村硬化道路面积（或长度）	人均硬化道路面积目标值为10平方米。6个样本村平均实现人均农村硬化道路面积到目标值219.19%的增长，其中有5个村全部实现人均硬化道路面积到目标值100%的增长	0.8313
		C19—退出后自来水入户率	6个样本村平均实现自来水入户率53.27%的增长，6个村都未实现退出后自来水入户率100%的增长	0.5327
		C20—退出后互联网入户率	6个样本村平均实现互联网入户率88.64%的增长，其中有4个村实现互联网入户率100%的增长	0.8864
		C21—退出后天然气入户率	6个样本村平均实现天然气入户率79.26%的增长，其中只有1个村实现天然气入户率100%的增长	0.7926
		C22—退出后公共服务设施完善程度	6个样本村平均实现村庄公共服务设施覆盖率66.67%的增长，其中有3个村实现村庄公共服务设施覆盖率100%的增长	0.6667

续表

一级指标	二级指标	三级指标	指标具体值	标准化值
A2—退出政策结果绩效	B7—乡村治理韧性	C23—退出后治安情况	6个样本村中有204户农户认为治安情况较好	0.8987
		C24—退出后农户对社会服务获取满意程度	6个样本村中有172户农户认为满意	0.7577
		C25—退出后村民自治组织参与村内公共事务的程度	6个样本村中有72户农户认为参与度较高	0.3172

资料来源:根据实地调查整理。

结合评价指标体系的权重值,运用综合指数法进行计算,可得到指标置换模式农村宅基地退出绩效分值,其中二级指标分值见图6-5。

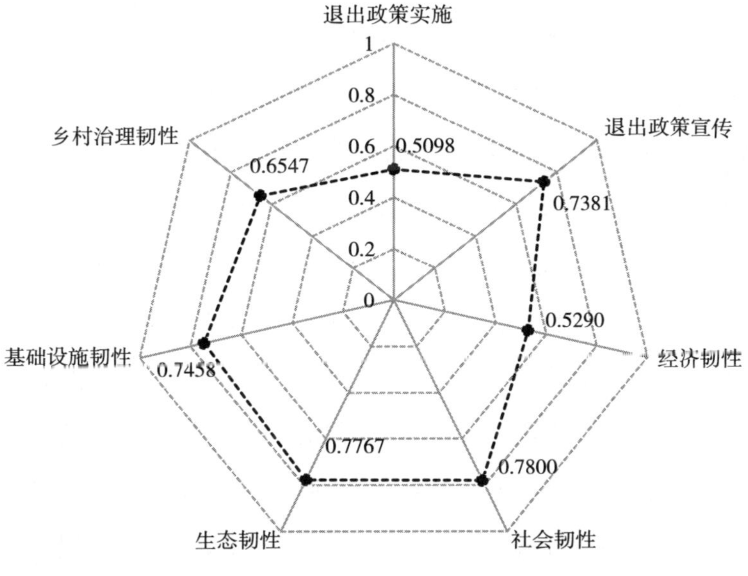

图6-5　指标置换模式二级指标绩效得分

资料来源:根据计算结果整理。

指标置换模式农村宅基地退出绩效评价综合分值为0.6601,等级评价属于"良",应该说指标置换模式能在一定程度上实现农村宅基地退出政策的预期目标。指标置换模式能够推动传统散居的村庄形态向新兴聚居的形态转变,便于推动村内基础设施建设和公共服务设施布局,改善农户享受公共服务的便利性,增强其获得感,进而增强村庄韧性。同时,该模式能够很好地将宅基地退出与城乡建设用地增减挂钩机制相融合。这既能够将原来闲置且多余的宅基地价值显化,解决宅基地退出改革中资金的问题,又能将闲置多余的宅基地转化为耕地资源,提高土地资源利用效率。

1. 宅基地指标置换获得指标收益,反哺宅基地退出改革

该模式通过将原有宅基地指标"一对一"置换到相对集中区域,在集中区域统筹规划建设住宅和配套设施解决"户有所居"的问题,同时原有宅基地复垦为耕地后可再次投入利用。然而,指标置换模式所在区域土地资产价值尚未彰显,市场发育程度不足,政府无法通过充分使用建设用地而获得足够收益,只能依靠收储村集体整理出的节余建设用地指标,获得收益。

2. 指标置换模式优化村庄空间布局,提升韧性水平

该模式最大的特点是将原有宅基地置换为区位优势明显的集中居住区。一方面,改善了农户的居住条件。调研发现,有 79.30%的农户表示集中居住区住房建筑工程质量合格,主要是因为集中居住区的住房大多选址区位较好,且多以统规统建或统规自建等方式建成,所以多数农户对住房建筑工程质量表示认可。另一方面,将原有宅基地复垦后获得结余建设用地指标,可以用来发展产业或入市交易等,获得反哺农村的资金支持。调研的 6 个样本村中,宅基地退出后 94.75%转化为新增耕地面积,其中 3 个村宅基地退出面积 100%转化为新增耕地面积,退出的宅基地基本转化为新增耕地面积,这在一定程度上缓解了城乡建设用地矛盾。同时,指标置换模式的村庄借助宅基地退出改革的机会实行集中居住,集中区得以统筹规划,村庄治安状况和社会服务获取便利程度有较大提升,潜移默化地影响了村民对村里公共事务的看法。

3. 指标置换模式宅基地退出政策综合绩效障碍因子诊断

为进一步厘清影响指标置换模式宅基地退出绩效结果的障碍因子,同样采用障碍度模型分别计算了三级指标的障碍度,分析指标置换模式宅基地退出绩效的影响因素,计算结果如表 6-16 所示。

表 6-16　指标置换模式农村宅基地退出绩效评价因子障碍度

排序	障碍因子	障碍度(%)
1	C1—退出政策资金来源渠道的多样性	12.71
2	C8—农户宅基地退出净收益	10.17
3	C10 退出后农村一二三产业融合发展情况	9.86
4	C25—退出后村民自治组织参与村内公共事务的程度	8.26
5	C7—退出后农户家庭生活成本支出可承受程度	6.95

资料来源:根据实地调查数据计算整理。

"C1—退出政策资金来源渠道的多样性"属于"退出政策实施"维度,是影响指标置换模式农村宅基地退出综合绩效的最大障碍因子,障碍度达 12.71%。该模式出现的地方往往经济并不发达,地方财政本就不富裕,仅靠财政收入是难以支撑宅基地退出资金投入的。实地调研发现,指标置换模式所在区域土地资产价值尚未彰显,市场发育程度不足,政府无法通过充分使用建设用地而获得足够收益,只能依靠收储村集体整理出的结余建设用地指标筹措资金。如此一来,政府往往会因为较大资金压力而产生强烈的"卖地"冲动,而这种依靠"卖指标"的方式来推动宅基地退出,不利于拓宽资金渠道,也阻碍村庄长远发展。

从 5 个障碍因子所属二级指标来看,C8、C10 和 C7 均属于"经济韧性"维度。"C8—农户宅基地退出净收益"是排第二位的障碍因子,障碍度为 10.17%。指标置换模式并没有从根本上赋予宅基地财产性功能,农户虽然生活条件有了明显改善,但财产性收入并无大幅度增加,由于生活成本显著增加,甚至可能会出现比以前更加"困难"的感觉。"C10—退出后农村一二三产业融合发展情况”是排第三位的障碍因子,障碍度为 9.86%。该模式下村集体在获得宅基地退出的土地资源后,在培育和发展合适产业方面绩效较低。产业的发展不是一朝一夕的事情。尽管在指标置换模式下宅基地退出后在一定程度上可以缓解农村建设用地不足的矛盾,但地区产业发展基础差,并容易形成转移土地发展权的惯性,导致产业发展绩效相对较差。“C7—退出后农户家庭生活成本支出可承受程度”,是排第五位的障碍因子,障碍度为 6.95%。指标置换模式 6 个样本村中仅有 41.41%的农户认为能够承受退出宅基地后的生活成本支出,退出农户普遍认为退出后提高了生活成本,甚至认为是“赔本买卖”。这背后的主要原因是农户原有不变的生计模式与新的生活形式错配。退出农户难以通过原有生计方式获得支撑现阶段新生活形式的资源,也就出现了生活成本支出难以承受的感受。

“C25—退出后村民自治组织参与村内公共事务的程度”属于“乡村治理韧性”维度,是排位第四的障碍因子,障碍度为 8.26%。指标置换模式的村庄借助宅基地退出改革促进集中居住,可以提高村庄治安状况和社会服务获取便利程度,这原本将显著促进村民对参与村里公共事务的积极性。遗憾的是,从绩效评价结果来看,宅基地退出改革并未能显著提升村民积极参与村级治理的程度,主要的原因还是指标置换模式中村集体(政府)主导力比较强,农户主体地位未得到充分尊重所致。6 个调研村中有 89.87%的农户认为退出后村庄治安状况较好,有 75.77%的农户比较满意本村社会服务获取,但仅有 31.72%的农户认为退出后村民和村民自治组织参与村里公共事务的程度较高。

三、货币补偿模式宅基地退出的绩效及其影响因素

(一)货币补偿模式样本村概况

结合货币补偿模式的界定,有 12 个调研村可以划入该模式,并且这些村

庄均是将农户宅基地退回到村集体，获得一定经济补偿，并自行解决居住问题。采用货币模式退出的农户通常处于两种情况：第一种情况是农户已经进城，拥有固定城镇居所和稳定生计来源，将其符合一户一宅要求的宅基地退回给村集体后，获得一定退出补偿和进城购房补贴；第二种情况是农户将其一户多宅、超占多占面积部分宅基地退还给村集体，村集体仅需要支付拆毁所需费用等，而无须对退出宅基地支付经济补偿（见表 6-17）。在调研的 12 个样本村中，均以第二种情况为主。据调研了解，12 个样本村宅基地退出改革资金平均投入 848 万元，其中，政府投资部分为 92.5%；2019 年 12 个村总户数为 8968 户，参加宅基地退出改革的比重为 46%。

表 6-17　货币补偿模式的样本村庄信息

模式类型	退出安置方式	样本村信息
货币补偿	对村内一户一宅、一户多宅和超占面积的农户进行货币补偿，地方房屋依据材料不同而有所区别，其他附属设施不补偿。村内一户一宅退出农户，享受进城购房补贴	江西省余江区平定乡蓝田村
		江西省余江区平定乡洪万村
		江西省余江区潢溪镇渡口村
		江西省余江区潢溪镇大林村
		江西省余江区潢溪镇逢叶村
		江西省余江区锦江镇乐泉村
		四川省泸县嘉明镇狮子村
		四川省泸县方洞镇董湾村
		四川省泸县方洞镇石牌坊村
	对村内一户一宅、一户多宅和超占面积的农户实行无偿退出；村内一户一宅退出农户，享受进城购房补贴	江西省余江区平定乡石艾村
		江西省余江区锦江镇范家村
		江西省余江区锦江镇石港村

资料来源：根据实地调查情况整理。

（二）货币补偿模式农村宅基地退出绩效结果分析

根据前文的宅基地退出绩效评价方法，将货币补偿模式评价指标的调研原始数据进行标准化处理（见表 6-18）。

表 6-18　货币补偿模式宅基地退出绩效评价指标的标准化处理

一级指标	二级指标	三级指标	指标具体值	标准化值
A1—退出政策执行绩效	B1—退出政策实施	C1—退出政策资金来源渠道的多样性	资金来源渠道主要包括政府、企业、村集体(村民)3种。12个样本村资金主要来源于政府投资和村民自筹,其中3个村为政府投资,9个村为政府投资和村民自筹	0. 7500
		C2—集中居住区住房建筑工程质量情况	12个样本村中有405户农户认为集中居住区住房建筑工程质量合格	0. 8921
		C3—退出政策执行和谐程度(对农户退出意愿的尊重程度)	12个样本村中有392户农户认为政策执行充分尊重农民的退地意愿	0. 8634
		C4—村民自治组织在退出政策实施过程中的参与程度	12个样本村中有339户农户认为村民自治组织在政策执行中的参与度较高	0. 7467
	B2—退出政策宣传	C5—政策实施的透明程度(即相关退出政策的信息公开程度)	12个样本村中有359户农户认为政策实施的透明程度较高	0. 7908
		C6—农户对退出政策的知晓程度	12个样本村中有385户农户认为自己了解退出政策	0. 8480
A2—退出政策结果绩效	B3—经济韧性	C7—退出后农户家庭生活成本支出可承受程度	12个样本村中有212户农户认为自己能够承受生活成本支出	0. 4670
		C8—农户宅基地退出净收益	12个样本村中有101户农户宅基地退出净收益大于0	0. 2225
		C9—村集体宅基地退出净收益	12个样本村中有11个村宅基地退出净收益大于0	0. 9167
		C10—退出后农村一二三产业融合发展情况	12个样本村中有77户农户认为产业发展较好	0. 1696
		C11—退出后复垦耕地面积比例	12个样本村平均实现48. 53%的宅基地退出面积转化为新增耕地面积,其中有2个村实现宅基地退出面积100%地转化为新增耕地面积	0. 4853
	B4—社会韧性	C12—退出后农户宅基地面积超标比例变化情况	12个样本村平均实现宅基地面积超标农户比例82. 31%的减少,其中有3个村实现宅基地面积超标农户比例100%的减少	0. 8231
		C13—退出后农户住房改善情况	12个样本村中有234户农户住房条件得到改善	0. 5154
		C14—农户对退出政策满意程度	12个样本村中有397户农户认为满意	0. 8745

续表

一级指标	二级指标	三级指标	指标具体值	标准化值
A2—退出政策结果绩效	B5—生态韧性	C15—退出后生活垃圾无害化处理率	12个样本村平均实现垃圾无害化处理率95.69%的增长，其中有9个村实现垃圾无害化处理率100%的增长	0.9569
		C16—退出后生活污水达标处理率	12个样本村平均实现污水达标处理率81.37%的增长，其中有6个村实现污水达标处理率100%的增长	0.8137
		C17—退出后村容村貌改善程度	12个样本村中有433户农户认为村容村貌改善	0.9538
	B6—基础设施韧性	C18—退出后人均农村硬化道路面积（或长度）	人均硬化道路面积目标值为10平方米。12个样本村平均实现人均农村硬化道路面积到目标值241.09%的增长，其中有6个村全部实现人均硬化道路面积到目标值100%的增长	1.0000
		C19—退出后自来水入户率	12个样本村平均实现自来水入户率33.93%的增长，有1个村实现退出后自来水入户率100%的增长	0.3393
		C20—退出后互联网入户率	12个样本村平均实现互联网入户率84.97%的增长，其中有4个村实现互联网入户率100%的增长	0.8497
		C21—退出后天然气入户率	12个样本村平均实现天然气入户率20.07%的增长，12个村都未实现天然气入户率100%的增长	0.2007
		C22—退出后公共服务设施完善程度	12个样本村平均实现村庄公共服务设施覆盖率70.69%的增长，其中有3个村实现村庄公共服务设施覆盖率100%的增长	0.7069
	B7—乡村治理韧性	C23—退出后治安情况	12个样本村中有427户农户认为治安情况较好	0.9405
		C24—退出后农户对社会服务获取满意程度	12个样本村中有404户农户认为满意	0.8899
		C25—退出后村民自治组织参与村内公共事务的程度	12个样本村中有248户农户认为参与度较高	0.5463

资料来源：根据实地调查整理。

结合评价指标体系的权重值，运用综合评价法计算得到货币补偿模式农村宅基地退出绩效分值，其中二级指标分值见图6-6。

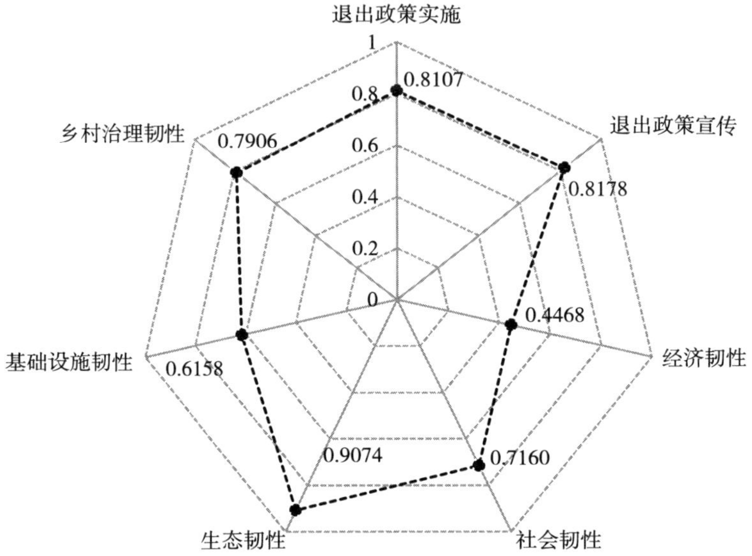

图 6-6 货币补偿模式二级指标绩效得分

资料来源:根据实地调研数据计算整理。

货币补偿模式宅基地退出绩效评价综合分值为 0.6904,等级评价为“良”,在一定程度上实现了农村宅基地退出政策的综合目标。货币置换模式通过引导一户多宅和超占多占退出,既不需要投入较大的成本搬迁新居,也不需要为适应新生活环境对农户进行心理调适,推行过程矛盾较少,实施成本较低。

1. 货币补偿模式冲突矛盾相对较少

调研发现,货币补偿模式宅基地退出以一户多宅和房屋附属设施退出为主,进城农户退出宅基地的情况很少,所以该模式下宅基地退出所需投入的资金并不多。因此,无论是地方政府还是村集体,都将推进宅基地提出改革的注意力集中在政策宣传方面,以此作为改革的重要突破口。实施货币补偿模式的村庄,政策实施的透明度、公开与公正度均较高,因此,该模式下的政策宣传绩效较好。

2. 货币补偿模式实现了低成本下的乡村韧性提升

该模式虽然没有对农村进行“大拆大建”，但是通过针对性地清理一户多宅和多占宅基地情况，不仅推动了宅基地占有和使用公平，而且退出宅基地可用于改善村庄基础设施和公共服务设施，有利于提升农户的政策满意度。调研发现，12 个样本村平均实现垃圾无害化处理率 95.69%的增长，其中有 9 个村垃圾无害化处理率实现 100%增长。同时，污水达标处理率实现 81.37%的增长，其中有 6 个村实现污水达标处理率 100%增长。此外，有 95.38%的农户认为宅基地退出后村容村貌得到改善，有 87.45%的农户对本村农村宅基地退出政策感到满意。

3. 货币补偿模式宅基地退出政策综合绩效障碍因子诊断

为进一步厘清影响货币补偿模式宅基地退出绩效结果的障碍因子，采用上文的障碍度模型分别计算了三级指标的障碍度，分析货币补偿模式宅基地退出绩效的影响因素，计算结果如表 6-19 所示。

表 6-19　货币补偿模式农村宅基地退出绩效评价因子障碍度

排序	障碍因子	障碍度(%)
1	C21—退出后天然气入户率	11.28
2	C10—退出后农村一二三产业融合发展情况	11.02
3	C8—农户宅基地退出净收益	10.65
4	C11—退出后复垦耕地面积比例	8.60
5	C19—退出后自来水入户率	8.22

资料来源：根据实地调查数据计算整理。

从 5 个障碍因子所属二级指标来看，C21 和 C19 为“基础设施韧性”维度的指标。“C21—退出后天然气入户率”是影响货币补偿模式农村宅基地退出综合绩效的最大障碍因子，障碍度达 11.28%。“C19—退出后自来水入户率”，是排第五位的障碍因子，障碍度为 8.22%。村集体虽然通过宅基地退出改革筹集的资金促进了村庄基础设施和公共服务设施改善，但由于资金有限，覆盖面不能面面俱到,基础设施韧性有待进一步提升。

C10、C8 和 C11 均为“经济韧性”维度的指标。“C10—退出后农村一二三产业融合发展情况”是排第二位的障碍因子,障碍度为 11.02%。货币补偿模式下退出资金主要以政府资金扶持和村民自筹为主,在政府财政能力有限和村民整体经济收入较低的情况下,宅基地退出资金总体偏少,无法为发展村里产业提供资金保障。“C8—农户宅基地退出净收益”是排第三位的障碍因子,障碍度为 10.65%。调研显示,货币补偿模式下仅有 22.25%的农户表示宅基地退出的净收益大于 0。在宅基地退出资金来源有限的情况下,宅基地退出补偿标准相对较低,甚至部分村庄采取无偿退出方式,导致农户宅基地退出净收益为零或净收益为负。同时,由于多数农户利用宅基地进行家禽与家畜养殖或进行其他家庭小作坊劳作,一定程度上减轻了生活支出压力。货币补偿模式下主要针对的是房屋附属设施退出,将减少庭院经济收入,导致农户宅基地退出净收益为负。“C11—退出后复垦耕地面积比例”是排位第四的障碍因子,障碍度为 8.60%。由于货币补偿模式下退出的宅基地地块小、分布零散,使退出宅基地难以复垦为耕地,12 个样本调研村中仅 48.53%的宅基地退出面积复垦为新增耕地面积,阻碍了村庄经济韧性提高。

四、不同宅基地退出模式的绩效比较

综合三种退出模式绩效分值(见表 6-20)来看,资产置换模式、指标置换模式和货币补偿模式绩效结果均属于“良”等级,但从分值来看,资产置换模式最高,为 0.7958,货币补偿模式和指标置换模式比较接近,分别为 0.6904 和 0.6601。总体来看,当三种模式在不同程度上实现了农村宅基地退出政策的综合目标,且各具特色。具体来看,资产置换模式是一个能够让地方政府、村集体和农户三方“共赢”的模式;指标置换模式有利于推动传统散居村庄向聚居形态转变,促进村庄更新与活化;货币补偿模式能够以较低的改革成本实现较好的韧性,属于相对“保守”的一种改革探索。

表 6-20　不同模式农村宅基地退出的绩效分值

类　别		资产置换	指标置换	货币补偿
综合绩效		0.7958	0.6601	0.6904
一级指标				
	退出政策执行绩效	0.7462	0.5784	0.8128
	退出政策结果绩效	0.8095	0.6826	0.6567
二级指标				
	退出政策实施绩效	0.7075	0.5098	0.8107
	退出政策宣传绩效	0.8362	0.7381	0.8178
	经济韧性绩效	0.5023	0.5290	0.4468
	社会韧性绩效	0.8932	0.7800	0.7160
	生态韧性绩效	0.9891	0.7767	0.9074
	基础设施韧性绩效	0.9892	0.7458	0.6158
	乡村治理韧性绩效	0.7892	0.6547	0.7906

资料来源：根据实地调研数据计算整理。

具体到二级指标来看，这三种模式在退出政策执行过程中，都高度重视政策宣传，提高政策透明度和农户政策知晓度，尽可能消除政策执行过程中遇到的矛盾和冲突。这三种模式下村集体都是此项改革的最大受益者，无论采用哪种宅基地退出模式均能够显著增强村集体的经济实力，促进农民就业增收，并一定程度上提高村庄基础设施建设水平。社会韧性、生态韧性和基础设施韧性方面的绩效在这三种模式中都表现较好，特别是资产置换模式达到“优”的水平。然而，这三种模式也存在需要共同改进的地方：首先，产业融合发展“短板”最明显，这三种模式都没能解决好宅基地退出后如何推动村集体产业实质性发展的问题；其次，如何提升农户退出净收益，让农户在宅基地退出中真正受益，也是这三种模式亟待解决的问题；最后，如何提升村民参与公共事务的积极性是需要重点关注的问题。进一步思考这三种宅基地退出模式形成的逻辑，主要如下：

第一，不同经济发展水平下适用不同的宅基地退出模式。通常来说，经济发展水平越高的地区，宅基地的财产价值属性越强，其作为资产获得收益的能力越强。因此,往往在经济发达地区,以宅基地置换具有商品属性的房屋、商铺以及工厂厂房才有达成交易的可能。但是,对于经济欠发达地区,资产置换模式则行不通了,采用指标置换或货币补偿模式更可行。一方面,欠发达地区商品房、商铺等的资产价值不足,没有足够多的市场主体愿意投资发展产业,没有足够多的产业、人口做支撑,农户即使以宅基地进行置换,也难以享受到资产增值带来的收益。另一方面,欠发达地区的政府也没有足够的财力支持宅基地退出改革正常运行,要么将宅基地退出后结余的建设用地指标投入市场进行交易获得收益来做资金来源,要么以最小的资金成本推动宅基地部分地退出,前者就形成指标置换模式,后者就形成了货币补偿模式。

第二,不同资源禀赋产生不同宅基地退出模式。资产置换模式由于更接近发达的市场经济,产业发展水平高、人口流入红利等就成为具有比较优势的资源禀赋,农户对资产增值预期高,自然愿意以宅基地置换成能够实现增值的资产。指标置换模式主要出现在经济发展水平较低、市场化程度较低、农村建设用地资源相对丰富的地区。通过以分散宅基地换集中宅基地的"以一换一"做法,既解决了农户居住分散的问题,也腾退出规模化、成片化的建设用地结余指标,以建设用地指标收益改善农户居住条件和村容村貌,提升基础设施水平。货币补偿模式主要出现在经济发展水平和市场化程度较低、农村建设用地十分紧张,但村民凝聚力强的地区,可充分发挥农村"熟人社会""乡贤"等因素的作用,以较少的资金代价推动宅基地退出的路径。

通过对资产置换模式、指标置换模式和货币补偿模式农村宅基地退出绩效评价结果及障碍因子的分析,这三种模式有其特定的适用区域或适应前提。资产置换模式是通过将宅基地的资产属性显化从而实现农户自愿退出的,所以退出的前提是宅基地的资产属性能够外显。通常来说,宅基地的资产属性往往在经济较为发达的区域被认可,获得较为丰厚的资产收益。所以,资产置换模式在经济发达地区更容易推行,也更符合其经济发展水平。指标置换模式是通过将宅基地指标置换成建设用地指标,以指标交易获得推动宅基地退出所需投入的新建住房、退出补偿的资金,这对于既有改善农户居住需求但地方财政又无力负担的地区来说,不失为一种可以借鉴的模式。对于货币补偿模式来说,在明确超占多占不予补偿,对急需规范“一户一宅”管理且没有改善居住需求的地区来说更为适用,所需投入的资金也相对较少,不会对政府财政产生太大的压力。

第七章　机制完善：宅基地退出的绩效提升

基于典型试点区域农村宅基地退出绩效评价结果及其影响因素分析，并且考虑到农村宅基地退出是一个联动过程，需要以系统性思维优化宅基地退出的路径，本部分将从农村宅基地准入分配机制、退出运作机制、区域实现机制、风险防范机制以及相关配套制度改革五个方面出发，提出促进农村宅基地退出绩效提升的针对性建议。

第一节　优化宅基地准入分配机制

我国无偿无期限使用的宅基地分配政策安排，呈现"进无门槛"的特点，从源头上造成宅基地超占等历史遗留问题，增加了农村宅基地退出任务和难度。优化宅基地准入分配机制，是农村宅基地退出改革的重要前提与基础，有利于保障宅基地获取分配的公平，推动农户退出农村宅基地，促进农村宅基地的集约节约利用，有效提升农村宅基地退出的绩效。具体可从完善农村宅基地申请取得机制、规范农村宅基地确权登记机制和建立农村宅基地有偿使用机制三个方面入手。

一、完善农村宅基地申请取得机制

农户宅基地申请取得是整个宅基地管理的第一个环节,不仅事关农村居住用地分配的公平问题,也影响农村宅基地管理的后续环节。把好农村宅基地的"入口关",有利于从源头上解决农村宅基地超占利用等问题,减轻违法违规部分农村宅基地退出的工作压力。具体可从以下三个方面完善农村宅基地申请取得机制。

第一,明确宅基地申请取得资格。一般来讲,具备集体经济组织成员身份才具有申请取得宅基地的资格,因此,仍然要坚持以户籍认定为基础,并考虑是否在集体经济组织所在地长期生活居住等其他条件,完善集体经济组织成员资格的认定规则,以明确农村宅基地申请取得资格。同时,对一些特殊情况进行具体规定,如对持有集体经济组织户籍但已经充分享有城市社会保障待遇的,对迁入、嫁入本村落户的外来人员但未退出原集体经济组织申请宅基地的,可以适当限制或取消其申请取得资格;对于部分农村子女考上大学将户籍迁出以及刚进城落户的农民,但仍需要原集体经济组织提供宅基地使用权等作为基本生活保障的,可以考虑保留其一定期限的宅基地申请取得资格。

第二,确立宅基地申请取得的原则标准。在宅基地"一户一宅"原则下,对"一户一宅"中的"户"进行明确界定。一方面,按照"能尽量不分户就不分"的原则,严格把控分户导致宅基地申请数量增加的情况;另一方面,将"户"界定为以农村集体经济组织成员共同生活形成的家庭自然户,在依靠村民自治力量和充分尊重农民自主权的前提下,由村集体自行商议明确分户的原则与条件,确立宅基地取得资格中的自然户的判定标准①。同时,在"房地一体"原则下,对于城镇居民等非本集体经济组织成员通过赠与或继承等方

① 高圣平、吴昭军:《宅基地制度改革的试点总结与立法完善——以〈土地管理法〉修订为对象》,《山东社会科学》2019 年第 8 期。

式,取得房屋所有权和宅基地使用权的,要明确其宅基地使用权的法定期限①,限定其相关权利与义务,如不得擅自翻新、改建和扩建等。此外,也应避免设立"分户"与"宅基地申请"互为前提的条件,尽力地满足农户合理的分户建房需求。

第三,丰富"一户一宅"中"宅"的内涵。囿于土地资源条件限制和城乡建设用地指标紧缺,部分村庄很难满足新增人口拥有独有宅基地需求。既要完善宅基地申请取得制度,又要积极拓展宅基地申请取得分配内容,不再将"一户一宅"中的"宅"限制为取得的一处宅基地使用权。在人地关系紧张的地区,应以保障农村居民居住权利为底线,采取多户联建模式下共有住宅用地使用权,或集中统建模式下的统建住房使用权等多样化的方式,实现农村村民"住有所居"的保障目标。

二、规范农村宅基地确权登记机制

农村宅基地确权登记不仅可以有效消除农户的宅基地产权不安全感,打消其宅基地退出顾虑,促进农户退出宅基地②,也能够减少宅基地管理不规范和产权纠纷等问题,有利于稳妥规范、公平有序地推动农村宅基地退出工作,提升农村宅基地退出绩效。具体可从以下两个方面规范农村宅基地确权登记制度。

第一,明确宅基地确权登记原则。总体上,基于"一户一宅""集体经济组织成员""面积合规"等原则推进宅基地登记工作。首先,注重灵活处理因继承房屋占用宅基地形成"一户多宅"等情况。其次,明确原农村集体经济组织成员因升学、兵役等人口迁移成为非集体经济组织成员,以及因扶贫搬迁、移

① 曹益凤:《宅基地使用权继承的制度困境与出路选择》,《农业经济问题》2020 年第 3 期。

② Liu, R., Yu, C., Jiang, J., et al., "Farmer Differentiation, Generational Differences and Farmers' Behaviors to Withdraw from Rural Homesteads: Evidence from Chengdu, China", *Habitat International*, Vol.103, No.102231, 2020.

民安置等形成的非本村集体经济组织成员,占用宅基地等情况的确权登记原则。最后,根据农村宅基地取得的历史情况,分阶段处理农村宅基地面积超标情况,并明确不可分割的超占宅基地,按规定缴纳超标宅基地有偿使用费后,才予以登记发证。

第二,完善宅基地确权登记方式。首先,应用高精度的空间坐标测量工具,对宅基地面积进行精准计量做好勘测编绘,并基于此建立宅基地基础数据库。其次,根据不同地方的宅基地面积认定标准,以文件、材料证明以及指界人商议指定结合的方式,把准宅基地界限。再次,由乡镇政府和集体经济组织共同成立土地调整和争议仲裁小组,按照"有政策严格依据政策,没政策灵活采用村民决议"的原则,妥善处理好宅基地确权登记过程中发生的各种矛盾纠纷。最后,对农村宅基地调查摸底数据、精准勘测结果以及产生的纠纷处理结果等及时进行公示,保证农村宅基地确权颁证做到"确实权、颁铁证"。

三、建立农村宅基地有偿使用机制

实行宅基地有偿使用制度在一定程度上可以增加宅基地的保有成本,有助于农户形成节约利用宅基地的意识,减少农户宅基地超占行为的发生,并促进农户退出多余宅基地,从而提升农村宅基地退出绩效。具体可从以下两个方面构建农村宅基地有偿使用制度。

第一,明确宅基地有偿使用的范围与收费标准。将因区位条件等不同所分配到的条件较好宅基地,超标超占使用宅基地,由于继承、受让等原因形成的"一户多宅"宅基地,以及其他非本村集体成员合法使用的宅基地等,纳入宅基地有偿使用实施范围。在保障农村宅基地有偿使用费的征收标准与农村宅基地有偿退出补偿标准相对应的基础上,以惩罚性为导向、采取累进制的收费方式,制定"一户多宅""面积超标"的宅基地有偿使用费标准。同时,充分考虑区位情况,参照已有的基准地价标准,制定体现级差地租的新申请宅基地有偿使用费标准。例如,部分试点区域在宅基地分配过程中,已探索采取对区位较好的宅基地收取了宅基地有偿选位费或宅基地竞位费等做法。

第二,完善宅基地有偿使用费的收取与管理。在收费主体上,应在乡镇政府指导下,由集体经济组织负责推行宅基地有偿使用制度、收取宅基地有偿使用费。在收费方式上,对于超占但“难分割”的宅基地以及新申请的宅基地,可采用一次性收取方式,对于“一户多宅”的情况,则按照“一次性收取”和“年度收取”相结合的方式进行有偿使用收费。同时,对于未积极主动缴纳宅基地有偿使用费的情况,应制定相应的惩戒办法,可采取集体经济组织内部公告批评、通过司法机关的强制执行、纳入失信人员名单、依法收回等措施,促进宅基地有偿使用费征收得以顺利完成。在宅基地有偿使用费用收取资金管理上,要注重在宅基地各个利益主体之间的合理分配,一般可以用作节约宅基地奖励、乡村基础设施和公共服务设施建设等公共支出,也可提取一定比例作为农村宅基地管理工作经费。

第二节　健全宅基地退出运作机制

农村宅基地退出运作制度不完善是农村宅基地“退无出路”、闲置低效利用等问题的重要原因。健全农村宅基地退出运作制度是解决宅基地利用问题和提升宅基地退出绩效最直接的路径。本书主要从完善农村宅基地退出补偿激励机制、改进农村宅基地退出收益分配机制、健全农村宅基地退出资金运作机制、优化农村宅基地退出土地再利用机制、建立农村宅基地退出多主体治理机制五个方面,提出完善宅基地退出运作机制的相应建议。

一、完善农村宅基地退出补偿激励机制

经济因素是农户参与宅基地退出的重要激励。一方面,农户对宅基地退出后无力再购置房屋解决居住养老问题存有担忧;另一方面,农户在宅基地退

出中存在禀赋效应①，对宅基地的升值潜力有所期待，容易认为当前补偿标准过低②。因此，只有形成有效的宅基地退出补偿激励机制，才能促进农户退出宅基地，确保宅基地退出发挥出应有的绩效。

第一，完善宅基地退出补偿标准。可在兼顾效率与公平的基础上，按照“成本—收益”价值核算③、“损失什么、补偿什么”的原则④，从住房保障功能、生产要素功能以及期权价值等角度⑤，采用市场化的评估手段，对拟退出的宅基地及地上房屋和附属设施的价值进行评估，划定宅基地退出补偿标准范围，形成合理的宅基地退出价值评价机制。在此基础上，集体经济组织要基于自身资金实力以及宅基地退出中可利用的资金情况，充分尊重农户主观意愿，在经过合规程序进行集体内部统一讨论后，形成兼顾公平与效率、能够令农户接受的农村宅基地退出补偿标准。

第二，丰富宅基地退出补偿方式。根据宅基地退出资金筹集情况，灵活采取宅基地指标置换、资产置换等非货币直接补偿的宅基地退出补偿方式，以缓解宅基地退出政策执行过程中的资金压力。针对不同的宅基地退出群体，可根据其需求的不同，采取差异化的宅基地退出补偿方式。对于“一户多宅”和宅基地面积超标的农户，采用以货币补偿房屋残值为主的激励补偿方式，鼓励其退出多占和面积超标的宅基地。对于已在城镇购房落户的农户，考虑其对宅基地依赖度较低，宅基地的社会保障功能弱化，可采用以货币补偿房屋和宅

---

① Liu, R., Jiang, J., Yu, C., et al., “The Endowment Effect Accompanying Villagers' Withdrawal from Rural Homesteads: Field Evidence from Chengdu, China”, *Land Use Policy*, Vol.101, No.105107, 2021.

② 汪莉、尤佳：《土地整治中宅基地的退出激励机制——以安徽省为例》，《政法论坛》2015年第4期。

③ 付文凤、郭杰、欧名豪等：《基于机会成本的农村宅基地退出补偿标准研究》，《中国人口·资源与环境》2018年第3期。

④ 陈丽娜、尹奇：《宅基地退出：兼顾效率与公平的补偿标准》，《中国人口·资源与环境》2013年第S2期。

⑤ 赵林玉、冯广京、谢莹：《农村宅基地价值构成及其退出补偿对价研究》，《农业经济问题》2021年第8期。

基地为主的退出补偿方式，并适当提供进城购房补贴，以激励农户退出宅基地和农房。针对房屋老旧或缺乏基础设施的农户，特别是空巢老人、残疾人、贫困户、五保户等农村弱势群体，可通过宅基地换房的方式，为其免费提供扶贫公寓作为补偿。

二、改进农村宅基地退出收益分配机制

在农村宅基地退出过程中，合理的收益分配机制是保障宅基地退出工作良性循环的重要基础。然而，从调研地区情况来看，当前农村宅基地退出收益分配机制尚不健全，存在村集体宅基地退出净收益有所增加，但大部分退出农户净收益增加却不明显的现象，降低了宅基地退出绩效。因此，需要完善农村宅基地退出后产生的土地增值收益分配机制。

第一，平衡宅基地退出各参与主体收益。宅基地退出涉及地方政府、集体经济组织、农户以及参与宅基地退出的投资者等诸多利益主体，并且各主体因拥有相应产权、提供了相应服务、进行了相关投资等，享有农村宅基地退出后增值收益分配的权利。平衡宅基地退出各参与主体的利益，制定合理的宅基地退出收益分配比例，保证公平且维持各主体参与宅基地退出积极性，是完善农村宅基地退出收益分配机制的关键。首先，基于宅基地产权归属情况，按照“谁所有、谁收益”原则，建立“公私共享”的收益分配机制，兼顾好地方政府、集体经济组织、农户和相关投资者的利益。其次，基于合作博弈理论，按照“谁投资、谁收益”的原则，充分考虑要素贡献参与情况，建立合作共赢的收益分配机制，明确宅基地退出的收益分配比例，平衡各主体之间的收益分配关系。此外，调研发现，宅基地退出后部分农户未出现明显增收，甚至面临生活成本提高的压力。考虑以上情况，宅基地退出收益分配过程中，还应充分尊重农户的宅基地退出利益诉求，适当提高农户宅基地退出增值收益分配比例，保证农户退出宅基地后生活水平不降低。

第二，完善宅基地退出收益分配方式。虽然采用一次性货币分配方式是

宅基地退出收益分配中较为常用的方式，但一次性分配不利于再创造新的财富。可在完善集体股份制分红的基础上，将部分宅基地退出收益集中起来，成立集体发展基金或农民创业贷款基金等，支撑集体经济发展和农户创业，探索建立集体经济组织和农户长久持续的宅基地退出增收机制。这将在保障农户获取一定现金收益分配的基础上，促进乡村产业发展和农户长期增收，放大宅基地退出收益，进一步提升农村宅基地退出绩效。此外，还可以将宅基地退出收益直接用于支持集体经济组织成员的医疗、养老、教育、失业等社会保障方面，或用于支撑农村基础设施和公共服务建设，以丰富与完善宅基地退出收益分配方式。

三、健全农村宅基地退出资金运作机制

农村宅基地退出项目的成功运作既需要坚实的资金来源保障，也需要科学的管理体系支持。从试点区域情况来看，农村宅基地退出来源渠道单一、资金短缺已成为制约宅基地退出有序推行的关键因素。同时，各试点区域也尚未形成完善的宅基地退出资金管理制度，不利于在宅基地退出资金有限情况下，有序推动宅基地退出。因此，需要从以下两个方面优化农村宅基地退出资金运作机制。

第一，拓宽宅基地退出资金渠道。在财政资金渠道方面，可在财政实力允许和不会造成财政风险的情况下，继续依靠政府垫资的方式保障农村宅基地退出的前期资金供给。同时，将农村宅基地退出项目与新农村建设、美丽乡村建设、农村人居环境整治、土地整治、城乡建设用地增减挂钩、新型城镇化建设等项目联动推进，通过项目资金的整合来扩充农村宅基地退出资金，放大农村宅基地退出项目效益。在市场资金渠道方面，可以探索将宅基地退出项目打包，采取市场化运作方式，积极引导市场主体参与，让更多的社会资金投入到宅基地退出盘活项目中，增加宅基地退出资金来源。此外，还可以充分挖掘集体内部资金，依靠收取宅基地有偿使用费和宅基地竞位费、号召乡贤能人捐款

等方式,不断扩充农村宅基地退出项目资金。

第二,健全宅基地退出资金管理制度。可在集体经济组织和乡镇政府共同协商下,派出专员组建宅基地退出资金专项管理小组,负责农村宅基地退出资金的运作管理。针对宅基地退出资金使用,建立农村宅基地退出资金的专款专用制度,确保农村宅基地退出项目资金只用于农村宅基地退出项目推动过程。建立资金使用申请报备和全程化追溯制度,确保每一笔宅基地退出资金的使用都有申请报批记录。与此同时,必须重视农村宅基地退出成本问题,在农村宅基地退出项目结束后,应对农村宅基地退出资金的使用情况进行综合评价,以促进农村宅基地退出资金高效利用。

四、优化农村宅基地退出土地再利用机制

在城乡建设用地增减挂钩和切实保护耕地资源的制度背景下,推进农村宅基地退出的重要目标是盘活超占、闲置的农村宅基地,提高农村土地节约集约利用程度。通过存量宅基地资源的盘活利用,可为乡村基础设施建设和产业发展提供用地支撑,增强乡村韧性。因此,需要注重从以下三个方面完善农村宅基地退出土地再利用机制。

第一,加强宅基地退出中规划引领作用。根据村庄资源禀赋和社会经济发展状况,合理划定村庄建设用地红线,科学布局村庄居民点用地、基础设施用地和产业用地,健全村庄国土空间规划、土地整治规划等村庄规划体系。在此基础上,进一步编制农村宅基地退出专项规划,指导和推进农村宅基地退出工作。在规划制定过程中,要结合当地资源禀赋与社会经济发展条件,秉持兼顾乡村发展和当地环境保护的理念,在保护乡村风貌和自然环境的基础上,着力解决土地利用不合理以及布局混乱的问题。同时,注重坚持公众参与的乡村规划设计理念,充分尊重农户自身意愿和关注其利益诉求,积极鼓励民众参与到规划制定的全过程中。由此,在规划先导的条件下,处理好农村集体建设用地分布零散、土地难以形成利用规模等问题,确保农户退出宅基地可以得到

合理再利用。

第二，建立农村宅基地收储管理制度。可借鉴城市土地储备制度，建立农村宅基地收储管理制度，由集体经济组织负责组建宅基地退出收储管理机构，按照“退出管理—开发整理—退出再利用”的程序完善相关工作机制。具体而言，农村宅基地收储管理机构的工作包括：受理由农户主动提交的农村宅基地退出申请，对退出宅基地进行面积丈量、权属核查、价值评估，并按照已经确立的标准给予退出农户相应补偿；对退出农村宅基地统一复垦整理，将退出宅基地或者是形成的建设用地指标纳入集体建设用地储备库中；根据村庄规划，对退出宅基地的再利用、结余建设用地指标上市交易等事项进行妥善安排。

第三，拓展退出宅基地再利用途径。在村庄各类规划或宅基地退出专项规划的指导下，由农村宅基地收储管理机构主导，积极拓展退出宅基地再利用途径。首先，坚持农村土地留在农村使用，明确留足一定比例的退出宅基地用于村庄未来新增宅基地申请需要。其次，将退出宅基地充分用于农村基础设施和公共服务设施建设，如村庄道路，集中居住区水、电、气、物业管理设施，以及村庄观光休闲公园、农家书屋、运动广场以及日间照料中心等。再次，打通退出宅基地向集体经营性建设用地转变的渠道，支持集体经济组织结合村庄产业基础和产业特色，利用农户退出宅基地形成的农村集体建设用地，用于乡村二三产业发展。最后，还要充分考虑退出宅基地农户的农业生产需求，利用退出宅基地为农户配备好工具房等生产生活配套设施，以降低农户宅基地退出后的生活成本。

五、建立农村宅基地退出多主体治理机制

考虑到农村宅基地退出需要满足不同主体的不同利益诉求，为了降低政策执行成本和提升宅基地退出绩效，必须同步完善乡村治理体系，形成地方政府有效引导、集体经济组织充分主导、农民群众积极参与的宅基地退出多主体治理局面。具体可从以下三个方面构建农村宅基地退出多主体治理机制。

第一,强化政府服务引导作用。在宅基地退出政策制定执行之前,地方政府应先行做好相应的规划工作,制定明确的宅基地退出政策,有序推动宅基地退出工作。首先,要根据当地区域环境条件,按照因地制宜、分步推进的原则,作出符合地方实际情况的宅基地退出政策安排。其次,要以维护农户权益为根本,充分尊重农户的宅基地退出意愿,对于关系农户切身利益的环节,如农村宅基地退出补偿标准制定、安置点的选择布局等,要与农户充分协商,并依据农户属性特征优化农村宅基地退出制度,形成多样化的农村宅基地退出模式,以满足不同类型农户的需求。此外,在农村宅基地退出政策执行过程中,要增强政策规范性和公信力,注重通过召开宣讲会议、张贴通俗的宣传标语等方式强化政策宣传,使农户能够克服短期利益心理,认识到宅基地退出的现实必要性和长期有利性,进而引导农户积极退出宅基地。

第二,发挥集体组织自治作用。按照村民自治原则管理农村土地是中国农村土地集体所有制的内在制度要求①,在农村宅基地退出政策执行过程中要发挥村集体组织自治能力。具体地,要健全集体经济组织,完善集体经济组织的工作章程,强化集体经济组织管理职能,确立集体经济组织作为宅基地所有权人行使土地处分权的主体地位。在此基础上,进一步厘清集体经济组织在宅基地的申请、流转、退出、收益分配等事务中的民主管理作用,形成合理的自治组织规则。同时,考虑到疲软的农村集体经济不利于实现宅基地自治,还要注重不断增强集体经济组织的实力。

第三,激发农户主动参与意愿。农户是宅基地退出中的关键主体,只有充分激发农户的宅基地退出积极性,确保农户融入宅基地退出政策的设计执行过程中,才能确保宅基地退出政策可以在满足农户需求、令农户满意的情况下有序推进。一方面,要在农村宅基地退出过程中探索建立村庄与村民的利益联结机制,使农户清楚认识到农村宅基地退出对村庄发展及其自身发展的益

① 桂华:《农村土地制度与村民自治的关联分析——兼论村级治理的经济基础》,《政治学研究》2017 年第 1 期。

处,以提高农户在宅基地退出中的参与意识。另一方面,要组建农户利益的维权组织,使农户在参与宅基地退出中有维权组织的保障,能够积极表达自身的利益诉求。此外,还要注重发动宗族势力和乡贤力量,参与到宅基地退出的各个协商和监管环节,借助村民理事会"熟民近民"力量,进一步激发农户主动参与宅基地退出积极性。

第三节　完善宅基地退出区域实现机制

由于不同区域之间农村经济发展差异较大,各地农村宅基地退出所面临的制度环境也存在较大差异。因此,需要根据区域差异特征,因地制宜地完善农村宅基地退出政策安排,健全宅基地退出的区域实现机制。根据前文对东部、中部、西部地区农村宅基地退出的调研结果,以及农村宅基地退出绩效的评价结果及其影响因素,本书具体针对东部、中部、西部地区农村宅基地实现机制退出提出相应的完善建议。

一、东部地区农村宅基地退出实现机制

东部地区农村经济发展水平较高,地区财政实力较强,农户收入情况良好,村庄公共服务与基础设施较为完善,但是,面临城乡建设用地资源紧张的形势,土地价值显化明显,故东部地区农村宅基地退出应重点关注农民宅基地财产价值的实现和农村宅基地资源的有效利用。前文对东部地区宅基地退出绩效评价结果表明,在推进农村宅基地退出过程中,仍存在宅基地退出后产业融合发展不好、农户收益未得到明显提升、宅基地退出复垦成效不佳等问题,也受到资金来源渠道有限以及村民参与度较低等阻碍。因此,东部地区农村宅基地退出需从以下几个方面进行完善。

在宅基地退出补偿激励方面,考虑到东部地区城镇化发展程度较高,故要按照是否处于城镇化规划红线范围、是否完成农村更新改造等具体情况,明确

不同的宅基地退出模式,制定差异化的补偿激励方案。其中,城镇规划区范围内以实现资产增值为主要补偿激励,积极探索多元化的资产置换方式;城镇区范围外则以货币化补偿方式与改善住房条件为主要激励。

在宅基地退出收益分配方面,考虑到东部地区农村土地价值显化,故要侧重采用还权赋能的方式,处理好宅基地退出收益分配问题。通过充分赋予并落实农村集体经济组织对宅基地分配、经营、处置、收益的权益,充分保障集体经济组织成员资格权,确保集体收益大部分留在当地和农民身上。在此基础上,充分尊重农民的主体意愿和利益诉求,基于集体内部民主协商来确立集体与农户的收益分配比例,满足农户在宅基地退出中合理的利益诉求,并发挥地方政府在宅基地增值收益分配调节中的应有作用。

在宅基地退出资金运作方面,东部地区农村集体经济发展水平较高,对地方政府的资金投入依赖性较低,可积极探索多样化的资金筹集方式。一方面,可以依靠地方政府给予的相应财政支持、宅基地有偿使用费、建设用地指标交易收益等作为宅基地退出资金渠道。另一方面,可以通过村民自筹或依托金融机构贷款支持,解决农村宅基地退出过程中的资金问题。

在宅基地退出土地再利用方面,考虑到东部地区土地市场化程度高,要在宅基地市场规则和地价体系健全的基础上,完善宅基地退出土地再利用机制。具体来看,要注重强调城乡融合,基于村庄资源禀赋、产业基础和经济发展状况,放宽宅基地用途管制,拓展宅基地经营性用途,引导农户退出宅基地用于村庄发展民宿、文创等,支撑乡村新产业、新业态的发展,但注意严格限制宅基地用于建设大别墅或私人会馆等。

在宅基地退出多主体治理方面,东部地区宅基地退出过程中涉及的利益博弈更加复杂,因此要充分发挥不同主体在宅基地退出过程中的作用。一方面,地方政府要做好政策制定和引导工作,为集体经济组织与参与宅基地退出的市场主体之间的牵线搭桥做好相关服务,对宅基地退出全过程进行有效监管,尤其关注耕地保护和农民土地权益保障。另一方面,村集体层面可成立集体资产管理公司，按照市场化的方式推进宅基地退出，并依据集体经济组织成员资格权设置相应股权，保障农户在宅基地退出中的相应权利，充分调动农户的参与积极性。

二、中部地区农村宅基地退出实现机制

中部地区农村处于传统农业区域，宅基地"一户多宅""面积超标"等历史遗留问题突出，农户以外出务工为主，收入水平一般，对土地有着较为深厚的感情，地区经济发展实力与财政实力不强，村庄公共服务与基础设施不完善，但具有良好的乡村治理基础。因此，中部地区主要是激励农户退出不符合宅基地利用管理规定和乡村规划的土地，并且需要注重保障农户住房改善需求，提高村庄公共服务与基础设施完善程度。对中部地区宅基地退出绩效评价结果表明，在推进宅基地退出过程中面临宅基地退出后村庄产业融合发展与农户增收效果不佳、公共服务与基础设施完善不佳的问题，也受到资金来源渠道有限的阻碍。因此，中部地区农村宅基地退出要从以下五个方面进行完善。

在宅基地退出补偿激励方面，中部地区农村要以"一户多宅""面积超标"或者住房老化不宜居住的农户为退出的首要群体，通过改善居住条件和生活环境，采取老房拆旧补偿以及新房建设支持等作为宅基地退出补偿激励。以已经进城定居但农村宅基地闲置的农民为次要激励群体，采取货币补偿和城镇购房补贴的手段进行退出激励。同时，考虑到宅基地退出资金有限，以及不同时期和不同村庄可利用的宅基地退出资金差异较大，宅基地退出补偿要重点关注农户"不患寡而患不均"的思想，以公平原则作为首要原则。

在宅基地退出收益分配方面，中部地区农村宅基地退出以部分退出居多，并受土地价值未得到显化的影响，农村宅基地退出收益通常不高。因此，首先，要考虑将宅基地退出收益用于提升地区公共服务与基础设施建设，改善农村发展的共性问题。其次，考虑将盈余的宅基地退出收益按股权分期向农户发放，促进农民增收。此外，也可以基于集体经济组织成员权，先行设置宅基

地退出收益分配股权,为未来土地价值显化后农户合理分配产生的土地收益分配奠定基础。

在宅基地退出补偿资金方面,充分借助中部地区开展美丽乡村建设等项目契机,注重将宅基地退出与美丽乡村建设等项目有效结合,整合利用政府财政资金支撑宅基地退出运作。同时,可以充分利用地区农村乡贤能人捐资,或村民协商后自发自筹,以及宅基地超占有偿使用费收取等方式进行补充。还需注意的是,也可以积极推进宅基地退出复垦,通过结余的建设用地指标交易筹措宅基地退出资金,支撑中部地区农村宅基地退出项目运作。

在宅基地退出土地再利用方面,中部地区多属于传统农区,城乡建设用地需求并不旺盛,但大量农户还有返乡需要,对未来新增居住用地需求较高。因此,首先,要注重做好村庄居住用地规划,将退出的宅基地用于满足未来新增的居住用地需求。在规划编制过程中,以保障农民户有所居为底线,注重对宅基地建房等进行详细规定,防止农村建房过度铺张浪费。其次,要将农户退出的宅基地用于完善村庄基础设施,改善村庄生态环境,并建立退出宅基地向产业用地转变机制,为支撑村庄产业发展奠定基础。

在宅基地退出多主体治理方面,中部地区在宅基地退出的过程中,村集体层面要充分借助已成立的村民理事会等组织,发挥整合资源、组织领导的作用,充分调动村庄的党员干部、村干部、村民代表、乡贤发挥宅基地退出带头引领作用,提高农民参与宅基地退出的积极性。同时,地方政府要在宅基地退出政策推行前对乡村自治组织的主要成员进行培训,对集体内部自治组织进行监督,并积极做好宅基地退出政策宣传和相关服务工作。

三、西部地区农村宅基地退出实现机制

西部地区农村处于经济发展较为落后,地方财政实力较差,农户以外出务工或在城镇周边打工为主、收入水平不高、对农地依赖性较强、居住条件的改善需求强烈。同时,西部地区村庄公共服务与基础设施相对落后,区位优势不

明显、宅基地价值未显化，并且多数村庄内部治理能力薄弱。因此，西部地区农村宅基地退出应通过与农村居民点整理相衔接，挖掘大量农村闲置宅基地资源，利用结余的建设用地指标交易获取收入，完善农村基础设施，改善农村居住环境。西部地区典型试点区域农村宅基地退出绩效评价结果表明，在推进宅基地退出过程中，面临资金来源渠道有限和村庄自治能力较差的阻碍，并且农村宅基地退出后在产业融合发展、农户收益提升等方面取得的成效不佳，一定程度上也加重了农户家庭生活成本。因此，西部地区农村宅基地退出要从以下五个方面进行完善。

在宅基地退出补偿激励方面，西部地区农民受经济条件等限制，相对于进入城镇生活的农民群体而言，仍留在农村生活且需要改善居住条件的农民占多数。如果宅基地退出不能改善农户居住条件，那么大部分农户退出宅基地的积极性不高。因此，宅基地退出要以在农村生活且居住条件较差、宅基地有整理潜力的农户为主要激励群体，通过拆旧建新引导其退出宅基地，利用指标交易等方式筹集退出资金，为其提供新社区住房补偿。针对少数已经进城定居且宅基地闲置的农户，要根据其退出意愿进行合理引导，采用货币补偿方式，或为其提供进城购房补贴、养老补贴等方式，来激励其退出宅基地。

在宅基地退出收益分配方面，由于西部地区农村土地价值未得到显化，宅基地退出收益主要源于结余建设用地指标交易。因此，首先，要针对西部地区农村公共服务与基础设施建设仍然薄弱的短板，注重将宅基地退出收益用于完善村庄公共服务与基础设施。其次，考虑到西部地区宅基地退出农户增收效益不佳且生活成本有所加重，要将宅基地退出收益向农户倾斜，把宅基地退出的收益作为西部地区农村减贫的重要工具。

在宅基地退出资金方面，西部地区的宅基地退出资金来源渠道较窄，主要依靠土地整治结余指标交易获取资金。但是"增减挂钩"模式的资金收益只有土地指标整理出来，完成交易后才能形成，主要产生于宅基地退出项目后期，前期资金仍然存在缺口，需要政府财政垫付前期宅基地退出资金。一方面,要确保宅基地政策补贴能够持续跟进,进一步加强与增减挂钩项目、新农村建设等项目衔接,扩充宅基地退出资金。另一方面,可学习中部地区宅基地退出经验,积极争取乡贤捐款,以及收取宅基地有偿使用费等方式补充宅基地退出资金。此外,还可以出台相应的用地政策,吸引市场主体垫资参与宅基地退出前期工作,拓宽宅基地退出资金来源渠道。

在宅基地退出土地再利用方面,西部地区农村由于经济发展的限制,宅基地退出主要选择指标交易模式,农村基础设施和公共服务设施建设仍不太健全,村庄产业发展难、村民就业难的问题仍然突出。因此,一方面要强调依据村庄规划,注重将农户退出的宅基地用于村庄公共服务、基础设施建设,并为集中居住区的农民配置好农业生产所需的工具房、菜地等,以减轻农户宅基地退出后的生活成本。另一方面要强调将一定的宅基地发展权留在农村,避免依赖交易指标方式,注重将结余的土地用于村庄未来产业发展,以更好地保证农民的长远生计和发展村集体经济。

在宅基地退出多主体治理方面,考虑到西部地区乡村自治基础能力较为薄弱。首先,要加强乡村集体经济组织的建设,依据村庄实际情况完善宅基地退出相关组织机制构建与制度建设,建立宅基地退出议事决策专门组织,讨论决定村集体内部宅基地退出相关事宜,行使宅基地所有权的各项权能,发挥集体自治组织在宅基地退出管理中的作用。其次,要注重强化乡村基层党组织建设,发挥党员在宅基地退出中的带头引领作用,充分调动农民参与宅基地项目的积极性。最后,地方政府需在宅基地退出过程中,做好宅基地退出政策宣传、退出农户服务、集体经济组织监管等工作。

第四节　构建宅基地退出风险防范机制

宅基地所承载的农民居住保障功能要求必须审慎推进宅基地退出改革,充分重视宅基地退出过程中可能存在的风险,防止宅基地退出冲击农村社会稳定,因此,需要构建农村宅基地退出风险防范机制,使宅基地退出绩效维持在较高水平。

一、建立农村宅基地退出风险识别评估机制

考虑将宅基地退出风险纳入县级以上地方人民政府社会稳定风险评估中,由县(市、区)农业农村部门,或宅基地退出项目所在的街道办事处、乡镇人民政府担任评估主体,按照自行组织或委托专业机构、社会组织等第三方机构的方式,深入宅基地退出的现实情境中,根据实际情况选择问卷调查、实地走访和召开座谈会、听证会、专家论证会等方式,听取各方意见,收集相关资料,开展宅基地退出风险识别评估工作。在宅基地退出风险评估过程中,按照"明确风险源—确定风险识别指标—构建分析模型"的程序,从宅基地退出的政策制定、执行全过程出发,关注宅基地退出中涉及的地方政府、集体经济组织、农户以及投资方等相关主体利益诉求,重视退出项目资金运作、退出农户安置保障、退出土地再利用等关键环节的风险,对识别的风险进行评估并确立风险等级。在此基础上,分析农村宅基地退出风险内容特征以及发生作用机制,为防范宅基地退出风险奠定基础。

二、强化农村宅基地退出风险防范管控机制

完善宅基地退出监督管理,明确宅基地退出过程中地方政府、集体经济组织等相关主体的具体职责和分工,对宅基地退出补偿资金发放情况、宅基地退出申请审核以及宅基地退出后土地再利用情况等重点内容进行监管,加大宅基地退出中的违法乱纪行为查处力度,并明确相应的奖惩措施。针对可能出现部分弱势农户受到乡村强势力量的干预而被迫退出宅基地的问题,要畅通群众举报通道,加大农民群体在宅基地退出监督中的参与力度,保护弱势农民群体土地利益。同时,规范宅基地退出审核程序,强化宅基地退出各个环节的信息审核,及时向农民群体公布审核处理结果,做到相关信息公开透明。此

外，探索宅基地退出“权证”制度，在村民全部退出宅基地或者放弃宅基地申请资格后，村集体颁发一定年限内可再次生效的宅基地使用“权证”，为退出农村宅基地进城定居的农户留足缓冲空间。

第五节　加快宅基地退出配套制度改革

建立和完善农村宅基地退出制度，离不开各类配套制度改革的相互支撑与协同推进。作为农村宅基地制度改革的重要内容①②，宅基地“三权分置”改革有利于推动宅基地退出制度改革。同时，合理的户籍制度安排和完善的社会保障体系，也有助于消除农户退出宅基地的顾虑，助力宅基地退出制度改革。因此，在完善宅基地退出制度的同时，有必要进一步深化农村宅基地“三权分置”改革，协同推进城乡户籍制度和社会保障制度改革。

一、深化宅基地“三权分置”制度改革

深化宅基地“三权分置”制度改革，有利于维护宅基地退出各参与主体的产权，满足不同利益主体诉求，为宅基地退出工作创造更有利的条件。首先，要落实宅基地所有权，强化治理单位和产权单位的相互关联③，确保宅基地退出工作稳妥推进。具体应从法律层面巩固宅基地所有权主体地位，明确宅基地所有权主体的法人资格，并保障集体经济组织在农村宅基地分配、使用、处置、收益等方面的知情权、参与权、决策权和监督权。其次，要保障农户宅基地资格权，维护农户在宅基地退出中的合法权益。具体可在完善农民集体成员

① 乔陆印、刘彦随：《新时期乡村振兴战略与农村宅基地制度改革》，《地理研究》2019 年第 3 期。

② 陈振、罗遥、欧名豪：《宅基地“三权分置”：基本内涵、功能价值与实现路径》，《农村经济》2018 年第 11 期。

③ 曾旭晖、郭晓鸣：《传统农区宅基地“三权分置”路径研究——基于江西省余江区和四川省泸县宅基地制度改革案例》，《农业经济问题》2019 年第 6 期。

权制度的基础上，按照“物权法定”的原则，从法理层面对宅基地资格权的物权属性、权利让渡及表达方式、实现形式及范围等进行界定①。最后，要放活农村宅基地使用权，增加农村宅基地退出收益，综合提升宅基地退出绩效。可在注重条件限定性、阶段适应性、地区差异性、动态平衡性的情况下，赋予集体和农民更大范围的处分权和收益权，适度放宽宅基地使用权流转范围和方式，在一定条件限制下，允许非本集体经济组织成员获得一定年限的宅基地使用权，允许宅基地使用权跨集体经济组织转让，允许宅基地使用权与农房一并流转，不断完善宅基地使用权放活途径②。

二、加快推进城乡户籍制度改革

现行户籍制度导致的城乡差别化社会保障资源配置，制约着宅基地社会保障功能向资产功能转化③。推动户籍制度改革可以进一步消除农户宅基地退出顾虑，为农村宅基地退出提供新动力。首先，要强调不允许以农民放弃土地权益作为其进城落户的前提条件，应允许进城落户农民保留土地承包经营权、宅基地使用权以及集体收益分配权。其次，要降低落户门槛，放开放宽除个别超大城市外的城市落户限制，合理设置超大城市落户条件，完善超大城市积分落户制度，重点关注有落户意愿、落户能力的农业转移人口，构建农民进城落户意愿调查和反馈机制，从多方面进行反复摸底调查，充分了解农户进城落户的多元化诉求，并针对性地完善相应户籍制度。部分地区可制定零门槛落户制度，确保应落尽落、便捷落户，推动有能力进城落户农户退出闲置的农村宅基地。最后，完善居住证制度和加快推进居住证制度全覆盖，并以居住证

① 付宗平：《乡村振兴框架下宅基地“三权分置”的内在要求与实现路径》，《农村经济》2019 年第 7 期。

② 张克俊、付宗平：《“三权分置”下适度放活宅基地使用权探析》，《农业经济问题》2020 年第 5 期。

③ 朱新华：《户籍制度对农户宅基地退出意愿的影响》，《中国人口·资源与环境》2014 年第 10 期。

为载体,健全基本公共服务供给机制,推动非户籍常住人口享有与户籍人口同等的基本公共服务,提高居住证持有人城镇公共服务的实际享有水平。

三、深化城乡社会保障体系改革

完善城乡社会保障制度体系,逐步消灭捆绑在户籍制度上具有城乡“歧视性色彩”的社会保障和服务功能,通过整合城乡居民基本养老保险制度和基本医疗保险制度,实现城乡居民在社会保障基础制度上有资源平等共享权,促进城乡之间人口等资源要素流动,为宅基地退出制度改革提供动力。首先,要建立城乡统一的就业服务体系,运用财政支持、创投引导、小额担保、贷款贴息等扶持政策,拓宽退地农户的就业创业渠道。其次,要完善退地农户的就业培训服务体系,提高其就业技能,及时向退地农户提供就业信息,协助农户尽快找到稳定合适的工作。再次,要推动退地农户参加失业保险、工伤保险,切实维护其依法享有失业、工伤保险等合法权益,确保退地农户长远生计有保障。最后,要健全新型城乡住房保障体系。针对继续留在农村的居民,改变宅基地实物保障的单一模式,建立多层次的农村住房保障政策体系,形成“保障性住房+政策性住房+商品性住房”的新型农村住房制度,以及与之相对应的农村住宅用地制度①。针对有意愿进城落户定居的退地农户,可以通过宅基地置换城镇住房方式或提供购房补贴,也可以本着“为农业转移人口造房”的理念,推进公共租赁住房、共有产权房等城镇保障性住房建设,加大城镇保障性住房的各项投入,为退地农户提供住房保障,帮助其在城市落地生根。

---

① 吕萍、于淼、于璐源:《适应乡村振兴战略的新型农村住房制度构建设想》,《农业经济问题》2020 年第 1 期。

第八章　研究总结与未来展望

农村宅基地退出问题的产生和发展是与农村宅基地利用特征息息相关的。由于不同地区的宅基地制度改革需求各有差异，其基于自身实际需求所探索出的宅基地退出模式，也会表现出差异化的宅基地退出绩效。尽管33个试点区域的宅基地制度改革探索已经取得了一定成效，但由于试点范围相对狭窄，探索出的改革经验有待进一步论证。2020年，中央全面深化改革委员会第十四次会议审议通过《深化农村宅基地制度改革试点方案》，继续布局包括宅基地自愿有偿退出在内的各项改革任务。可以预见，探索建立农村宅基地自愿有偿退出机制将是未来一段时间我国农村地区的重要工作。

第一节　研究总结

随着城镇化和工业化深入推进，农民进城和农村"空心化"的现象越来越多，各级政府节约集约利用土地的意识不断强化，并逐步出台了宅基地腾退、宅基地退出的相关政策。进入新时代，农村宅基地闲置浪费与耕地保护的矛盾、城乡建设用地需求与供给的矛盾、农村宅基地流转受限与隐形交易市场活跃的矛盾等系列问题不断凸显，也推动着农村宅基地退出试点实践和政策的生成。2015年，全国人大授权国务院在15个试点区域暂停实施《土地管理法》等相关法律，开展农村宅基地退出改革试点工作。在总结前期试点经验的基础上，2020 年 1 月正式实施的新《土地管理法》增加了“允许进城落户的农民自愿有偿退出宅基地”的相关条款，意味着法律层面正式确立了关于农村宅基地退出的制度安排。

尽管根据当前法律规定和政策要求，宅基地退出针对的是进城落户的农户，但调研发现，实际退出宅基地的农户并不局限于进城落户的农户，典型试点区域从长期秉持的节约集约利用土地视角出发，推动农户退出超占部分宅基地的情况十分普遍。本书根据典型试点区域农村宅基地退出实践的观察结果，认为农村宅基地退出的概念内涵不应局限为进城农户退出全部宅基地，还应包括农户退出超标部分宅基地的情况。在理解现有农村宅基地退出政策时，应从健全宅基地“取得—使用—退出”的农村宅基地管理制度闭环出发，关注农户的宅基地使用权退还给宅基地所有权人的过程，而不是囿于“进城农户退出”“农户全部退出”等片面观点。同时，通过对典型试点区域农村宅基地退出的绩效评估和实证分析发现，农村宅基地退出绩效不仅包括政策结果绩效，也包括政策过程绩效；不仅体现为短期可见的政策结果绩效，也存在长期潜在的政策结果绩效。

目前，国家层面并无直接针对农村宅基地退出的可操作性政策，社会各界对农村宅基地退出政策抱有不同态度，各地农村宅基地退出实践也缺乏明确方向。本书希望从试点区域农村宅基地退出实践评估中，更深入地认识农村宅基地退出政策。然而，学界主要关注宅基地退出的影响因素、实施路径等内容，鲜有关注试点区域宅基地退出“效果如何”的问题。当前仅有的少量研究主要从农户福利变化等视角出发，缺乏综合性量化分析宅基地退出绩效的相关研究。本书从乡村韧性的新视角出发，采取定性和定量相结合的研究方法，构建了兼顾公平和效率导向的农村宅基地退出绩效综合评价指标体系，并选取了东部地区浙江省义乌市、中部地区江西省余江区和西部地区四川省泸县等典型试点区域，多层次、多维度、系统地分析了典型试点区域农村宅基地退出绩效，比较了不同区域和不同模式农村宅基地退出绩效及其影响因素，并针对性地提出了农村宅基地退出绩效提升的建议。本书主要有以下六点研究发现。

一、基于优化的政府绩效管理理论设计农村宅基地退出绩效二维分析框架

现阶段，农村宅基地既承担了农户的居住保障功能，又是城乡融合发展的要素资源。在评价农村宅基地退出绩效时，需要从工具理性与价值理性相统一、公平与效率相平衡、结果导向和过程导向相结合、短期效益和长期效益相兼顾的价值取向出发，而不能只从其中的某一方面切入。基于上述价值取向，不能仅仅评价中央政府层面“土地公有制性质不改变、耕地红线不突破、农民利益不受损”等7项政策目标，也要关注地方政府、村集体、退地农户等核心利益相关者在宅基地退出过程中“保障农民的知情权、参与权和监督权”等14点利益诉求。综合农村宅基地退出的政策目标和核心利益相关者的利益诉求，可设定“保障农民利益不受损和增加农民财产性收入”等7项农村宅基地退出的绩效目标。同时，为了破解传统政府绩效管理理论忽视利益相关者诉求、价值理性和长期绩效的局限性，可引入乡村韧性理论的观点来弥补其在指导宅基地退出绩效评价时的短板。从嵌入乡村韧性理论观点的政府绩效管理理论工具出发，结合农村宅基地退出的绩效评价价值取向和绩效目标，基于逻辑模型的公共政策分析框架，构建兼顾政策执行过程和政策执行结果的农村宅基地退出绩效二维分析框架，从系统性思维出发评估农村宅基地退出政策给整个乡村带来的影响。

二、引入乡村韧性视角构建针对农村宅基地退出的绩效评价指标体系

已有的与农村宅基地退出绩效评价相关的指标体系，存在忽视政策过程、

忽视长远影响和综合影响等局限性,并不完全适用于评价农村宅基地退出绩效。本书在引入乡村韧性理论的农村宅基地退出绩效评价理论框架指导下,遵循有效性、可操作性、系统性、独立性、可比性等基本原则,通过充分吸纳现有指标体系的合理成果,采用科学的指标初选和指标筛选方法,数次征询宅基地研究领域20多位专家的观点,构建出一套专门针对农村宅基地退出的绩效评价指标体系。这套农村宅基地退出绩效评价指标体系,包含了农村宅基地退出政策执行绩效和农村宅基地退出政策结果绩效2项一级指标,其中政策执行绩效由宅基地退出政策实施和宅基地退出政策宣传2项二级指标构成,政策结果绩效分为经济韧性、社会韧性、生态韧性、基础设施韧性与乡村治理韧性5项二级指标,并相应地设置了25项三级指标。同时,通过综合指数法测算,得到介于0—1的宅基地退出绩效得分值,结合“优、良、一般(中)、较差、差”的评价标准可判断其绩效评价等级。

本书构建的农村宅基地退出绩效评价指标体系,从政策执行和政策结果等全过程绩效管理出发,注重整体考量农村宅基地退出的绩效,不仅关注农村宅基地退出的结果,也关注农村宅基地退出过程中的绩效情况。其既包括以效率为导向、反映短期福利变化的宅基地退出绩效评价指标,也选取了以公平为导向、反映乡村长远效益的宅基地退出绩效评价指标,在一定程度上突破了以往研究片面化、碎片化和静态化的局限性。

三、典型试点区域农村宅基地退出总体绩效水平良好但仍有提升空间

在评价典型试点区域农村宅基地退出绩效时,系统选取了东部、中部、西部地区的典型试点区域,并按与区县中心距离远近随机选取调研的试点乡镇和试点村庄,收集整理了27个村庄和1001份退地农户的一手调研数据。通过综合指数法计算发现,典型试点区域农村宅基地退出总体绩效得分值为0.6268,处于“良好”的绩效评价等级。从一级评价指标来看,农村宅基地退

出政策执行绩效高于农村宅基地退出结果绩效；从二级评价指标来看，农村宅基地退出政策宣传、生态韧性和乡村治理韧性等维度的绩效水平相对较高，而经济韧性维度的绩效水平最低。上述结果表明，典型试点区域农村宅基地退出改革，能够将政策资源投入转换为政策结果，提升试点村庄韧性，但在选择退出路径方面仍有较大优化空间。进一步剖析发现，典型试点区域充分尊重农户的宅基地退出意愿、加强农村宅基地退出政策宣传工作、保障宅基地获取与占有公平、健全乡村治理体系和提升乡村治理能力、与其他相关改革联动推进等宅基地退出绩效经验值得推广。当然，典型试点区域也存在未积极拓宽宅基地退出的资金来源渠道、未充分利用退出的宅基地发展乡村产业、未建立完善的宅基地退出利益分配机制、未充分考虑退出农户的可持续生计保障等需要进一步完善的宅基地退出绩效问题。

四、农村宅基地退出试点改革的绩效水平存在区域差异

通过综合考虑试点区域的社会发展阶段、宅基地退出改革诉求、宅基地退出做法以及农村宅基地退出成效等因素，对义乌市、余江区、泸县等东部、中部、西部地区典型试点区域的农村宅基地退出绩效水平比较分析发现，这三个区域的绩效都处于"良好"的水平，其中东部地区义乌市的绩效得分值最高，中部地区余江区的绩效得分值最低。本书从不同区域的绩效评价结果剖析中发现，地方政府财政能力、市场化发展程度、农户的观念是影响不同区域宅基地退出绩效的主要原因。东部地区义乌市经济发展水平较高，地方政府财政实力较强，金融市场发达，农户思想观念开放，在宅基地制度改革过程中注重盘活宅基地的资产收益，宅基地市场化配置程度较高。中部地区余江区地方政府财政有限，农户"祖宅"思想根深蒂固，更注重发挥村民自治作用，以村民理事会为主体实施农村宅基地退出。西部地区泸县人口外流严重，经济发展相对落后，注重将宅基地退出与城乡建设用地增减挂钩机制相结合，推动新型城镇化进程。尽管不同区域因地制宜地探索出了可称为"义乌智慧""余江样

板”“泸县经验”的经验做法，但均面临资金来源渠道单一、产业融合发展不足、农户退出净收益不高、退出土地复垦率低等问题。

五、农村宅基地退出试点改革的绩效水平存在模式差异

依据宅基地退出补偿方式的差异，现有农村宅基地退出模式大体上可归纳为资产置换模式、货币补偿模式和指标置换模式三种。分析发现，这三种模式的退出绩效都处于“良好”的水平，其中资产置换模式的宅基地退出绩效水平最高。不同的农村宅基地退出模式各有利弊，但都存在绩效提升的空间。具体而言，资产置换模式能够最大化彰显宅基地资产价值，是一个能让地方政府、村集体和退地农户三方“共赢”的模式，适用于宅基地资产属性外显的经济发达地区。指标置换模式有利于推动传统散居村庄向聚居形态转变，促进村庄更新与活化，对存量建设用地相对丰富、集中居住程度不高的地区具有重要参考价值。货币补偿模式能够以较低的改革成本实现宅基地取得公平的目标，属于相对“保守”的一种改革路径。同样地，这些不同的农村宅基地退出模式也存在产业融合发展不足、农户退出净收益不高、村民参与程度不够等问题。

六、以综合联动的策略优化农村宅基地退出路径

农村宅基地退出是一个系统联动的过程，需要统筹考虑和综合施策来优化农村宅基地退出路径。一是优化农村宅基地准入分配机制。通过完善农村宅基地申请取得制度，规范农村宅基地确权登记制度，实行农村宅基地有偿使用制度，来保证农户公平占有宅基地，系统解决农村宅基地历史遗留问题，为农村宅基地退出工作创造基础条件。

二是健全农村宅基地退出运作机制。通过完善农村宅基地退出补偿激励机制、收益分配机制、资金运作机制等，健全农村宅基地退出土地再利用机制，构建农村宅基地退出多主体治理机制，以充分调动农村宅基地退出过程中

“参与群体”的积极性，提高农户退出“宅基地”的利用效率和利用效益，拓宽农村宅基地退出项目“资金”的来源渠道。

三是构建农村宅基地退出的区域实现机制。注重因地制宜和分类施策，分别建立东部地区、中部地区和西部地区农村宅基地退出的区域实现机制，推动农户差异化退出农村宅基地。

四是构建农村宅基地退出风险防范机制。通过建立农村宅基地风险识别评估机制，强化农村宅基地风险防范管控机制，来减少农村宅基地退出带来的负面影响，可持续地提升农村宅基地退出的绩效水平。

五是加快农村宅基地退出配套制度改革。通过深化农村宅基地“三权分置”改革，加快推进城乡户籍制度改革，深化城乡社会保障体系改革，消除农户退出全部宅基地的后顾之忧，推动进城农户更好地融入城镇地区，让城乡要素更好地实行双向流动，进而提高农村宅基地退出的综合绩效。

第二节　未来展望

尽管本书力求全面客观地反映农村宅基地退出绩效，以深化农村宅基地退出政策的认识，但囿于研究精力有限和研究问题的复杂性，在剖析农村宅基地退出绩效时无法面面俱到，仍有一些问题有待下一步深入研究。

一是需要根据区域差异进一步优化农村宅基地退出绩效评价指标体系。本书引入了乡村韧性这一崭新视角，从政策执行和政策结果两方面以及乡村韧性五大维度出发，设计了一套系统、全面的农村宅基地退出绩效评价指标体系，但侧重反映当前一般意义上的农村宅基地退出绩效情况，无法全面地反映某一特定地区农村宅基地退出的绩效情况。不同区域和不同发展阶段的农村宅基地退出政策侧重点也各有差异，需要设置不一样的农村宅基地退出绩效目标。未来，需要根据某一特定区域的农村宅基地退出政策特点，不断地优化农村宅基地退出绩效评价指标体系。

二是需要深度分析最新的农村宅基地退出模式。本书综合考虑划分标准清晰度、可操作性等因素，根据补偿方式的差异将现有农村宅基地退出模式划分为资产置换模式、指标置换模式和货币补偿模式三类。同时，本书已经考虑到了“以地养老”“房票”“地票”“集地券”等新做法，并认为这些做法同样可归属到上述三类农村宅基地退出模式。但农村宅基地退出的探索并未停止，中央农村工作领导小组办公室、农业农村部于 2020 年决定将宅基地制度改革试点扩大至全国 104 个县（市、区）和 3 个设区市，可能会出现更多农村宅基地退出的新做法。未来，需要在深度总结分析农村宅基地退出模式的基础上，不断地优化农村宅基地退出的政策设计。

三是需要更细分地比较不同区域农村宅基地退出的绩效差异。本书在分析农村宅基地退出绩效时，分别选取了东部、中部和西部地区的典型试点区域，并根据距离区县中心近、中、远抽取样本区域，已经较为细致地考虑到了经济发展、人口流动等主要影响因素，但由于农村宅基地退出的影响因素十分复杂，难免遗漏一些其他的重要因素。例如，不同地区的人文底蕴和村庄治理形态不同，在宅基地退出过程中会面临不同的困境、采取合乎自身需求的做法，进而表现出差异化的农村宅基地退出绩效。同时，村庄之间的平原、丘陵、山地等地形地貌存在差异，会产生不同的宅基地利用形态，使农村土地承担多样化的功能，并进而表现出不同的农村宅基地退出诉求和做法。未来，需要更深入地分析农村宅基地退出绩效的区域差异，不断细化农村宅基地退出路径。

四是需要从更多样的视角评价农村宅基地退出的绩效。尽管本书从政策全过程视角出发，运用综合指数法评价了典型试点区域农村宅基地退出政策执行和政策结果方面的绩效，并从中发现了农村宅基地退出的绩效经验和绩效问题，但要完整地反映农村宅基地退出政策及其实践情况仍需要更多地研究。例如，本书的阶段性研究成果运用包括一致性、充要性、依赖性的系统分析方法（Subjectivity-Consistency、Adequacy、Dependency，S-CAD），从政策本身和政策执行的视角出发评价农村宅基地退出政策，以及基于政策工具和目标价值的二维分析框架研究农村宅基地退出的政策工具。未来，需要尝试从不同的角度和运用更多样化的方法，更加深入地认识农村宅基地退出政策及其试点的实践成效。

附　　录

附录一　宅基地退出核心利益相关者诉求访谈提纲

一、地方政府的利益诉求访谈提纲

1. 农村宅基地退出项目基本情况

具体包括：宅基地退出项目开展的时间和具体地点、退出项目操作的一般程序、退出的宅基地总面积、新增耕地总面积、退出的家庭总户数和总人数、因退出进城落户的家庭总户数和总人数等。

2. 农村宅基地退出项目运作情况

具体包括：宅基地退出项目投入资金量、项目运作资金来源渠道、退出项目运作主体、在宅基地退出工作中是否有专门的机构设置和人员投入等。

3. 农村宅基地退出后的土地利用情况

具体包括：宅基地复垦后节余建设用地指标数量、节余建设用地指标交易情况、宅基地复垦为耕地的利用情况等。

4. 农村宅基地退出项目收益分配情况

具体包括：退出的补偿方式与补偿标准、宅基地复垦后节余建设用地指标收益分配情况等。

二、村集体的利益诉求访谈提纲

1. 本村农村宅基地退出项目基本情况

具体包括:宅基地退出项目开展的时间、退出项目操作的一般程序、退出的宅基地总面积、新增耕地总面积、退出的家庭总户数和总人数、因退出进城落户的家庭总户数和总人数等。

2. 本村农村宅基地退出项目运作情况

具体包括:宅基地退出项目投入资金量、项目运作资金来源渠道等。

3. 本村农村宅基地退出后的土地利用情况

具体包括:宅基地复垦后节余建设用地指标数量、节余建设用地指标交易情况、宅基地复垦为耕地的利用情况。

4. 本村农村宅基地退出项目收益分配情况

具体包括:退出的补偿方式与补偿标准、宅基地复垦后节余建设用地指标收益分配情况等。

5. 您认为现行宅基地退出补偿方式与标准是否合理,为什么?

6. 您是如何看待政府搞宅基地退出改革这个事,结合您个人的经历与立场,您觉得这个是好事,还是坏事,或者是"好心办了坏事"?

7. 对于此次宅基地退出改革,您觉得有哪些不满意的地方或者需要政府进一步改进的地方?

8. 在此次宅地基退出改革中,村民的积极性如何,有没有导致矛盾冲突的事情发生?

三、退地农户的利益诉求访谈提纲

1. 您的基本情况

具体包括:被访者性别、被访者年龄、被访者受教育程度、被访者主要职业类型、家庭人员构成情况、家庭收入状况等。

2. 您能谈谈您当时为什么愿意选择退出宅基地,是怎么考虑的,当时有没有什么顾虑或者担心?

3. 您退出宅基地后,政府(村集体)给您的退出补偿是什么?(退出补偿标准)是否合理?

4. 退出宅基地后,您家庭的生活成本开销发生了什么变化?宅基地退出是否影响到您自身及家庭成员的就业?

5. 退出宅基地后,您新的住所安置在哪儿?生活环境怎么样?能否适应新的生活环境?

6. 您是如何看待政府(村集体)搞宅基地退出改革这个事,结合您个人的经历与立场,您觉得这个是好事,还是坏事,或者是“好心办了坏事”?

7. 退出宅基地后,您觉得现在您后悔吗?有哪些不满意的地方或者需要政府进一步改进的地方?

附录二 宅基地退出的绩效评价指标筛选专家函询表

宅基地退出的绩效评价指标筛选专家函询表(第一轮)

初选指标体系是通过宅基地退出目标剖析、理论解析、文献研究以及专家访谈确定的。指标体系初步设置了退出政策执行绩效和退出政策结果绩效2个一级指标。退出政策执行绩效围绕退出政策实施和退出政策宣传设计了2个二级指标,退出政策结果绩效围绕宅基地退出的经济、社会、生态、基础设施与乡村治理韧性设计了5个二级指标。每个二级指标都可以细化为若干三级指标,共涉及退出政策资金来源渠道多样性、退出政策资金预算执行偏差率等33个三级指标,见附表1。

附表 1　宅基地退出绩效评价初选指标体系

一级指标	二级指标	三级指标
A1—退出政策执行绩效	B1—退出政策实施	C1—退出政策资金来源渠道的多样性(退出区域资金来源渠道包括政府、企业和村集体或村民)
		C2—退出政策资金预算执行偏差率
		C3—集中居住区住房建筑工程质量情况
		C4—退出政策执行和谐程度(对农户退出意愿的尊重程度)
		C5—村民自治组织在退出政策实施过程中的参与程度(如村民议事会、村民理事会和村民监事会等参与制定退出补偿标准、集中居住区规划设计、制定集中居住区售房价格等事项)
	B2—退出政策宣传	C6—政策实施的透明程度(相关退出政策的信息公开程度)
		C7—农户对退出政策的知晓程度
A2—退出政策结果绩效	B3—经济韧性	C8—退出后农户家庭人均可支配收入
		C9—退出后农户家庭生活成本支出占比
		C10—农户宅基地退出净收益
		C11—村集体宅基地退出净收益
		C12—退出后村庄农地年均收益
		C13—退出后村集体人均二三产业产值
	B4—社会韧性	C14—退出后村庄人均宅基地面积达标率
		C15—退出后新增耕地面积比例
		C16—退出后农转非人口比例
		C17—退出后村民集中居住度
		C18—退出后农户居住房屋结构改善情况
		C19—退出后农户社保覆盖率
		C20—退出后非农就业机会增加程度
		C21—农户对退出政策满意程度
	B5—生态韧性	C22—退出后生活垃圾无害化处理率
		C23—退出后生活污水达标处理率
		C24—退出后集中居住区绿化率
		C25—退出后村容村貌改善程度
	B6—基础设施韧性	C26—退出后人均农村硬化道路面积
		C27—退出后自来水入户率
		C28—退出后互联网入户率
		C29—退出后天然气入户率
		C30—退出后公共服务设施完善程度(包括行政办公设施、文体设施、教育设施、医疗设施、商业服务设施和社会福利设施)

续表

一级指标	二级指标	三级指标
A2—退出政策结果绩效	B7—乡村治理韧性	C31—退出后治安情况
		C32—退出后农户对社会服务获取满意程度（如养老金缴纳查询、医疗保险报销、证明盖章和民政事宜）
		C33—退出后村民自治组织参与村内公共事务的程度（村民议事会、理事会和监事会参与村内公共事务的程度）

第一部分 典型试点区域宅基地退出绩效评价的三级指标筛选

1. 三级指标对宅基地退出绩效评价的必要性，即判断有没有必要设立下列指标？

附表 2 宅基地退出绩效评价三级指标的必要性评分表

必要性 三级指标	很不必要	不太必要	一般	比较必要	非常必要
C1—退出政策资金来源渠道的多样性（退出区域资金来源渠道包括政府、企业和村集体—村民）					
C2—退出政策资金预算执行偏差率					
C3—集中居住区住房建筑工程质量情况					
C4—退出政策执行和谐程度（即对农户退出意愿的尊重程度）					
C5—村民自治组织在退出政策实施过程中的参与程度（如村民议事会、村民理事会和村民监事会等参与制定退出补偿标准、集中居住区规划设计、制定集中居住区售房价格等事项）					
C6—政策实施的透明程度（即相关退出政策的信息公开程度）					
C7—农户对退出政策的知晓程度					
C8—退出后农户家庭人均可支配收入					

续表

三级指标 \ 必要性	很不必要	不太必要	一般	比较必要	非常必要
C9—退出后农户家庭生活成本支出占比					
C10—农户宅基地退出净收益					
C11—村集体宅基地退出净收益					
C12—退出后村庄农地年均收益					
C13—退出后村集体人均二三产业产值					
C14—退出后村庄人均宅基地面积达标率					
C15—退出后新增耕地面积比例					
C16—退出后农转非人口比例					
C17—退出后村民集中居住度					
C18—退出后农户居住房屋结构改善情况					
C19—退出后农户社保覆盖率					
C20—退出后非农就业机会增加程度					
C21—农户对退出政策满意程度					
C22—退出后生活垃圾无害化处理率					
C23—退出后生活污水达标处理率					
C24—退出后集中居住区绿化率					
C25—退出后村容村貌改善程度					
C26—退出后人均农村硬化道路面积					
C27—退出后自来水入户率					
C28—退出后互联网入户率					
C29—退出后天然气入户率					
C30—退出后公共服务设施完善程度（包括行政办公设施、文体设施、教育设施、医疗设施、商业服务设施和社会福利设施）					
C31—退出后治安情况					

续表

必要性 三级指标	很不必要	不太必要	一般	比较必要	非常必要
C32—退出后农户对社会服务获取满意程度（如养老金缴纳查询、医疗保险报销、证明盖章和民政事宜）					
C33—退出后村民自治组织参与村内公共事务的程度（村民议事会、理事会和监事会参与村内公共事务的程度）					

说明：(1)函询问卷中各级评价指标均有“非常必要”“比较必要”“一般”“不太必要”“很不必要”五个层级，请您在相应的地方画上“√”。

(2)特别提醒，括号内的内容属于相对应三级指标的具体解释说明！

(3)若您认为现有指标设计存在错误、不合理、遗漏或其他情况，请您在后面意见栏中增加具体的评价指标。

(4)注意，修改或补充的宅基地退出绩效评价指标也需要您判断其必要性！

2. 对于现有三级指标设计，您是否还有其他意见或建议？若有，请您在下面注明！特别地，修改或补充的评价指标同样需要您帮助判断其必要性！

第二部分　典型试点区域宅基地退出绩效评价的二级指标筛选

1. 二级指标对宅基地退出绩效评价的必要性，即判断有没有必要设立下列指标？

附表3　宅基地退出绩效评价二级指标的必要性评分表

必要性 二级指标	很不必要	不太必要	一般	比较必要	非常必要
B1—退出政策实施					
B2—退出政策宣传					
B3—经济韧性					
B4—社会韧性					
B5—生态韧性					

续表

必要性 / 二级指标	很不必要	不太必要	一般	比较必要	非常必要
B6—基础设施韧性					
B7—乡村治理韧性					

说明:(1)初选指标体系是通过宅基地退出目标剖析、理论解析、文献研究以及专家访谈确定的。指标体系初步设置了退出政策执行绩效和退出政策结果绩效2个一级指标。退出政策执行绩效围绕退出政策实施和退出政策宣传设计了2个二级指标,退出政策结果绩效围绕宅基地退出的经济、社会、生态、基础设施与乡村治理韧性设计了5个二级指标。

(2)函询问卷中各级评价指标均有"非常必要""比较必要""一般""不太必要""很不必要"五个层级,请您在相应的地方画上"√"。

(3)若您认为现有指标设计存在错误、不合理、遗漏或其他情况,请您在后面意见栏中增加具体的评价指标。

(4)注意,修改或补充的评价指标需要您判断其必要性!

2. 对于现有二级指标设计,您是否还有其他意见或建议?若有,请您在下面注明!特别地,修改或补充的评价指标同样需要您帮助判断其必要性!

第三部分　典型试点区域宅基地退出绩效评价的一级指标筛选

1. 一级指标对宅基地退出绩效评价的必要性(即判断有没有必要设立下列指标)?

附表4　宅基地退出绩效评价一级指标的必要性评分表

必要性 / 二级指标	很不必要	不太必要	一般	比较必要	非常必要
A1—退出政策执行绩效					
A2—退出政策结果绩效					

说明:(1)初选指标体系是通过宅基地退出目标剖析、理论解析、文献研究以及专家访谈确定的。宅基地退出政策绩效初步设置了退出政策执行绩效和退出政策结果绩效2个一级指标。

(2)函询问卷中各级评价指标均有"非常必要""比较必要""一般""不太必要""很不必要"五个层级,请您在相应的地方画上"√"。

(3)若您认为现有指标设计存在错误、不合理、遗漏或其他情况,请您在后面意见栏中增加具体的评价指标。

(4)注意,修改或补充的评价指标需要您判断其必要性!

2. 对于现有一级指标设计,您是否还有其他意见或建议？若有,请您在下面注明！特别地,修改或补充的评价指标同样需要您帮助判断其必要性！

第四部分　专家判断依据调查

附表 5　专家判断依据调查表

调查内容	问题选项
性别	□男　□女
年龄	□31 岁以下　□31—40 岁　□41—50 岁　□51—60 岁　□60 岁以上
最高学历	□博士研究生　□硕士研究生　□本科
从事农村研究(农村实践工作)年限	□15 年以上　□11—15 年　□5—10 年　□5 年以下
对宅基地退出政策的熟悉程度	□非常熟悉　□比较熟悉　□一般　□不太熟悉　□很不熟悉
对整个指标体系判断的主要依据	□理论分析　□实践经验　□同行了解(参考文献)　□直觉感觉

宅基地退出的绩效评价指标筛选专家函询表(第二轮)

第一部分　第一轮函询结果反馈

根据第一轮专家函询的数据分析结果,并综合专家团队对评价指标提出的宝贵修改建议,课题组对第一轮宅基地退出绩效评价指标进行了修改,删除了 7 项评价指标,修改了 2 项评价指标,增加了 2 项评价指标。具体结果反馈如下:

(1)删除指标 7 项:“退出政策资金预算执行偏差率、退出后村庄农地年均收益、退出后村集体人均二三产业产值、退出后农转非人口比例、退出后村民集中居住度、退出后农户社保覆盖率、退出后非农就业机会增加程度。”专家认为这 7 项评价指标的重要性不如其他的评价指标,并且专家们关于这些指标的意见相对统一,因此予以删除。

(2)修改指标2项:有1位专家认为“退出后农户家庭生活成本支出占比”数据不易获取且表述不准确,建议修改为“退出后农户家庭生活成本支出可承受程度”,经认真探讨,予以采纳;有1位专家认为“退出后村庄人均宅基地面积达标率”表述不准确,建议修改为“退出后农户宅基地面积超标比例变化情况”,经认真探讨,予以采纳。

(3)增加指标2项:有2位专家认为宅基地退出的绩效更多地体现在农村一二三产业融合发展情况,经认真探讨,增加指标“退出后农村一二三产业融合发展情况”;有1位专家认为退出农户生计就业情况是宅基地退出绩效的重要表现,经认真探讨,增加指标“退出农户就业情况”。因此,得到第一轮指标筛选后的农村宅基地退出绩效评价指标体系,见附表6。

附表6　第一轮指标筛选后的农村宅基地退出绩效评价指标体系

一级指标	二级指标	三级指标
A1—退出政策执行绩效	B1—退出政策实施	C1—退出政策资金来源渠道的多样性
		C2—集中居住区住房建筑工程质量情况
		C3—退出政策执行和谐程度
		C4—村民自治组织在退出政策实施过程中的参与程度
	B2—退出政策宣传	C5—政策实施的透明程度
		C6—农户对退出政策的知晓程度
A2—退出政策结果绩效	B3—经济韧性	C7—退出后农户家庭人均可支配收入
		C8—退出后农户家庭生活成本支出可承受程度
		C9—农户宅基地退出净收益
		C10—村集体宅基地退出净收益
		C11—退出后农村一二三产业融合发展情况
		C12—退出后复垦耕地面积比例
	B4—社会韧性	C13—退出后农户宅基地面积超标比例变化情况
		C14—退出后农户居住房屋结构改善情况
		C15—退出农户就业变化情况
		C16—农户对退出政策满意程度

续表

一级指标	二级指标	三级指标
A2—退出政策结果绩效	B5—生态韧性	C17—退出后生活垃圾无害化处理率
		C18—退出后生活污水达标处理率
		C19—退出后集中居住区绿化率
		C20—退出后村容村貌改善程度
	B6—基础设施韧性	C21—退出后人均农村硬化道路面积
		C22—退出后自来水入户率
		C23—退出后互联网入户率
		C24—退出后天然气入户率
		C25—退出后公共服务设施完善程度
	B7—乡村治理韧性	C26—退出后治安情况
		C27—退出后农户对社会服务获取满意程度
		C28—退出后村民自治组织参与村内公共事务的程度

第二部分　三级指标筛选(第二轮)

1. 三级指标对宅基地退出绩效评价的必要性,即判断有没有必要设立下列指标?

附表7　宅基地退出绩效评价三级指标的必要性评分表

必要性 三级指标	很不必要	不太必要	一般	比较必要	非常必要
C1—退出政策资金来源渠道的多样性(退出区域资金来源渠道包括政府、企业和村集体)(满分率:29.41%;平均分:4.12)					
C2—集中居住区住房建筑工程质量情况(满分率:58.82%;平均分:4.35)					
C3—退出政策执行和谐程度(即对农户退出意愿的尊重程度)(满分率:88.24%;平均分:4.88)					
C4—村民自治组织在退出政策实施过程中的参与程度(如村民议事会、村民理事会和村民监事会等参与制定退出补偿标准、集中居住区规划设计、制定集中居住区售房价格等事项)(满分率:88.24%;平均分:4.88)					

续表

三级指标＼必要性	很不必要	不太必要	一般	比较必要	非常必要
C5—政策实施的透明程度(即相关退出政策的信息公开程度)(满分率:88.24%;平均分:4.88)					
C6—农户对退出政策的知晓程度(满分率:82.35%;平均分:4.82)					
C7—退出后农户家庭人均可支配收入(满分率:41.18%;平均分:4.06)					
C8—修改:退出后农户家庭生活成本支出可承受程度(如水电气、物业管理费用等生活成本支出)(修改指标无满分率、无平均分)					
C9—农户宅基地退出净收益(满分率:76.47%;平均分:4.76)					
C10—村集体宅基地退出净收益(满分率:47.06%;平均分:4.29)					
C11—增加:退出后农村一二三产业发展情况(增加指标无满分率、无平均分)					
C12—退出后新增耕地面积比例(满分率:29.41%;平均分:4.06)					
C13—修改:退出后农户宅基地面积超标比例变化情况(修改指标无满分率、无平均分)					
C14—退出后农户房屋结构改善情况(满分率:35.29%;平均分:4.06)					
C15—增加:退出农户就业情况(增加指标无满分率、无平均分)					
C16—农户对退出政策满意程度(满分率:94.12%;平均分:4.94)					
C17—退出后生活垃圾无害化处理率(满分率:35.29%;平均分:4.35)					
C18—退出后生活污水达标处理率(满分率:29.41%;平均分:4.18)					
C19—退出后集中居住区绿化率(满分率:29.41%;平均分:4.12)					

续表

三级指标 \ 必要性	很不必要	不太必要	一般	比较必要	非常必要
C20—退出后村容村貌改善程度(强调相关硬件设施、房屋建筑整体外观)(满分率:58.82%;平均分:4.59)					
C21—退出后人均农村硬化道路面积(满分率:41.18%;平均分:4.29)					
C22—退出后自来水入户率(满分率:52.94%;平均分:4.35)					
C23—退出后互联网入户率(满分率:41.18%;平均分:4.18)					
C24—退出后天然气入户率(满分率:47.06%;平均分:4.18)					
C25—退出后公共服务设施完善程度(包括行政办公设施、文体设施、教育设施、医疗设施、商业服务设施和社会福利设施)(满分率:64.71%;平均分:4.59)					
C26—退出后治安情况(满分率:64.71%;平均分:4.47)					
C27—退出后农户对社会服务获取满意程度(如养老金缴纳查询、医疗保险报销、证明盖章和民政事宜)(满分率:64.71%;平均分:4.41)					
C28—退出后村民自治组织参与村内公共事务的程度(即村民议事会、理事会和监事会参与村内公共事务的程度)(满分率:52.94%;平均分:4.24)					

说明:(1)对于指标的重要程度赋值:非常必要(5分)、比较必要(4分)、一般(3分)、不太必要(2分),很不必要(1分),请您在相应的地方勾选;

(2)课题组统计分析了第一轮专家函询中各个指标的满分率和平均分情况,以供各位专家在本轮评价中参考;其中满分率是给某一指标评分为5分(即选择非常必要)的专家人数与总专家人数的比例,平均分是所有专家给某一指标评分的平均数。

(3)若您认为现有指标设计存在错误、不合理、遗漏或其他情况,请您在后面意见栏中增加具体的评价指标,修改或补充的评价指标同样需要您帮助判断其必要性!

2. 对于现有三级指标设计,您是否还有其他意见或建议?若有,请您在下面注明!特别地,修改或补充的评价指标同样需要您帮助判断其必要性!

第三部分　二级指标筛选(第二轮)

1. 二级指标对宅基地退出绩效评价的必要性,即判断有没有必要设立下列指标?

附表 8　宅基地退出绩效评价二级指标的必要性评分表

二级指标＼必要性	很不必要	不太必要	一般	比较必要	非常必要
B1—退出政策实施(满分率:76.47%;平均分:4.71)					
B2—退出政策宣传(满分率:70.59%;平均分:4.65)					
B3—经济韧性(满分率:82.35%;平均分:4.76)					
B4—社会韧性(满分率:82.35%;平均分:4.82)					
B5—生态韧性(满分率:58.82%;平均分:4.59)					
B6—基础设施韧性(满分率:52.94%;平均分:4.41)					
B7—乡村治理韧性(满分率:47.06;平均分4.41)					

说明:(1)对于指标的重要程度赋值:非常必要(5分)、比较必要(4分)、一般(3分)、不太必要(2分),很不必要(1分),请您在相应的地方勾选;

(2)课题组统计分析了第一轮专家函询中各个指标的满分率和平均分情况,以供各位专家在本轮评价中参考;其中满分率是给某一指标评分为5分(即选择非常必要)的专家人数与总专家人数的比例;平均分是所有专家给某一指标评分的平均数。

(3)若您认为现有指标设计存在错误、不合理、遗漏或其他情况,请您在后面意见栏中增加具体的评价指标,修改或补充的评价指标同样需要您帮助判断其必要性!

2. 对于现有二级指标设计,您是否还有其他意见或建议?若有,请您在下面注明!特别地,修改或补充的评价指标同样需要您帮助判断其必要性!

第四部分　一级指标筛选(第二轮)

1. 一级指标对宅基地退出绩效评价的必要性,即判断有没有必要设立下列指标?

附表 9　宅基地退出绩效评价一级指标的必要性评分表

必要性 一级指标	很不必要	不太必要	一般	比较必要	非常必要
A1—退出政策执行绩效(满分率:70.59%;平均分:4.65)					
A2—退出政策结果绩效(满分率:94.12%;平均分:4.94)					

说明:(1)对于指标的重要程度赋值:非常必要(5 分)、比较必要(4 分)、一般(3 分)、不太必要(2 分),很不必要(1 分),请您在相应的地方勾选;

(2)课题组统计分析了第一轮专家函询中各个指标的满分率和平均分情况,以供各位专家在本轮评价中参考;其中满分率是给某一指标评分为 5 分(即选择非常必要)的专家人数与总专家人数的比例;平均分是所有专家给某一指标评分的平均数。

(3)若您认为现有指标设计存在错误、不合理、遗漏或其他情况,请您在后面意见栏中增加具体的评价指标,修改或补充的评价指标同样需要您帮助判断其必要性!

2. 对于现有一级指标设计,您是否还有其他意见或建议?若有,请您在下面注明!特别地,修改或补充的评价指标同样需要您帮助判断其必要性!

第五部分　专家判断依据调查(第二轮)

附表 10　专家判断依据调查表

调查内容	问题选项
性别	□男　□女
年龄	□31 岁以下　□31—40 岁　□41—50 岁　□51—60 岁　□60 岁以上
最高学历	□博士研究生　□硕士研究生　□本科
从事农村研究(农村实践工作)年限	□15 年以上　□11—15 年　□5—10 年　□5 年以下
对宅基地退出政策的熟悉程度	□非常熟悉　□比较熟悉　□一般　□不太熟悉　□很不熟悉
对整个指标体系判断的主要依据	□理论分析　□实践经验　□同行了解(参考文献)　□直觉感觉

主要参考文献

[1][英]安迪·尼利、克里斯·亚当斯、迈克·肯尼尔利:《战略绩效管理:超越平衡计分卡》,李剑锋等译,电子工业出版社 2004 年版。

[2]包国宪:《政府绩效管理学——以公共价值为基础的政府绩效治理理论与方法》,高等教育出版社 2015 年版。

[3]包国宪、王学军:《以公共价值为基础的政府绩效治理——源起、架构与研究问题》,《公共管理学报》2012 年第 9 期。

[4]蔡立辉、吴旭红、包国宪:《政府绩效管理理论及其实践研究》,《学术研究》2013 年第 5 期。

[5]晁毓欣:《美国联邦政府项目评级工具(PART):结构、运行与特征》,《中国行政管理》2010 年第 5 期。

[6]陈锡文:《中国农村改革》,知识产权出版社 2020 年版。

[7]陈锡文、韩俊编:《农村全面小康与实施乡村振兴战略研究》,中国发展出版社 2021 年版。

[8]陈美球:《乡村振兴与土地使用制度创新》,南京大学出版社 2019 年版。

[9]陈藜藜、宋戈、邹朝晖:《经济新常态下农村宅基地退出机制研究》,《农村经济》2016 年第 7 期。

[10]陈丽娜、尹奇:《宅基地退出:兼顾效率与公平的补偿标准》,《中国人口·资源与环境》2013 年第 2 期。

[11]陈曼等:《农户生计视角下农地流转绩效评价及障碍因子诊断——基于武汉城市圈典型农户调查》,《资源科学》2019 年第 8 期。

[12]陈霄:《农民宅基地退出意愿的影响因素——基于重庆市"两翼"地区 1012

户农户的实证分析》,《中国农村观察》2012 年第 3 期。

[13]陈振、罗遥、欧名豪:《宅基地“三权分置”:基本内涵、功能价值与实现路径》,《农村经济》2018 年第 11 期。

[14]党国英、吴文媛:《城乡一体化发展要义》,浙江大学出版社 2016 年版。

[15][美]道格拉斯 · C.诺斯:《制度、制度变迁与经济绩效》,刘守英译,生活 · 读书 · 新知三联书店 1994 年版。

[16]刁其怀:《宅基地退出:模式、问题及建议——以四川省成都市为例》,《农村经济》2015 年第 12 期。

[17]杜伟、黄敏、曹代学等:《农村宅基地退出与补偿机制研究》,科学出版社 2015 年版。

[18]范柏乃:《政府绩效评估的理论与实务》,人民出版社 2005 年版。

[19]范柏乃:《政府绩效管理》,复旦大学出版社 2012 年版。

[20]付坚强、郭彩玲:《农村宅基地使用权退出的必要性与可行性分析》,《求实》2014 年第 10 期。

[21]付文凤等:《基于机会成本的农村宅基地退出补偿标准研究》,《中国人口 · 资源与环境》2018 年第 3 期。

[22]付宗平:《乡村振兴框架下宅基地“三权分置”的内在要求与实现路径》,《农村经济》2019 年第 7 期。

[23]傅熠华:《农民工农村宅基地退出的决策逻辑——基于全国 2328 户农民工家庭的实证研究》,《经济体制改革》2018 年第 6 期。

[24]高峰:《政策评估的通用模型研究》,《科技管理研究》2015 年第 24 期。

[25]高圣平、吴昭军:《宅基地制度改革的试点总结与立法完善——以〈土地管理法〉修订为对象》,《山东社会科学》2019 年第 11 期。

[26]高小平、盛明科、刘杰:《中国绩效管理的实践与理论》,《中国社会科学》2011 年第 6 期。

[27]高欣、张安录、李超:《社会保障,非农收入预期与宅基地退出决策行为——基于上海市金山区、松江区等经济发达地区的实证分析》,《中国土地科学》2016 年第 6 期。

[28]甘藏春:《中国社会转型与土地管理制度改革》,中国发展出版社 2014 年版。

[29]龚宏龄:《农户宅基地退出意愿研究——基于宅基地不同持有情况的实证研究》,《农业经济问题》2017 年第 11 期。

[30]桂华、贺雪峰:《宅基地管理与物权法的适用限度》,《法学研究》2014 年第

4 期。

[31]桂华:《农村土地制度与村民自治的关联分析——兼论村级治理的经济基础》,《政治学研究》2017 年第 1 期。

[32]郭贯成、戈楚婷:《推拉理论视角下的农村宅基地退出机制研究——基于南京市栖霞区农户意愿调查》,《长江流域资源与环境》2017 年第 6 期。

[33]郭晓鸣、虞洪:《建立农村宅基地自愿有偿退出机制的现实分析与政策构想——基于四川省的实证研究》,《农村经济》2016 年第 5 期。

[34]郭元元、冯应斌:《农户宅基地退出补偿标准研究框架构建——基于易地扶贫搬迁背景》,《中国农业资源与区划》2020 年第 2 期。

[35]韩清怀:《农村宅基地使用权制度研究》,中国政法大学出版社 2015 年版。

[36]韩文龙、谢璐:《宅基地"三权分置"的权能困境与实现》,《农业经济问题》2018 年第 5 期。

[37]何文盛、曹洁、张志栋:《美国政府绩效评价中项目评估分级工具:背景、内容与借鉴》,《兰州大学学报(社会科学版)》2009 年第 1 期。

[38]贺雪峰、桂华、夏柱智:《地权的逻辑 III　为什么说中国土地制度是全世界最先进的》,中国政法大学出版社 2018 年版。

[39]贺雪峰:《宅基地退出应当缓行》,《中国土地》2014 年第 6 期。

[40]洪德和等:《农户宅基地退出意愿与行为转化研究——基于金寨县的实证》,《中国农业资源与区别》2019 年第 6 期。

[41]胡建坤、田秀娟:《农民工回乡建房行为研究》,《农业经济问题》2012 年第 12 期。

[42]胡新艳、罗明忠、张彤:《权能拓展、交易赋权与适度管制——中国农村宅基地制度的回顾与展望》,《农业经济问题》2019 年第 2 期。

[43]胡银根等:《不同治理结构下农村宅基地有偿退出模式探析——以金寨、蓟州、义乌 3 个典型试点为例》,《资源开发与市场》2017 年第 12 期。

[44]胡银根等:《基于成本收益理论的宅基地自愿有偿退出有效阈值——以改革试点区宜城市为例》,《自然资源学报》2019 年第 6 期。

[45]华生:《新土改:土地制度改革焦点难点辨析》,东方出版社 2015 年版。

[46]黄健元、梁皓:《农村宅基地退出制度的源起、现实困境及路径选择》,《青海社会科学》2017 年第 6 期。

[47]黄日生、陈明红:《法经济学视角下农村宅基地优化利用对策》,《农村经济》2015 年第 5 期。

[48]黄贻芳:《农村宅基地退出中农民权益保护问题研究》,经济管理出版社 2018 年版。

[49]霍春龙、邬碧雪:《治理取向还是管理取向? ——中国公共政策绩效研究的进路与趋势》,《上海行政学院学报》2015 年第 4 期。

[50]贾生华、陈宏辉:《利益相关者的界定方法述评》,《外国经济与管理》2002 年第 5 期。

[51]贾哲敏:《扎根理论在公共管理研究中的应用:方法与实践》,《中国行政管理》2015 年第 3 期。

[52][英]加文·凯利、多米尼克·凯利、安德鲁·甘布尔:《利害相关者资本主义》,欧阳英译,重庆出版社 2001 年版。

[53]姜国兵:《公共政策绩效评估体系建构初探》,《广东行政学院学报》2012 年第 6 期。

[54]孔东菊:《户籍改革背景下农村宅基地退出机制研究》,《华南农业大学学报(社会科学版)》2014 年第 4 期。

[55]李云新、袁洋:《项目制运行过程中“示范”断裂现象及其解释》,《华中科技大学学报(社会科学版)》2015 年第 5 期。

[56]李长健、胡鹏:《我国农村宅基地退出困局及机制化弥合——基于农民权益保护的视角》,《湖湘论坛》2017 年第 3 期。

[57]梁发超、林彩云:《不同模式下农村宅基地退出的风险评价及防范对策研究——以福建省晋江市为例》,《农业现代化研究》2019 年第 6 期。

[58]廖长峰、杨继瑞:《我国农村住房存在的问题与对策》,《经济纵横》2013 年第 11 期。

[59]刘守英:《中国土地问题调查:土地权利的底层视角》,北京大学出版社 2017 年版。

[60]刘守英、熊雪锋:《经济结构变革、村庄转型与宅基地制度变迁——四川省泸县宅基地制度改革案例研究》,《中国农村经济》2018 年第 6 期。

[61]刘守英:《农村宅基地制度的特殊性与出路》,《国家行政学院学报》2015 年第 3 期。

[62]刘旭涛:《政府绩效管理制度、战略与方法》,机械工业出版社 2003 年版。

[63]刘润秋、黄志兵、曹骞:《基于乡村韧性视角的宅基地退出绩效评估研究——以四川省广汉市三水镇为例》,《中国土地科学》2019 年第 2 期。

[64]刘润秋、黄志兵:《实施乡村振兴战略的现实困境、政策误区及改革路径》,

《农村经济》2018 年第 6 期。

[65]刘润秋、余超:《基于二维分析框架的农村宅基地退出政策工具优化研究》,《农村经济》2020 年第 9 期。

[66]刘同山:《农村土地退出理论、意愿与实践》,经济管理出版社 2020 年版。

[67]刘旭涛、纵向东:《欧盟国家公共部门通用评估框架评介》,《国家行政学院学报》2005 年第 6 期。

[68]龙花楼、李秀彬:《长江沿线样带农村宅基地转型》,《地理学报》2005 年第 2 期。

[69]龙花楼:《中国乡村转型发展与土地利用》,科学出版社 2012 年版。

[70]陆铭、陈钊:《为什么土地和户籍制度需要联动改革——基于中国城市和区域发展的理论和实证研究》,《学术月刊》2009 年第 9 期。

[71][美]罗伯特·巴克沃:《绩效管理:如何考评员工表现》,中国标准出版社 2000 年版。

[72]吕军书、翁晓宇:《农户宅基地退出的补偿意愿调查及政策建议》,《西北农林科技大学学报(社会科学版)》2019 年第 1 期。

[73]吕军书等:《中国农村宅基地退出立法问题研究》,法律出版社 2019 年版。

[74]吕萍、胡元瑞:《人情式政策动员:宗族型村庄中的国家基层治理逻辑——基于江西省余江县宅改案例的分析》,《公共管理学报》2020 年第 3 期。

[75]吕萍、于淼、于璐源:《适应乡村振兴战略的新型农村住房制度构建设想》,《农业经济问题》2020 年第 1 期。

[76]卢现祥:《西方新制度经济学》,中国发展出版社 1996 年版。

[77]马志远:《美英财政绩效管理模式选择的实践与借鉴——从组织效率到绩效成果》,《中国行政管理》2013 年第 9 期。

[78][美]迈克尔·豪利特、M.拉米什:《公共政策研究:政策循环与政策子系统》,庞诗译,三联书店出版社 2006 年版。

[79]孟勤国等:《中国农村土地流转问题研究》,法律出版社 2009 年版。

[80]欧阳安蛟、蔡锋铭、陈立定:《农村宅基地退出机制建立探讨》,《中国土地科学》2009 年第 10 期。

[81]彭国甫、张玉亮:《追寻工具理性与价值理性的整合——地方政府公共事业管理绩效评价的发展方向》,《中国行政管理》2007 年第 6 期。

[82]彭国甫:《价值取向是地方政府绩效评价的深层结构》,《中国行政管理》2004 年第 7 期。

[83]彭国甫:《地方政府公共事业管理绩效评价研究》,湖南人民出版社2004年版。

[84]彭长生:《农民分化对农村宅基地退出补偿模式选择的影响分析——基于安徽省的农户调查数据》,《经济社会体制比较》2013年第6期。

[85][美]普雷姆詹德:《公共支出管理》,王卫星等译,中国金融出版社1995年版。

[86][美]帕特里夏·基利、史蒂文·梅德林、休·麦克布赖德:《公共部门标杆管理:突破政府绩效的瓶颈》,张定淮译,中国人民大学出版社2002年版。

[87]祁全明:《乡村振兴战略与农村闲置宅基地的开发利用——以休闲农业与互联网农业为例》,《理论月刊》2018年第7期。

[88]乔陆印、刘彦随:《新时期乡村振兴战略与农村宅基地制度改革》,《地理研究》2019年第3期。

[89]乔栋、方敏、马晨:《村民:收益有保障　心里不发慌》,《人民日报》2017年7月25日。

[90]乔思伟:《农村土地制度实现重大突破——自然资源部法规司司长魏莉华解读新土地管理法》,《中国自然资源报》2019年8月27日。

[91]邱丽:《从"祖业观"到"集体观":宅基地制度改革与地权观念演变——基于江西余江的考察》,《南京农业大学学报(社会科学版)》2021年第3期。

[92]瞿理铜、朱道林:《基于功能变迁视角的宅基地管理制度研究》,《国家行政学院学报》2015年第5期。

[93][美]R.爱德华·弗里曼:《战略管理:利益相关者方法》,王彦华、梁豪译,上海译文出版社2006年版。

[94][美]R.科斯、A.阿尔钦、D.诺斯:《财产权利与制度变迁——产权学派与新制度学派译文集》,刘守英译,上海人民出版社1994年版。

[95]上海社会科学院政府绩效评估中心:《公共政策绩效评估理论与实践》,上海社会科学院出版社2017年版。

[96]尚长风:《制度约束下的财政政策绩效研究》,人民出版社2004年版。

[97]史卫民、胡睿:《城乡融合发展中农村宅基地退出的法律完善》,《重庆社会科学》2020年第9期。

[98]宋志红:《中国农村土地制度改革研究思路、难点与制度建设》,中国人民大学出版社2017年版。

[99]孙鹏飞、赵凯:《社会资本对农户宅基地退出行为的影响——基于安徽省金寨

县的调研数据》,《南京农业大学学报(社会科学版)》2020 年第 5 期。

[100]孙雪峰、朱新华、陈利根:《不同经济发展水平地区农户宅基地退出意愿及其影响机制研究》,《江苏社会科学》2016 年第 2 期。

[101]唐健、王庆日、谭荣:《新型城镇化战略下农村土地政策改革试验》,中国社会科学出版社 2014 年版。

[102]田传浩:《土地制度兴衰探源》,浙江大学出版社 2018 年版。

[103]汪辉等:《恢复力、弹性或韧性?——社会—生态系统及其相关研究领域中词翻译之辨析》,《国际城市规划》2017 年第 4 期。

[104]汪莉、尤佳:《土地整治中宅基地的退出激励机制——以安徽省为例》,《政法论坛》2015 年第 4 期。

[105]汪琴:《论农村宅基地使用权制度》,《华侨大学学报(哲学社会科学版)》2007 年第 4 期。

[106]王彩云:《政治学视域中价值理性的回归》,《政治学研究》2013 年第 6 期。

[107]王崇敏:《宅基地使用权制度现代化构建》,法律出版社 2016 年版。

[108]王兆林:《户籍制度改革中农户土地退出行为研究》,中国社会科学出版社 2014 年版。

[109]王敬尧、魏来:《当代中国农地制度的存续与变迁》,《中国社会科学》2016 年第 2 期。

[110]王向阳:《超越"保障权"与"财产权":宅基地改革的治理路径探析》,《理论与改革》2019 年第 5 期。

[111]王学军:《基于 PV-GPG 理论的政府绩效价值链构建及其管理研究》,《公共行政评论》2017 年第 2 期。

[112]王兆林、杨庆媛、王娜:《重庆宅基地退出中农民土地收益保护研究——基于比较收益的视角》,《中国土地科学》2016 年第 8 期。

[113]王兆林、杨庆媛、张佰林等:《户籍制度改革中农户土地退出意愿及其影响因素分析》,《中国农村经济》2011 年第 11 期。

[114]王志锋、徐晓明、战昶威:《我国农村宅基地制度改革试点评估——基于义乌市与宜城市对比研究的视角》,《南开学报(哲学社会科学版)》2021 年第 1 期。

[115]王子坤、邹伟、王雪琪:《农户宅基地退出的行为与意愿悖离研究》,《中国土地科学》2018 年第 7 期。

[116]魏后凯、刘同山:《农村宅基地退出的政策演变、模式比较及制度安排》,《东岳论丛》2016 年第 9 期。

[117]魏晓华:《对破解农村宅基地退出难题的思考》,《合作经济与科技》2014年第9期。

[118]伍彬:《政府绩效管理:理论与实践的双重变奏》,北京大学出版社2017年版。

[119]吴建南、刘佳:《构建基于逻辑模型的财政支出绩效评价体系——以农业财政支出为例》,《中南财经政法大学学报》2007年第2期。

[120]夏敏、林庶民、郭贯成:《不同经济发展水平地区农民宅基地退出意愿的影响因素——以江苏省7个市为例》,《资源科学》2016年第4期。

[121]夏柱智:《发挥宅基地制度改革的乡村振兴效应》,《贵州大学学报(社会科学版)》2021年第3期。

[122]夏柱智:《论宅基地管理的自治模式——治理视角下的宅基地制度改革研究》,《甘肃行政学院学报》2019年第5期。

[123]向勇:《中国宅基地权利发展研究》,中国社会科学出版社2016年版。

[124]徐双敏:《政府绩效管理的有效性机理研究》,《学习与实践》2021年第5期。

[125]许恒周:《代际差异视角下农民工宅基地退出补偿机制研究》,经济科学出版社2015年版。

[126]许恒周:《基于农户受偿意愿的宅基地退出补偿及影响因素分析——以山东省临清市为例》,《中国土地科学》2012年第10期。

[127]严金明、迪力沙提、夏方舟:《乡村振兴战略实施与宅基地"三权分置"改革的深化》,《改革》2019年第1期。

[128]晏志谦、李建强、曾文俊:《宅基地退出意愿分析及其政策启示——以成都市双流区为例》,《农村经济》2017年第6期。

[129]杨杰:《宅基地问题的法律分析》,《南京农业大学学报(社会科学版)》2007年第2期。

[130]杨君、姚伦双、罗春香:《新型城镇化背景下农民自愿退出宅基地意愿分析比较》,《求索》2015年第3期。

[131]杨丽霞、朱从谋、苑韶峰等:《基于供给侧改革的农户宅基地退出意愿及福利变化分析——以浙江省义乌市为例》,《中国土地科学》2018年第1期。

[132]杨雪锋、董晓晨:《不同代际农民工退出宅基地意愿差异及影响因素——基于杭州的调查》,《经济理论与经济管理》2015年第4期。

[133]杨玉珍:《农户闲置宅基地退出的影响因素及政策衔接——行为经济学视角》,《经济地理》2015年第7期。

[134]杨泽喜:《建构工具理性与价值理性契合的公共文化服务评估体系》,《中国地质大学学报(社会科学版)》2012 年第 1 期。

[135]杨庆媛等:《新型城镇化背景下农民土地财产性收益研究》,科学出版社 2018 年版。

[136]姚刚:《公共政策视角下的政府绩效评估》,《求索》2008 年第 4 期。

[137]叶兴庆、张云华、伍振军等:《农业农村改革若干重大问题研究》,中国发展出版社 2018 年版。

[138]叶兴庆等:《走城乡融合发展之路》,中国发展出版社 2019 年版。

[139]于伟、刘本城、宋金平:《城镇化进程中农户宅基地退出的决策行为及影响因素》,《地理研究》2016 年第 3 期。

[140]喻锋:《治理取向的公共政策绩效评价:基础、转型及其前瞻》,《湖北大学学报(哲学社会科学版)》2013 年第 1 期。

[141]岳永兵:《宅基地退出:内涵、模式与机制建立》,《改革与战略》2016 年第 11 期。

[142]赵林玉、冯广京、谢莹:《农村宅基地价值构成及其退出补偿对价研究》,《农业经济问题》2021 年第 8 期。

[143]赵琳祎:《〈土地管理法〉修订解读:构建城乡统一建设用地市场》,《中国房地产报》2019 年 9 月 2 日。

[144]赵树枫、李廷佑、张强等:《农村宅基地制度与城乡一体化》,中国经济出版社 2015 年版。

[145]赵德余:《政策绩效评估:地方部门案例》,复旦大学出版社 2011 年版。

[146]张德元:《农村宅基地的功能变迁研究》,《调研世界》2011 年第 11 期。

[147]张军涛、张世政:《农村宅基地制度改革中政策工具选择与运用的逻辑——以江西省余江区为例》,《农业经济问题》2020 年第 10 期。

[148]张克俊、付宗平:《“三权分置”下适度放活宅基地使用权探析》,《农业经济问题》2020 年第 5 期。

[149]张婷、张安录、邓松林:《期望收益、风险预期及农户宅基地退出行为——基于上海市松江区、金山区农户的实证分析》,《资源科学》2016 年第 8 期。

[150]张小玲:《国外政府绩效评价方法比较研究》,《软科学》2004 年第 18 期。

[151]张勇、包婷婷:《农村宅基地退出的驱动力分析——基于推拉理论视角》,《农村经济》2017 年第 4 期。

[152]张元朋、赵鹏、刘华:《宅基地有偿使用制度实施效果差异及原因诊断研

究——基于利益相关者视角》,《农业经济问题》2021 年第 2 期。

[153]张占录等:《土地发展权与农村居民点整理利益分配》,光明日报出版社 2021 年版。

[154]张梦琳:《农村宅基地退出模式与福利效应》,社会科学文献出版社 2021 年版。

[155]郑方辉、廖鹏洲:《政府绩效管理:目标、定位与顶层设计》,《中国行政管理》2013 年第 5 期。

[156]郑方辉、尚虎平:《中国法治政府建设进程中的政府绩效评价》,《中国社会科学》2016 年第 1 期。

[157]郑华伟、张锐、刘友兆:《利益相关者视角下农村土地整理项目绩效评价》,《中国土地科学》2014 年第 7 期。

[158]中国行政管理学会课题组、贾凌民:《政府公共政策绩效评估研究》,《中国行政管理》2013 年第 3 期。

[159]周望:《"政策试验"解析:基本类型、理论框架与研究展望》,《中国特色社会主义研究》2011 年第 2 期。

[160]周其仁:《城乡中国(修订版)》,中信出版社 2017 年版。

[161]朱新华、陆思璇:《风险认知、抗险能力与农户宅基地退出》,《资源科学》2018 年第 4 期。

[162]朱新华、陈利根:《城乡一体化进程中农村宅基地制度创新研究》,中国大地出版社 2014 年版。

[163]朱道林:《土地增值收益分配悖论理论、实践与改革》,科学出版社 2017 年版。

[164]诸培新、叶琦:《农户分化下农民宅基地退出意愿差异性研究——基于江苏省 886 个样本数据》,《农林经济管理学报》2015 年第 3 期。

[165]曾旭晖、郭晓鸣:《传统农区宅基地"三权分置"路径研究——基于江西省余江区和四川省泸县宅基地制度改革案例》,《农业经济问题》2019 年第 6 期。

[166]庄开明等:《农村闲置宅基地有偿退出与优化利用:基于四川省农地改革与探索的实践》,人民出版社 2017 年版。

[167]庄开明、黄敏:《农村宅基地自愿退出中的要价博弈均衡分析》,《经济体制改革》2017 年第 5 期。

[168]Adger W.N.,"Social and Ecological Resilience:Are They Related?",*Progress in Human Geography*,Vol.24,No.3,2000.

[169] Albaladejopina I.P., "Tourist Preferences for Rural House Stays: Evidence from Discrete Choice Modelling in Spain", *Tourism Management*, Vol.30, No.6, 2009.

[170] Anthopoulou T., Kaberis N., Petrou M., "Aspects and Experiences of Crisis in Rural Greece, Narratives of Rural Resilience", *Journal of Rural Studies*, No.52, 2017.

[171] Beel D. E., Wallace C. D., Webster G., et al., "Cultural Resilience: The Production of Rural Community Heritag, Digialarchives and The Role of Volunteers", *Journal of Rural Studies*, No.54, 2017.

[172] Berkes F., Ross H., "Community Resilience: Toward An Integrated Approach", *Society & Natural Resources*, Vol.26, No.1, 2013.

[173] Blair M.M., "For Whom Should Corporations Be Run? An Economic Rationale for Stakeholder Management", *Long Range Planning*, Vol.31, No.2, 1998.

[174] Borman W. C., Motowidlo S. J., Expanding the Criterion Domain to Include Elements of Contextual Performance, *San Francisco: Jossey-Bass*, 1993.

[175] Boschma R., "Towards An Evolutionary Perspective On Regional Resilience", *Regional Studies*, Vol.49, No.5, 2015.

[176] Capasso A., "Stakeholder Theory and Corporate Governance: The Role of Intangible Assets", *SSRN Electronic Journal*, No.10, 2004.

[177] Carmen C.F., Elena G.I., "Determinants of Residential Land Use Conversion and Sprawl at The Rural-Urban Fringe", *American Agricultural Economics Association*, Vol.86, No.4, 2004.

[178] Carola de Groot, Femke B. C., Daalhuizen, Frank Van Dam, et al., "Once An Outsider, Always An Outsider? The Accessibility of The Dutch Rural Housing Market among Locals and Non-Locals", *Journal of Rural Studies*, Vol.28, No.3, 2012.

[179] Cay T., Uyan M., "Evaluation of Reallocation Criteria in Land Consolidation Studies Using The Analytic Hierarchy Process (AHP)", *Land Use Policy*, Vol. 30, No.1, 2013.

[180] Chaney P., Sherwood K., "The Resale of Right to Buy Dwellings: A Case Study of Migration and Social Change in Rural England", *Journal of Rural Studies*, Vol. 16, No.1, 2000.

[181] Clarkson M. B. E., "A Stakeholder Framework for Analyzing and Evaluating Corporate Social Performance", *Academy of Management Review*, Vol.20, No.1, 1995.

[182] Cox R.S., Hamlen M., "Community Disaster Resilience and The Rural Resilience

Index",*American Behavioral Scientist*,Vol.59,No.2,2015.

[183]Crecente R.,Alvarez C.,Fra U.,"Economic,Social and Environmental Impact of Land Consolidation in Galicia",*Land Use Policy*,Vol.19,No.2,2002.

[184]Dueker K.J.,Strathman J.G.,Levin I.P.,et al.,"Rural Residential Development within Metropolitan Areas",*Computers Environment & Urban Systems*,Vol.8,No.2,1983.

[185]Dufty-Jones R.,"Governmentalities of Mobility:The Role of Housing in The Governance of Australian Rural Mobilities",*Journal of Rural Studies*,No.42,2015.

[186]Forrest R.,Murie A.,"Change on A Rural Council Estate:An Analysis of Dwelling Histories",*Journal of Rural Studies*,Vol.8,No.1,1992.

[187]Glaser B.G.,Strauss A.L.,The Discovery of Grounded Theory:Strategies for Qualitative,*New York:Aldine Publishing Company*,1967.

[188]Gkartzios M.,Scott M.,"Residential Mobilities and House Building in Rural Ireland:Evidence from Three Case Studies",*Sociologia Ruralis*,Vol.50,No.1,2010.

[189]Gude P.,Hansen A.,Rasker R.,et al.,"Rates and Drivers of Rural Residential Development in The Greater Yellowstone",*Landscape and Urban Planning*,Vol.77,No.1-2,2006.

[190]Haimes Y.Y.,"On The Definition of Resilience in Systems",*Risk Analysis*,Vol.29,No.4,2010.

[191]Helmer D.O.,"An Experimental Application of the DELPHI Method to The Use of Experts",*Management Science*,Vol.9,No.3,1963.

[192]Holling C.S.,"Resilience and Stability of Ecological Systems",*Annual Review of Ecology and Systematics*,Vol.4,No.1,1973.

[193]Hosseini S.,Barker K.,Ramirez-Marquez J.E.,"A Review of Definitions and Measures of System Resilience",*Reliability Engineering & System Safety*,No.145,2016.

[194]Huang X.,Li H.,Zhang X.,et al.,"Land Use Policy as An Instrument of Rural Resilience-The Case of Land withdrawal Mechanism for Rural Homesteads in China",*Ecological Indicators*,Vol.87,2018.

[195]Julian D.A.,"The Utilization of The Logic Model as A System Level Planning and Evaluation Device",*Evaluation & Program Planning*,Vol.20,No.3,1997.

[196]Jurionas M.,Seekamp E.,"Rural Coastal Community Resilience:Assessing A Framework in Eastern North Carolinag",*Ocean and Coastal Management*,Vol.162,2018.

[197]Liu R.,Yu C.,Jiang J.,et al.,"Farmer Differentiation,Generational Differences

and Farmers' Behaviors to Withdraw from Rural Homesteads: Evidence from Chengdu, China", *Habitat International*, Vol.103, 2020.

[198] Mackinnon D., Derickson K.D., "From Resilience to Resourcefulness: A Critique of Resilience Policy and Activism", *Progress in Human Geography*, Vol.37, No.2, 2013.

[199] Millar A., Simeone R.S., Carnevale J.T., "Logic Models: A Systems Tool for Performance Management", *Evaluation & Program Planning*, Vol.24, No.1, 2001.

[200] Miranda D., Crecente R., Alvarez M.F., "Land Consolidation in Inland Rural Galicia, N.W. Spain, since 1950: An Example of The Formulation and Use of Questions, Criteria and Indicators for Evaluation of Rural Development Policies", *Land Use Policy*, Vol.23, No.4, 2005.

[201] Mitchell R.K., Agle B.R., Wood D.J., "Toward A Theory of Stakeholder Identification and Salience: Defining the Principle of Who and What Really Counts", *Academy of Management Review*, Vol.22, No.4, 1997.

[202] Morton L.W., Allen B.L., Li.T., "Rural Housing Adequacy and Civic Structure", *Sociological Inquiry*, Vol.74, No.4, 2004.

[203] Mwita J.I., "Performance Management Modell: A System－Based Approach to Public Service Quality", *The International Journal of Public Sector Management*, Vol.13, No.1, 2000.

[204] Nelson A.C., "Towards A Theory of The American Rural Residential Land Market", *Journal of Rural Studies*, Vol.2, No.4, 1986.

[205] Otley D., "Performance Management: A Framework for Management Control Systems Research", *Management Accounting Research*, Vol.10, No.4, 1999.

[206] Parry K.W., "Grounded Theory and Social Process: A New Direction for Leadership Research", *Leadership Quarterly*, Vol.9, No.1, 1998.

[207] Pasakarnis G., Maliene V., "Towards Sustainable Rural Development in Central and Eastern Europe: Applying Land Consolidation", *Land Use Policy*, Vol.27, No.2, 2010.

[208] Rothman R.A., "Residents and Transients: Community Reaction to Seasonal Visitors", *Journal of Travel Research*, Vol.16, No.3, 1978.

[209] Scott M., "Resilience: A Conceptual Lens for Rural Studies", *Geography Compass*, Vol.7, No.9, 2013.

[210] Scotter J., "Relationships of Task Performance and Contextual Performance with Turnover, Job Satisfaction and Affective Commitment", *Human Resource Management Review*,

Vol.10,No.1,2000.

[211]Skerratt S.,"Enhancing The Analysis of Rural Community Resilience:Evidence from Community Land Ownership",*Journal of Rural Studies*,Vol.31,No.3,2013.

[212] Stockdale A., Findlay A., Short D., "The Repopulation of Rural Scotland: Opportunity and Threat",*Journal of Rural Studies*,Vol.16,No.2,2000.

[213] Strauss A. L, Corbin J., Basics of Qualitative Research: Grounded Theory Procedures and Technique,*Newbury Park:Sage Publications*,1990.

[214]Van Huylenbroeck G.,Coelho J.,Pinto P.A.,"Evaluation of Land Consolidation Projects (LLCs): A Multidisciplinary Approach", *Journal of Rural Studies*, Vol. 12, No.3,1996.

[215]Wilson G.A.,Hu Z.,Rahman S.,"Community Resilience in Rural China:The Case of Hu Village,Sichuan Province",*Journal of Rural Studies*,Vol.60,2018.

后　　记

建立宅基地退出机制是维护农户宅基地权益，解决宅基地利用低效、隐形交易等各种问题的关键抓手，也是宅基地制度改革试点中的一项重要任务。围绕农村宅基地退出的研究主题，学界在农户宅基地退出意愿及其影响因素、宅基地退出补偿机制等方面取得了丰硕的研究成果。但既有研究较少关注宅基地退出试点实践效果，并且局限于农户福利变化等单一视角，未能系统评价和量化农村宅基地退出绩效。本书设计了典型试点区域农村宅基地退出绩效评价指标体系，通过长期深入典型试点区域进行调研，收集了丰富的一手数据和研究材料，对典型试点区域农村宅基地退出绩效进行专业评估，旨在丰富宅基地退出绩效评价的理论体系，为宅基地退出政策设计提供数据资料支持。

本书是国家社会科学基金项目“典型试点区域宅基地退出的绩效评价与路径优化研究”（项目批准号：17BJY091）的最终研究成果。围绕着宅基地退出研究主题，课题组发表了 10 余项阶段性研究成果，其中包括《中国土地科学》等在内的 CSSCI 期刊收录论文 8 篇，包括 *Land Use Policy* 等期刊在内的 SSCI 一区期刊论文 2 篇。阶段性研究成果曾应邀在剑桥大学“行为科学与城市研究”国际研讨会、“宅基地制度改革与乡村振兴”专家研讨会等国内外权威学术会议上宣读讨论，并被《中国农村观察》《农业经济问题》等期刊的论文广泛引用，被乡村发现网等学术网站多次转载，产生了较大的学术影响。同时，阶段性研究成果被《21 世纪经济报道》等媒体报道，获得了四川省第十九次哲学社会科学优秀成果奖一等奖等多项奖励，产生了良好的社会效益。本课题在国家社会科学基金项目结项鉴定过程中，获得了“优秀”的鉴定等级。

本书是团队合作的成果，四川大学公共管理学院和马克思主义学院的师生参与了书稿撰写。课题负责人刘润秋承担了全书内容的设计和组织工作，黄志兵参与了书稿的写作、协调和统稿工作，余超、张霞、唐宇娣、姜力月、吴川北参与了书稿的写作和协调工作，易哂忻和王涵参与了部分章节的讨论稿写作工作。同时，四川大学公共管理学院蒋健、王正博、刘俊，以及四川大学经济学院的李想、侯婉月、邓康侯、王霞等研究生和本科生参与了相关问卷的调查和整理工作。

在研究过程中，四川大学蒋永穆教授和王国敏教授、四川省社会科学院郭晓鸣研究员和张克俊研究员、西南财经大学李萍教授、四川农业大学杨锦秀教授、成都师范学院杜伟教授、中国人民大学刘守英教授、浙江大学吴宇哲教授等校内外众多专家，先后给予了丰富且中肯的修改意见。四川省成都市、德阳市、泸州市泸县以及江西省余江区、浙江省义乌市等宅基地退出试点区域的实践部门领导与工作人员，在完善指标体系、协助调研等方面提供了诸多帮助。此外，人民出版社在本书编撰过程中也提供了诸多建议，当然，还有很多校内外的同仁、朋友在研究的不同时期提供了不同方面的帮助，在此一并表示感谢。

由于中国地域辽阔，各地农村的土地资源条件、经济发展水平、家庭人口特征、社会风俗习惯等存在显著差异，进而表现出了不同的宅基地利用现状和宅基地制度改革需求。2020 年，我国扩大了宅基地制度改革试点范围，并推进了新一轮的宅基地制度改革试点工作，未来也将涌现出更多新的农村宅基地退出的做法和模式。本书针对当前典型试点区域宅基地退出绩效评价与路径优化展开研究，尝试为厘清宅基地退出理论困惑、拓宽宅基地退出研究内容和优化宅基地退出政策设计作出贡献。但由于农村宅基地相关问题研究的历史厚重性和现实复杂性，本书的研究难免存在一些不足之处，敬请广大同仁和读者批评指正。

本书编写组

2023 年 7 月

策划编辑:郑海燕
封面设计:石笑梦
版式设计:胡欣欣
责任校对:周晓东

图书在版编目(CIP)数据

典型试点区域宅基地退出的绩效评价与路径优化研究/刘润秋等著. —
北京:人民出版社,2024.2
ISBN 978-7-01-026316-8

Ⅰ.①典… Ⅱ.①刘… Ⅲ.①农村-住宅建设-土地-制度-研究-中国
Ⅳ.①F321.1

中国国家版本馆 CIP 数据核字(2024)第 020213 号

典型试点区域宅基地退出的绩效评价与路径优化研究
DIANXING SHIDIAN QUYU ZHAIJIDI TUICHU DE
JIXIAO PINGJIA YU LUJING YOUHUA YANJIU

刘润秋 等 著

人民出版社 出版发行
(100706 北京市东城区隆福寺街 99 号)

北京汇林印务有限公司印刷 新华书店经销

2024 年 2 月第 1 版 2024 年 2 月北京第 1 次印刷
开本:710 毫米×1000 毫米 1/16 印张:20.5
字数:300 千字

ISBN 978-7-01-026316-8 定价:105.00 元

邮购地址 100706 北京市东城区隆福寺街 99 号
人民东方图书销售中心 电话 (010)65250042 65289539